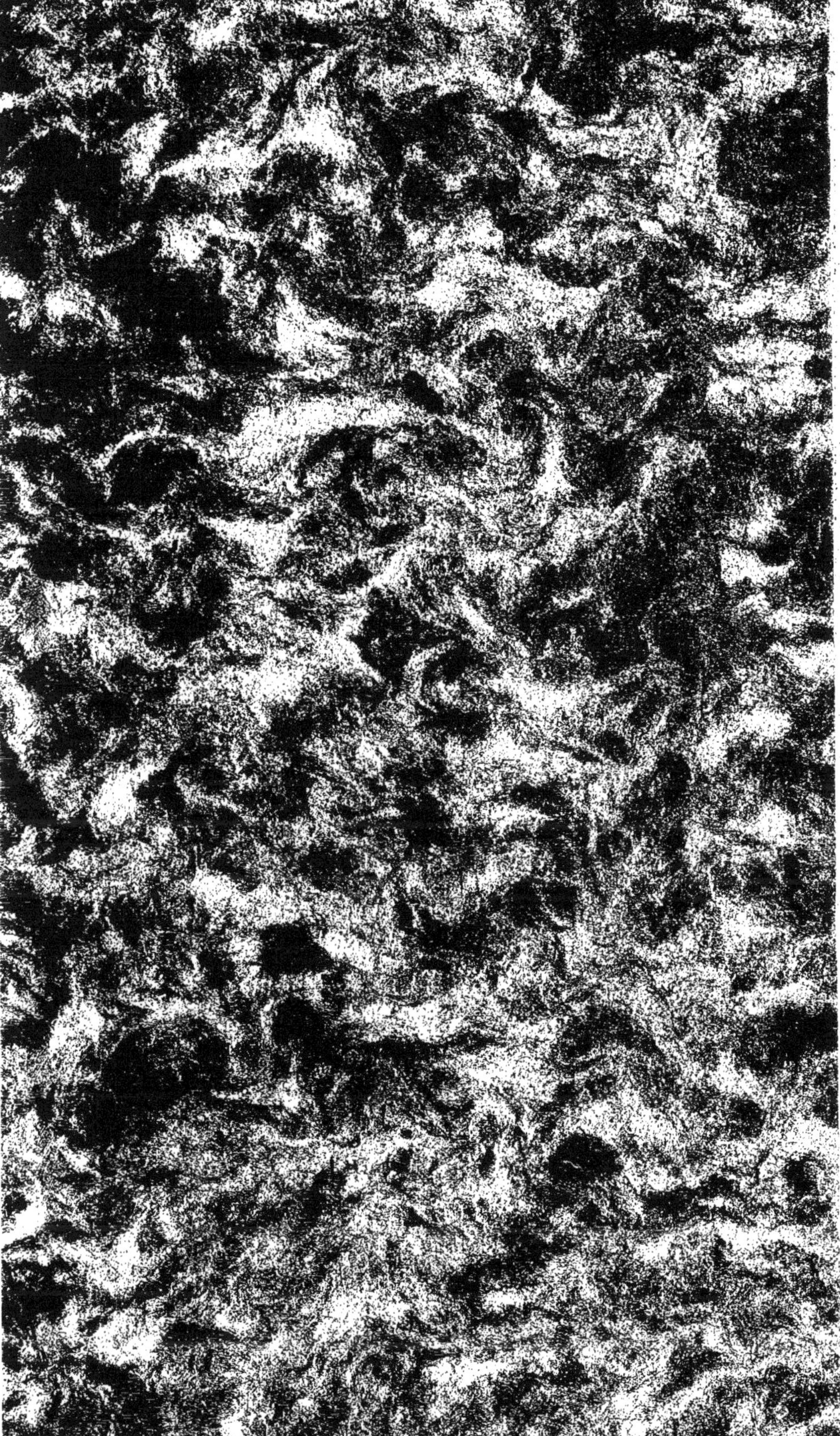

CHARLES MONSELET

SA VIE, SON ŒUVRE

PRÉFACE

PAR

M. JULES CLARETIE

DE L'ACADÉMIE FRANÇAISE

PARIS

LIBRAIRIE DE L'ÉDITION NATIONALE

ÉMILE TESTARD, ÉDITEUR

18, RUE DE CONDÉ, 18

1892

AUX AMIS

DE

CHARLES MONSELET

CE LIVRE EST DÉDIÉ

ANDRÉ MONSELET

CHARLES MONSELET

SA VIE, SON ŒUVRE

PRÉFACE

PAR

M. JULES CLARETIE

DE L'ACADÉMIE FRANÇAISE

PARIS

LIBRAIRIE DE L'ÉDITION NATIONALE

ÉMILE TESTARD, ÉDITEUR

18, RUE DE CONDÉ, 18

1892

CHARLES MONSELET

SA VIE, SON ŒUVRE

PRÉFACE

« Chez Carjat, hier, dans le jardin illuminé de lanternes vénitiennes. Vu un homme jeune, éloquent, bruyant, sympathique, très écouté sur la rive gauche, le porte-parole de la jeunesse éprise de liberté : on me le nomme, c'est Gambetta. Tout près de lui, debout, un verre de bière à la main, grand et large comme le roi Gambrinus avec une barbe assyrienne et une allure de paysan franc-comtois, Gustave Courbet parlait art, peinture — très haut : « — Des Greuze? J'en ferai à la douzaine, quand on voudra, des Greuze ! » Salué Banville, très doux, très bon, très narquois. On me montre un petit homme court, dodu, bedonnant, l'air gai, gras et fin, dont l'œil pétille derrière des lunettes. C'est Charles Monselet. Je m'approche et je me nomme ; nous avons échangé des lettres. Il me connaît, et ne m'a jamais vu. Alors, me trouvant sans doute plus jeune qu'il ne se l'imaginait, il me dit, levant les bras au ciel, sous les arbres, après m'avoir regardé avec une sorte d'attendrissement comique : « — Ah ! jeune homme, jeune homme, que *de copie !*... » Et son geste dessinait bien vite une sorte de longue traînée de travail où je devinais des monceaux de feuilles entassées, des articles après des articles, la pénible et heureuse vie de l'homme de lettres qui s'épuise au jour le jour, mais qui poursuit ses rêves à travers la vie comme l'enfant court après des libellules... Je suis rentré chez moi, rue de Paradis, en me répétant ces mots effrayés de ce charmant esprit, que j'aime fort : « — Ah ! jeune homme, que *de copie !* » Et ils me revenaient encore le lendemain, pendant que je songeais à tant de volumes projetés, tout en « *tenant les Livres* », de mon père... »

. . . .

J'éprouve quelque mélancolie à recopier aujourd'hui, après trente ans passés, ces lignes extraites d'un vieux cahier de notes qui est comme un herbier à souvenirs, souvenirs desséchés qui reverdiraient vite, sous une goutte d'encre ou sous une larme.

C'était la première fois que je voyais Charles Monselet, que j'allais sincèrement aimer et dont je devais être, un ou deux ans après cette rencontre, le collaborateur. Car nous avons, au *Figaro* de Villemessant, rédigé ensemble les échos de Paris. C'était alors une des formes de la chronique. M. Aurélien Scholl venait de créer un journal très parisien, *le Nain Jaune*, et en perdant ce collaborateur, Villemessant perdait son Chamfort. Le chercheur d'hommes qui fonda le *Figaro* eut l'idée de remplacer les échos de

Paris, de Scholl, par une association de littérateurs : d'un côté, Jules Noriac, l'auteur de la *Bêtise humaine*, auquel il adjoignit Gabriel Guillemot (que de morts, que de fosses comblées !), de l'autre, Charles Monselet, qui devait signer avec moi du pseudonyme de *Monsieur de Cupidon* un article hebdomadaire.

Nous rédigions donc ensemble cette causerie. Quand je dis *nous !...* J'écrivais et Monselet relisait. « Je jetterai sur nos feuillets quelques *paillettes !* » disait-il. Il en jetait. Plus souvent il se contentait de dire : « C'est excellent. Pourquoi travaillerais-je? Je n'aurais qu'à gâter tout ! » Une fois même il perdit les feuillets, et il me fallut, à l'imprimerie, improviser, à côté de mon cher ami Francis Magnard, la chronique égarée qu'attendait feuillet à feuillet le compositeur Roucolle. Ah ! l'étrange, mais le charmant et amusant collaborateur !

C'était la causerie de ce maître, tout imprégnée de la littérature du XVIIIe siècle, qui me séduisait. J'aurais passé ma journée à l'écouter, quitte à passer ma nuit à écrire pour arriver à temps. Nous nous rencontrions alors dans une maison amie, chez mon vieux et dévoué camarade Georges Silva, le gendre de Polydore Millaud, fondateur du *Petit Journal*. Monselet expédiait d'avance ses menus et pendant que Mme Silva envoyait aux provisions sur ses ordres, Monselet, lui, faisait provision d'esprit.

J'ai retrouvé, dans la collection d'autographes que M. Silva garde à Bayonne les billets de Monselet, qui datent de ce temps et qui peignent vraiment le délicat qu'était l'auteur de la *Cuisinière poétique :* l'un, où le gourmand *tourne* galamment un menu, comme il tournerait un madrigal; l'autre, où apparaît le gourmet de livres, l'auteur exquis de la *Lorgnette littéraire*.

Voici le premier de ces billets : il sent son Brillat-Savarin :

3 mai 1872.

Mon cher Silva,

Le mois de mai est bien insuffisant comme nourriture. Tout y est menu, menu...

Puisque cependant tu désires quelques indications, voici à choisir :

Potage printanier aux œufs pochés ;

Sole au gratin ou langouste ;

Carré de veau aux petits pois, ou jeune poulet rôti et petits pois à part et au lard ;

Soufflé au riz à la vanille, ou crèmes frites ou fromage à la crème :

Fromage de Chester.

Voilà, cher ami. Tire ailes ou pattes de ce squelette de menu.

A toi et à six heures et demie,

CHARLES MONSELET.

P.-S. — J'allais oublier quelques fraises, çà et là, pour le plaisir des yeux.

2e *P.-S.* — Ah ! les cèpes ! A approfondir.

L'autre fait plutôt penser à la *Correspondance* de Voltaire :

Lundi.

Mon cher Milland,

Voici, en même temps que ma chronique, l'*Almanach des Gourmands* que Mlle Blanche[1] a bien voulu désirer. C'était le dernier exemplaire qui restât chez l'éditeur. S'il se fût présenté en ce moment un acheteur. j'aurais été obligé de mettre l'épée à la main, comme pour le dernier exemplaire du *Diable Boiteux.*

Mlle Blanche trouvera le nom de son père inscrit au Panthéon gastronomique par un estomac reconnaissant.

En fait de reconnaissance, vous savez, mon cher Milland, que depuis longtemps chez moi l'estomac avait été devancé par le cœur.

A vous.

CHARLES MONSELET.

---

[1] Mme Blanche Silva.

Le dernier exemplaire du *Diable Boiteux !* Tout Monselet est dans ce simple trait.

Le biographe de *Rétif de La Bretonne* était, du reste, on l'a dit bien souvent, en toute sa personne, en tout son talent, un homme du xviiie siècle. Il en avait le tour d'esprit, l'élégance, l'impertinence aimable, et on lui eût cherché volontiers des talons rouges. Un abbé galant, un causeur de ruelles ou encore un familier des réunions choisies où se groupaient jadis les beaux esprits et les fins diseurs mêlés à des auteurs *aux gages des libraires*. Il semblait un échappé du café Procope, un railleur qui eût écrit de petites notules très narquoises en marge des grandes feuilles de l'*Encyclopédie*. Avec cela, bien moderne de ton, tout à fait de son temps, adorant Paris, mais trouvant pourtant que ses ruisseaux littéraires sentent mauvais, s'amusant parfois aux drôleries de l'argot, mais comme un botaniste cueillerait des fleurs qui *entêtent* ou qui distillent un poison ; — par curiosité.

— Quand je vous envoie un mot, à votre adresse du quai Voltaire, mon cher ami, lui disait devant nous Victor Hugo, j'ai toujours envie d'écrire : « *A Monsieur Charles de Voltaire, quai Monselet.* »

Et tout un jugement littéraire, très subtil et très juste, tenait dans cette boutade délicate du grand poète.

Mais ce Monselet du xviiie siècle était — j'insiste sur le dualisme de ce rare talent — un *balzacien* du xixe. Il adorait le lyrisme de Hugo, le pittoresque de Gautier, le génie de Balzac, la fantaisie de Banville. Il comprenait tout, bien qu'en jugeant tout. Il adorait les petites phrases qui en disent plus long que les grandes, et d'un trait il peignait un homme. Sa *Lorgnette littéraire* vaut mieux que les « instantanés » de Rivarol, comme on dirait aujourd'hui. L'esprit de Monselet est aussi piquant, et il est moins méchant.

Le lettré, on va le retrouver dans le présent volume, mais on y va rencontrer aussi un Monselet inattendu, qui tient plus du *Père de Famille* de Diderot que de la *Vie de Bohème* de Mürger, quoiqu'il ait fréquenté, aimé et chanté Schaunard.

Oui, il y avait, chez Charles Monselet, un homme simple, exquis et bon, une sorte de Sterne familial, j'appuie sur le mot, qu'on va découvrir dans le livre que voici. M. André Monselet, fin lettré lui-même, esprit juste, pénétrant, attendri, tout dévoué — on le comprend de reste — à la chère mémoire de son père, nous donne aujourd'hui, dans son intéressant volume, un délicieux *Journal* de la jeunesse de Monselet et des lettres tout à fait remarquables, pénétrantes et émues, de la vieillesse de l'écrivain. La vieillesse de Monselet ! Voilà un mot que j'aurais grande envie de raturer. On peut dire que Charles Monselet vécut et mourut jeune. La maladie ne lui avait rien enlevé de sa verve et la dernière fois que je le vis, au coin de l'avenue Frochot, très souffrant, amaigri, il me dit aussi gaiement qu'autrefois, en ses années rieuses :

— Ah çà ! mais ils « persistent », les lecteurs officiels de la Comédie-Française ? Je te l'avoue, je guignais une de leurs places et — quelle ironie ! — c'est la mort qui me guette, moi ! Je disparaîtrai sans avoir eu ce que ma gourmandise a toujours souhaité : un petit coin dans un fromage de Hollande, comme le rat du bon La Fontaine. Adieu, cher ami !

Il me serra la main, descendit lentement — très lentement, hélas ! — la rue de Bréda, et disparut au loin. Je ne l'ai plus revu.

Mais tel il était là, tel on le retrouvera dans les *Notes* où, jeune, arrivant à Paris pour en faire la conquête, comme Rubempré ou Rastignac, il notait chaque jour ses impressions, ses déceptions, ses espoirs et ses misères. C'est un document littéraire tout à fait précieux que ce *Journal* publié par M. André Monselet ; jugements rapides, notes cursives, très nettes, toujours humoristiques, souvent narquoises, jamais amères comme le sont trop souvent ces Sensations où les amours-propres blessés prennent le papier pour complice de leurs rancunes.

Et je préfère encore à ce *Journal* juvénile les lettres intimes dont je parlais tout à l'heure. Il en est une où le père parle à ses enfants le plus touchant, le plus attendrissant langage. Il me faisait évoquer Sterne tout à l'heure, le voilà presque qui nous fait songer à un bonhomme de Greuze — non pas d'un Greuze de Courbet. Quoi ! lui, Charles Monselet, le fantaisiste, le poète de *En Médoc*, le Parisien sceptique en apparence, lui, *Monsieur de Cupidon !* Eh bien, oui, la vérité a de ces surprises. Nous sommes tous plus ou moins victimes de la légende et l'on nous affuble d'un rôle que nous ne jouons pas tous en réalité. Le gourmand cachait au public ce gourmet de sentiment qu'était Charles Monselet. On aurait pu croire qu'il mourrait d'une maladie de l'estomac. Point du tout : il mourut, comme il disait à Millaud, d'une maladie de cœur. Méfiez-vous de la légende et surtout, quand vous rencontrez un railleur, ne regardez pas trop son sourire ; cherchez, au contraire, — cherchez bien au coin de sa paupière cette *larme à l'œil* dont parle l'auteur de *Tristram Shandy*.

Il eut un chagrin, Monselet, et dans ce chagrin même il eut une joie. Un jour, il se présenta aux suffrages de l'Académie française. Sa lettre de candidat en valait bien une autre et ses titres valaient plus que ceux de bien d'autres.

Il sentait qu'il ne serait pas élu, et il en souffrait. Il
rappelait fièrement qu'à vingt ans, c'était à lui que Girardin, au moment de publier dans la *Presse* les *Mémoires
d'Outre-Tombe,* avait demandé une préface à l'œuvre posthume du grand écrivain. Monselet présentant Chateaubriand aux lecteurs des deux mondes ! Le futur auteur de
la *Lorgnette littéraire* (ce Sainte-Beuve en globules, un
Sainte-Beuve à doses homéopathiques) annonçant le chef-
d'œuvre admirable et trop peu connu de l'auteur des
Natchez !

Bref il disait :

— Je n'aurais qu'une voix, une seule, je serais heureux. Mon nom resterait sur les registres des séances de
l'Académie !

Un académicien la lui promit, cette voix, et la lui donna.
C'était notre excellent et charmant confrère Xavier Marmier. Charles Monselet s'en souvint toujours (on le verra
en lisant ce livre) et encore aujourd'hui M. Marmier en
est très fier. Il a raison.

Une voix ! Une seule ! L'auteur des *Oubliés et Dédaignés*
méritait plus. Il ne sera, du moins, ni un oublié ni un
dédaigné. Les renommées vont vite aujourd'hui, plus
vite que les morts de la ballade ; mais le nom de Monselet restera deux fois associé à notre histoire littéraire, à
celle du siècle passé par ses études, ses portraits, ses
recherches originales et érudites, à celle d'aujourd'hui par
ses admirations romantiques et sa fantaisie et son humour.
Henri Heine le saluerait de la main, tout comme Dorat
et Bernis — ce Bernis qui, le menton gras et le sourire aimable, ressemblait un peu à Monselet et qui l'eût
volontiers appelé : « Mon cher abbé ! »

Entre le fauteuil académique et le sopha de Crébillon, à

côté de Bachaumont, le chroniqueur, et de Diderot, le
grand remueur d'idées, le grand abatteur de *copie* — pour
parler non pas la langue de l'*Encyclopédie*, mais celle du
journalisme — Charles Monselet, cet écrivain du xviiie siècle
égaré dans le xixe, ce maître ès jeux de l'esprit, ce sty-
liste clair et concis, cet observateur attendri et ironique
tour à tour de la vie moderne, occupe un tabouret à
la cour du roi Voltaire, et il faut remercier M. André Monselet de nous avoir donné le présent livre, chronique de
la vie d'un chroniqueur qui fut un artiste, livre qu'on
pourrait appeler : *Monselet conté par son fils.*

JULES CLARETIE.

CHARLES MONSELET

I

Au coin de la place Graslin — qui est la place du Grand-Théâtre, à Nantes, — et de la rue Jean-Jacques-Rousseau, une maison relativement moderne. Au fronton de la porte d'entrée, ces mots gravés dans la pierre, mais à demi effacés par le temps :

CABINET DE LECTURE.

Ce cabinet, situé à l'entresol, était tenu par M. Monselet, père de l'écrivain.

C'est là que naquit Pierre-Charles Monselet, le 30 avril 1825.

Graslin, un fermier général ! Jean-Jacques Rousseau, le grand philosophe ! Ne semble-t-il pas que le xviiie siècle ait tenu à présider à la naissance de celui qui devait être, à notre époque, un de ses principaux historiographes ?

Ce même jour d'avril, l'enfant fut tenu sur les fonts baptismaux dans la paroisse de Saint-Nicolas — mais la constitution physique du nouveau-né ne laissait guère prévoir un robuste disciple de Grimod de La Reynière et de Brillat-Savarin ; — celui que ses contemporains devaient comparer plus tard à un petit abbé de cour du siècle dernier, faillit ressembler physiquement... à Scarron !

Charles Monselet était né pied-bot.

Cet accident put être heureusement corrigé dès la première heure. Aussi M. Monselet père adressa-t-il la lettre suivante à M. Mellinet-Malassis, directeur du journal *le Breton*, que celui-ci s'empressa de publier :

Nantes, le 11 octobre 1829.

A M. LE RÉDACTEUR DU JOURNAL *le Breton*.

Monsieur,

Ma satisfaction et ma reconnaissance sont trop grandes pour que je ne cherche pas à les rendre connues de tout le monde, et j'ai pensé que vous ne refuseriez pas une place dans votre journal à la lettre d'un père qui n'oubliera jamais ce qu'il doit aux soins de M. Hossard, directeur de l'établissement orthopédique de l'hôtel Besnardière, à Angers.

Mon fils, né pied-bot, ne pouvait marcher qu'en se traînant et sur les genoux, quand je me déterminai à le soumettre au traitement ; il était alors âgé de trois ans, et sans espoir de se servir jamais de ses jambes déjà contournées elles-mêmes. Pendant son séjour à Angers, il s'est opéré un tel changement, et sa guérison est maintenant si complète, qu'il marche et court avec autant de facilité que les enfants de son âge les mieux conformés ; la cure de mon fils, soumise, en outre, à plusieurs médecins, surpasse de beaucoup mon attente, et je ne saurais trop me louer de trouver aujourd'hui un moyen d'ajouter encore mon tribut de reconnaissance à ceux que tant de familles ne se lassent de rendre à l'homme précieux qui ne pouvait mieux mériter de la société, en rendant, pour ainsi dire, une nouvelle existence à des êtres, sans lui, nés pour un malheur trop certain.

J'ai l'honneur d'être, Monsieur, avec les sentiments les plus distingués,

MONSELET, libraire,
Place Graslin.

Je n'ai révélé ce détail que pour mieux expliquer la difficulté que mon père éprouva néanmoins à marcher tout le temps de sa vie et l'embonpoint qui ne tarda pas à résulter d'un manque d'exercice.

Sitôt guéri, l'enfant fut vite à l'école — mais la véritable école de Charles Monselet demeura l'arrière-boutique paternelle ; ce fut là que sa curiosité s'éveilla.

« Cette éducation première mérite d'être rappelée, non pas pour la frivole satisfaction des amateurs d'anecdotes, mais parce qu'elle donne en grande partie la clef des travaux et du talent de Monselet... » a écrit M. Gustave Isambert dans le journal *le Temps* (21 mai 1888).

« ... Le jeune Monselet — ajoute-t-il — fouillait avec délices dans cette arrière-boutique, secouant la poussière qui ternissait la tranche rouge des bouquins démodés, et ne se lassant pas d'aller à la découverte. Il mettait la main sur des choses fort disparates et de valeur très inégale ; c'était de la philosophie, des contes, des petits vers, des brochures dont l'obscurité entraînait à la recherche des circonstances qui les avaient provoquées, des romans qui avaient eu leur moment de grande vogue, et qui n'avaient point laissé de trace dans les mémoires, dont les auteurs même, bien souvent, étaient redevenus des inconnus pour les lettrés les mieux informés... Il est superflu d'insister sur ce point que, en faisant ainsi sa pâture d'une quantité d'auteurs que personne ne lisait ni ne feuilletait alors, il s'acheminait naturellement à la conception de quelques-uns de ses ouvrages les plus connus et les plus loués... Le talent d'écrivain de Monselet, sans acceptation des sujets variés auxquels il l'a consacré, s'est ressenti par-dessus tout de ce commerce familier et un peu désordonné de sa prime jeunesse avec ce xviiiᵉ siècle où l'on trouvait de la grâce et d'aimables façons de dire jusque dans les farces de la foire. »

Il m'a semblé curieux, à mon tour, de rechercher quels étaient les livres que possédait la bibliothèque de la place Graslin, et quelles avaient pu être, par conséquent, les premières lectures propres à frapper l'imagination d'un enfant déjà voué aux lettres.

M. Monselet père n'avait fait que transférer à Nantes un cabinet de lecture qu'il dirigeait déjà à Bordeaux ; — il m'est tombé heureusement entre les mains un *Catalogue des livres d'abonnement et de vente qui se trouvent dans le cabinet de lecture tenu par Monselet, Fossés du Chapeau-Rouge, 27, à côté de la Préfecture, à Bordeaux — 1814.* On retrouve plus particulièrement, en feuilletant ce catalogue, les noms de Pigault-Lebrun, Ducray-Duminil, Mme de Genlis, Rétif de la Bretonne, l'abbé Prévost, Crébillon fils... Il fallait s'y attendre !

Mais auprès de l'*Almanach des Spectacles* et de l'*Almanach des Muses*, côte à côte avec le répertoire des mélodrames ou pêle-mêle au milieu des œuvres de Bernis, de Gresset, de Chaulieu et de Gentil-Bernard, fourmillent nombre de petits romans, comme :

Adeline et Joséphine ou les Deux amies bordelaises, sœurs sans le savoir ;

Adonia ou les Dangers du sentiment ;

Alphonse ou le Jeune Espagnol ;

Amélie de Saint-Phar, par l'auteur de *Julie, ou J'ai perdu ma rose ;*

Le Bandit sans le vouloir et sans le savoir ;

Blanche de Rembrun ou Un roman de plus ;

Célestine ou les Époux sans l'être ;

Cordelia ou la Faiblesse excusable ;

Denneville ou l'Homme tel qu'il devrait être ;

Éléonore de Rosalba ou le Confessionnal des pénitents noirs ;

Émilia ou la Femme des Apennins ;

Eugénie de Verseuil ou la Tour ténébreuse ;

Il était temps ou Mémoires du marquis de Blinval ;

Maria ou le Malheur d'être femme ;

Ma tante Geneviève ou Je l'ai échappé belle ;

Miralba, chef de brigands ;

Le Nègre comme il y a peu de blancs, par l'auteur de *Cécile ;*

Valéria ou la Religieuse vénitienne ;

Victor ou l'Enfant de la forêt, etc., etc.

On ne peut s'empêcher de sourire à ces titres disparus dont quelques-uns sont restés cependant, prototypes du genre ; mais bien vite on frémit en songeant que ce fatras de la fin du siècle dernier, que cette littérature de transition servit de nourriture intellectuelle au débutant.

Le jeune Monselet dévora tout, tant son appétit était terrible.

Il en résulta ceci : c'est que, doué d'une mémoire prodigieuse, il s'assimila bientôt ce xviii° siècle au point d'en oublier sa propre époque et de justifier ainsi le mot attribué plus tard à Xavier Aubryet : « Charles Monselet, c'est le Monsieur qui s'est trompé de siècle ! »

Mais je reviendrai plus loin sur cette prédisposition d'esprit toute particulière, sur cette tendance continuelle à jeter les yeux vers un passé regretté comme s'il avait été vécu ; il suffit d'avoir indiqué l'influence possible de certaines lectures sur le développement de goûts et d'idées propres à l'homme pour comprendre par la suite la caractéristique d'une œuvre et d'un individu.

Charles Monselet a consigné plus tard ses premières impressions dans la préface d'un volume de M. Paul Eudel, *les Locutions nantaises* (Nantes, Morel, 1884). Cette préface, sous forme de lettre, est en vérité peu connue, le livre de M. Eudel n'ayant été tiré qu'à un petit nombre d'exemplaires ; — je m'empresse donc de la reproduire ici en partie :

Paris, septembre 1884.

Mon cher compatriote,

Ah ! quel monde de souvenirs vous venez de réveiller en moi avec votre petit dictionnaire ! Toute mon enfance y a passé ; je me suis vu revivre dans la partie de ma vie qui m'est la plus chère, et j'ai vu réapparaître aussi ma ville natale, ma ville que j'aime tant et que je n'ai jamais oubliée après tant d'autres cités parcourues. Une expression m'a rendu une sensation, un mot m'a rappelé un quartier. On devrait faire pour chaque ville un vocabulaire intime ; le cœur en battrait plus fort à quelques-uns, comme il vient de me battre tout à l'heure, en lisant les épreuves du petit livre si curieux que vous avez bien voulu me communiquer.

Eh ! oui, je suis né à Nantes, événement de bien médiocre importance, que j'ai cru cependant devoir consigner jadis dans des strophes parfaitement oubliées qui commençaient ainsi :

> On m'a demandé, l'autre jour,
> Vingt lignes de biographie,
> Au bas de ma photographie.
> Le vilain mot ! Le vilain tour !

> Les voici : la ville de Nantes
> A qui je n'en saurais vouloir,
> M'a vu naître, sans s'émouvoir
> De mes facultés étonnantes.

> . . . .

> Le principal étant de vivre,
> Fidèle au : « Tel père, tel fils, »
> Ma ressource devint le livre ;
> Mon père en vendait, — moi j'en fis.

Je vous prive du reste du morceau.

Mon père en vendait — ou plutôt il en louait, car il tenait un cabinet de lecture à un entresol de la place Graslin se prolongeant sur un coin de la rue Jean-Jacques-Rousseau. C'est des fenêtres de cet entresol et du haut d'un tabouret que j'ai vu les *Trois Glorieuses* de 1830. qui se résumèrent pour moi en un grand bruit sur la place et par un va-et-vient de soldats à cheval.

C'est encore de ces fenêtres qu'un peu plus tard je regardais passer, avec un certain étonnement, quelques personnages vêtus d'une tunique bleue serrée à la taille et d'un pantalon blanc, et coiffés d'un béret.

Lorsque je demandais qui étaient ces gens : « Ce sont des saint-simoniens, » me répondait-on.

Et je n'étais pas plus avancé qu'auparavant.

Mais les saint-simoniens et les soldats à cheval étaient réservés pour les grands jours. Le reste du temps, il fallait me contenter des exercices de saltimbanques dont la place Graslin était le théâtre presque quotidien, des montreurs d'ours, assez fréquents à cette époque, et des cavalcades que les écuyers et écuyères des cirques de passage avaient coutume de faire par la ville, musique en tête et dans leurs costumes les plus magnifiques.

Mon père, qui était un lettré remarquable autant que modeste, comptait parmi les habitués de son salon de lecture tout ce qu'il y avait à Nantes d'intelligent et de distingué : Lajariette, le collectionneur émérite ; Mellinet-Malassis, le docteur Guépin, le docteur Aublanc (le médecin d'Élisa Mercœur), Émile Souvestre, Victor Mangin père et fils, Allotte, etc., etc.

Mes premiers joujoux me furent donnés par l'excellent comédien Régnier, alors dans toute la fleur de la jeunesse, et qui jouait les premiers comiques au Grand-Théâtre de la place Graslin.

Aussitôt que j'ai eu l'âge littéraire, je me suis enquis avec curiosité de la période révolutionnaire à Nantes. Pourquoi? Je n'en sais rien. Les enfants vont toujours aux énormités. Un jour, j'interrogeai ma grand'mère sur Carrier, l'homme effroyable. Ma grand'mère avait porté la cocarde au bonnet, comme toutes les femmes d'alors, et elle aimait à rappeler que *cela lui allait fort bien.*

— Tu as vu quelquefois Carrier, grand'mère?

— Si j'ai vu *monsieur* Carrier? je le crois bien ! C'était un fort bel homme ; il me saluait toujours lorsqu'il me rencontrait.

Mon grand-père, lui, qui avait été maître de poste, parlait plus irrévérencieusement de l'homme des noyades. Il lui gardait une dent ; voici à quelle occasion.

Une après-dînée, mon grand-père menait boire quelques-uns de ses chevaux à la Loire. Un individu se trouvait sur le passage qui conduisait à la berge.

— Veux-tu te ranger ! lui cria mon grand-père.

L'individu, qui était Carrier, ne parut pas avoir entendu, car il ne se dérangea pas.

Mon grand-père n'était pas patient.

— Attends ! attends ! je vais te faire bouger ! dit-il en descendant de ses chevaux.

Et se dirigeant vers le quidam, il lui détacha un grand coup de fouet à travers les jambes.

Carrier sauta, en poussant un juron. Quelques personnes qui le connaissaient accoururent vers lui.

— Empoignez-moi cet animal ! dit-il en désignant le maître de poste.

L'ordre fut immédiatement exécuté.

On emmena mon grand-père à la prison du Bouffay.

Vous le voyez déjà guillotiné! Non. Il en fut quitte pour quinze jours de cachot.

N'importe, il ne cessa pendant toute sa vie de se plaindre amèrement et de maugréer contre l'infâme Carrier.

C'est ce Nantes-là, le vieux Nantes, que votre petit livre m'a rappelé, mon cher compatriote; le Nantes populaire des ponts, du Pilori, de la rue du Petit-Bacchus, du Bois-Tortu, du Pas-Périlleux, de la Casserie; le Nantes des maisons disparues, de la maison des Enfants-Nantais (Donatien et Rogatien), du Marchaix, de l'Arche-Sèche, de la Tour-de-Sauvetout, des Hauts-Pavés, de Saint-Similien, de la rue Moquechien, du quartier du Roi-Baco : le Nantes plus pittoresque qu'on ne s'en doute, et qui parle journellement encore la langue de votre dictionnaire.

Vous avez fait œuvre pie en recueillant de Barbin à Trentemoult, de la Ville-en-Bois à Richebourg, du quai Moncousu au Port-Communeau, à la Petite-Hollande et partout, aux Salorges, à la place Bretagne et à la place Viarmes, des Dervalières aux Douves-Saint-Nicolas, en recueillant, dis-je, ces humbles vocables, sans famille, sans étymologie, enfants perdus de la parole et de la tradition, et qui, sans vous, auraient fini par s'en aller insensiblement au grand égout de l'oubli.

Grâce à vous, et en dépit des splendides maisons neuves dont notre ville natale s'embellit chaque jour, il sera possible de reconstituer l'histoire de Nantes intime, et même d'y ajouter quelques types de la rue, comme ceux des deux sœurs Amadou, par exemple, ces figures excentriques, si connues du peuple, qui pinçaient inconsciemment de la guitare, habillées de toutes sortes de haillons et de rubans prétentieux ramassés au hasard dans le ruisseau, si sympathiques et si respectées même des polissons, ces demoiselles Amadou dont vous avez si bien fait de consacrer les traits bizarres et légendaires.

Merci donc, au nom des Nantais épris de leur berceau, comme ils le sont presque tous d'ailleurs. J'ajouterai deux mots à vos renseignements si précieux. Ce serait mal me connaître, et ce serait même ne pas me connaître du tout, que de croire que je n'aurai pas une mention pour la nourriture bretonne. Elle a son caractère particulier, je parle surtout de la nourriture plébéienne; je parle des galettes de blé noir, débrassées avec du lait, finement dentelées, bien beurrées; je parle des *caillebottes*, blanches et frissonnantes, enfermées dans de jolis pots de grès ; je parle des fouaces vantées par Rabelais : « avec du raisin, c'est un délicieux mangier, » a écrit l'illustre maître ès gueule.

Je m'arrête, car je pourrais laisser courir ma plume jusqu'à demain sur un tel sujet...

.   .   .   .

Après cette lettre à un compatriote, il faut citer encore les lignes suivantes que j'extrais des *Promenades d'un homme de lettres*, et qui se rapportent également aux premières années de l'auteur :

Au risque de passer pour un être fabuleusement vieux, — et par ainsi de me nuire auprès de mes lectrices, — je dirai que j'ai vu Cambronne.

Il va sans dire que j'étais bien enfant. C'était à Nantes, quelques années après 1830, sur le cours Saint-Pierre, où l'illustre général passait une revue. — Le cours Saint-Pierre, planté d'arbres, est une des plus belles promenades de Nantes : d'un côté, il borde les bâtiments de la cathédrale ; de l'autre, la façade du collège des Oratoriens, où Fouché professa, avant d'aller professer à la Convention. A l'une de ses extrémités s'élève une colonne érigée à Louis XVI.

La revue à laquelle il me fut donné d'assister ayant lieu un dimanche avait attiré une grande partie de la population. Mes parents m'avaient placé au premier rang de la foule. Je pus donc examiner Cambronne tout à mon aise. Le souvenir que j'en ai gardé est celui d'un homme fort laid...

Charles Monselet quitta Nantes en 1834, — M. Monselet père ayant cédé à cette époque son cabinet de lecture de la place Graslin pour venir s'établir à Bordeaux.

Ce n'est qu'en 1852 que, tourmenté du désir de revoir sa ville natale et aussi une partie de sa famille demeurée là-bas, attachée au sol, notre Breton reprit le chemin de son berceau : son premier soin fut de courir à la place Graslin.

Je détache quelques lignes d'une lettre de mon père adressée à ses parents et datée de cette époque (24 avril 1852) :

Charles Monselet était déjà parvenu à une certaine notoriété littéraire :

... Il faut que je vous dise que j'ai noué connaissance avec votre successeur Planson. Je lui ai dit que j'étais le fils de mon père ; il m'a reçu assez poliment et m'a dit qu'il me connaissait par mes ouvrages. Une fois ces préliminaires terminés, je lui ai bouleversé sa bibliothèque pendant plus de deux heures ; c'était là que je voulais en venir, car je tenais à revoir la plupart des livres que j'ai tant feuilletés autrefois. J'ai monté à l'échelle et fouillé dans les plus obscurs rayons ; vous jugez de la poussière que j'ai soulevée ; Planson n'avait pas l'air très content... La majorité des livres est toujours à sa place habituelle, tels que le répertoire des mélodrames, les petits romans, etc... Enfin, lorsque ma curiosité a été bien satisfaite, j'ai tiré de ma poche trois sous que j'ai gravement donnés à Planson. Ainsi s'est terminée cette première et mémorable visite...

Malgré tout le plaisir que j'éprouve à rester dans ma ville natale, parmi mes bons grands-parents, mes occupations me forceront de partir la semaine prochaine ; j'aurai demeuré quinze jours à Nantes... J'espère en remporter quelque ouvrage, et ne pas avoir ainsi perdu tout à fait mon temps, financièrement parlant...

Depuis lors, Charles Monselet revint fréquemment à Nantes : il parcourut aussi la Bretagne en tous sens, et l'on retrouve dans plusieurs de ses volumes de nombreuses pages consacrées à cette province qu'il aimait tant.

II

Si Charles Monselet est Breton, s'il prend soin de le rappeler en maintes circonstances, il tend aussi à le prouver et ne laisse échapper aucune occasion d'exalter un Breton.

Le premier auquel il s'attache dans ses écrits est Chateaubriand.

« Depuis longtemps, nous désirions parler de M. de Chateaubriand, un de ces grands cœurs qui rehaussent les lettres et font que le plus humble d'entre les écrivains en marche plus fermement dans l'orgueil de sa profession... »

Ainsi débute la préface des *Mémoires d'outre-tombe*. Charles Monselet, heureux de l'occasion qui lui est offerte de célébrer un compatriote et fier également de l'honneur qui lui est réservé, ne marchande pas l'éloge à son modèle, encore que la critique n'y perde pas complètement ses droits. Mais, après qu'il a bien analysé l'œuvre et l'ouvrier, il s'arrête une dernière fois au pied de ce rocher du Grand-Bé où sommeille pour l'éternité l'auteur des *Martyrs*. Alors, se baissant, il cueille, comme des fleurs préférées, ces strophes de Chateaubriand si connues et tant de fois répétées, adressées comme un souvenir d'exil à cette Bretagne bien-aimée, comme un hommage à la terre patrie :

> Combien j'ai douce souvenance
> Du joli lieu de ma naissance,
> Ma sœur,
> Qu'ils étaient beaux ces jours de France !

N'est-ce pas le Breton qui reparaît? N'y a-t-il pas là

comme une communion d'esprit — de deux esprits attachés au même sol?

Plus tard, il réhabilite — ou tente à réhabiliter Fréron, l'illustre critique, l'ennemi de Voltaire — Fréron, un Breton de Quimper !

Cette fois, ce n'est plus la valeur d'une préface qu'il accorde à son sujet, mais un volume entier, étude des plus sincères.

«... Quimper a le droit de se montrer fière de Fréron, affirme-t-il encore ailleurs[1]. C'est de Quimper qu'il est parti pour cette longue et implacable croisade contre les philosophes, qui a duré plus de trente années. Il ne fallait pas moins qu'un Breton pour cette lutte prodigieuse avec Voltaire, lutte qui eut toute l'Europe pour spectatrice et où l'avantage et l'honneur ne furent pas toujours du côté du géant de Ferney. »

Mais Fréron n'est pas le seul antagoniste de Voltaire dans cette Bretagne religieuse du siècle dernier.

« ... Il se trouva un homme du xviiie siècle, habitant d'un humble bourg breton, qui eut l'adresse de mystifier Voltaire. C'était un poète d'un ordre secondaire, nommé Maillard Desforges. Il est à remarquer — ajoute Charles Monselet — que ce sont deux Bretons, Fréron, de Quimper, et Desforges, du Croisic, qui ont porté à Voltaire les coups les plus sensibles. »

Lorsque enfin il s'agit d'élever une statue à Lamennais, Charles Monselet prend encore la plume et trace les lignes suivantes :

« ... C'est une idée qui fait honneur à la Bretagne libérale. Lamennais est un des plus grands écrivains du xixe siècle — et de tous les siècles. Il fut l'apôtre de la pensée libre et l'un des plus ardents défenseurs des droits des peuples. Il combattit,

---

[1] *De Montmartre à Séville.* Paris, 1865.

souffrit pour ces deux causes qui se confondent en une seule.
On le persécuta, on le condamna, on l'emprisonna, on le
calomnia surtout. Aucun genre d'outrage ne lui fut épargné
pendant sa vie. Cela vaut bien une statue après sa mort... »

Puis, ramenant son héros au lieu de sa naissance, il ajoute :

« Lamennais aimait son berceau d'un amour profond, il y
est sans cesse revenu, et, par son caractère, ses habitudes,
ses qualités et ses défauts, il doit être considéré comme une
des expressions les plus complètes du *Breton bretonnant.* »

Ainsi l'idée du sol, de la province, reste la note dominante
de Charles Monselet dans ses écrits sur la Bretagne et les
Bretons.

Mais où son admiration ne connaît plus de bornes, c'est lorsqu'il parle de Brizeux, ce doux poète : on dirait qu'il a appris
à lire dans son magnifique poème des *Bretons ;* des strophes
entières sont restées gravées dans sa mémoire. Il les cite en
plus d'un endroit :

> ... O peuples de Corré,
> Vaillants hommes de Scaër, Loc-Ronan, Plou-Aré,
> Vous n'avez rien perdu des anciennes coutumes ;
> Nos pères reconnaîtraient leurs fils à leurs costumes :
> Vous la portez encor, la braie aux plis flottants,
> Et vos grands cheveux bruns, longs depuis trois mille ans !...

Et Charles Monselet s'éprend de l'auteur de *Marie* au point
de calquer son modèle dans un gracieux poème : *Marie et Ferdinand,* écrit à l'heure de ses débuts, dans sa dix-septième
année.

Chateaubriand, Fréron, Lamennais, Brizeux ! Il semble
qu'on retrouve comme le reflet de chacun d'eux dans la
personne de leur biographe.

Ne rencontre-t-on pas en Monselet un peu de cette petite
noblesse du xviiie siècle dont Chateaubriand fut un des
derniers rejetons littéraires ? Il y a du petit marquis dans

la figure poupine de l'écrivain, comme il y a du talon rouge
dans son style léger. La caricature ne l'a-t-elle pas représenté d'ailleurs en culotte courte, l'épée en verrouil et des
boucles d'argent aux souliers? Mais il y a du prêtre aussi, ou
mieux de l'abbé, dans la personne de Monselet. Petit marquis,
petit abbé, le collet et le rabat faisaient bon ménage à la cour
du Régent. Ombre de Lamennais, vous flottez vaguement
autour du penseur et de l'érudit.

Fréron, le critique acerbe, parfois cruel, aura servi de
modèle à un autre critique plus adouci, non moins curieux,
chez qui la sévérité aura fait place à la malice. Où Fréron
rompait des lances, Monselet ne brise plus que les flèches de
M. de Cupidon. Le maître journaliste du siècle de Voltaire
n'a-t-il pas déteint quelque peu sur le spirituel chroniqueur
de notre époque?

Mais c'est encore à Brizeux que Charles Monselet emprunte
le plus de ressemblance : — même caractère tranquille et
doux, même bonté d'âme, même sérénité de conscience,
même poésie, même harmonie, — et l'on est presque tenté
d'ajouter : même pauvreté.

Et tous ces reflets de l'un et de l'autre ont composé un *quelqu'un*, peut-être dépourvu d'une réelle originalité pour avoir
trop emprunté à ces différents maîtres, peut-être trop amoureux du passé vers lequel il a constamment tourné les yeux,
pour tenir un premier rang dans notre siècle; mais Charles
Monselet, ne dût-il figurer qu'au second plan pour la postérité, restera un petit-maître du XIXᵉ siècle, qu'on ressuscitera
comme il a ressuscité lui-même tant de ses devanciers..

Selon sa coutume, Charles Monselet ne s'arrête pas seulement à saluer les gloires incontestées de la Bretagne, il va
encore au-devant des humbles et des oubliés.

« En allant inaugurer la statue de Victor Massé, à Lorient,
écrivait-il en ces derniers temps, j'ai voulu saluer la statue

de Bisson, cet intrépide marin qui fit sauter son brick tout
chargé de pirates. » Et il ajoute encore : « Bisson était Breton.
Oh ! les bonnes et dures têtes ! »

Ailleurs, il consacre un feuilleton à Hyacinthe Dorvo, une
figure originale qui a sa place marquée dans la littérature
dramatique de la Révolution — triste époque d'ailleurs
pour la littérature. Dorvo est principalement connu pour
être l'auteur des *Envieux*, cinq actes en vers représentés avec
succès sur la scène de l'Odéon, le 28 ventôse an VII. Le
soir même de cette représentation, quelques heures après la
sortie du public, « ce magnifique théâtre devenait la proie
d'un incendie, allumé par une main inconnue. Dorvo en pâtit
comme les acteurs ; l'*Envieux* n'eut jamais de seconde représentation ». A ce titre seul, le nom de cet auteur malchanceux
méritait d'être conservé ; sa qualité de Breton le désigna en
outre à Charles Monselet, qui n'eut garde de le laisser disparaître sans prononcer au moins son oraison funèbre.
(*Messager de l'Assemblée*, nº du 14 mars 1851.)

Il est une figure plus curieuse que Monselet ne pouvait
manquer de mettre en lumière, — je veux parler de Charette,
le général des guerres de la Vendée. Déjà, en préparant
son *Histoire anecdotique du Tribunal révolutionnaire*, Monselet
avait dû rencontrer maintes fois sur ses pas cette terrible
silhouette du héros de la chouannerie, mais ce n'est pourtant
qu'en 1883, à propos d'un tableau de M. Le Blant, exposé au
Salon (*l'Exécution de Charette*), que le chroniqueur entre-
prit le portrait de ce redoutable chef de partisans, qui n'est
pas le moins curieux de ses compatriotes, — car Charette,
qualifié de Vendéen, est originaire de Couffé, un bourg de
la Loire-Inférieure, situé près d'Ancenis.

Charles Monselet a pu d'ailleurs recueillir des souvenirs *de
auditu ;* il écrit en effet ces lignes :

« L'entrée de Charette à Nantes est un de ces événements
dont on parle encore dans les vieilles familles. »

Me voici arrêté cette fois devant une plus douce image,
au souvenir de laquelle plusieurs lignes sont encore nécessaires ; il s'agit de Mlle Trébuchet, native de Nantes, qui devint
la mère de Victor Hugo.

La longue et intéressante liaison de Monselet avec Victor
Hugo, l'état d'intimité qui en était résulté, la haute estime
dans laquelle le maître voulait bien tenir le disciple, devaient
naturellement porter mon père, dont l'esprit s'attachait plus
particulièrement aux petits côtés de la chronique, à rechercher les traces du passage de Victor Hugo enfant à Nantes.
Ce fut encore là prétexte à une page délicate qui eut le don
de toucher le cœur du poète et attira au chroniqueur de
nouvelles assurances de sa profonde et constante amitié :

L'amitié d'un grand homme est un bienfait des Dieux,

assure le proverbe ; toujours est-il que Charles Monselet put
s'en glorifier et ce fut surtout pour lui une grande consolation que cette estime particulière du maître.

Mais il n'est même pas besoin d'être Breton, il suffit d'avoir
parlé avec admiration de la Bretagne ou seulement d'avoir
posé le pied sur son sol pour être désormais sacré aux yeux
de Charles Monselet. Faiblesse d'un homme d'esprit, dira-
t-on peut-être en souriant, mais qui prouve néanmoins un
attachement sincère à la terre natale.

C'est ainsi qu'il parle de Balzac :

« Je serais mal venu à tenter une description de Guérande
après les trente ou quarante pages superbes que Balzac y a
consacrées au début de son roman : *Béatrix ou les Amours
forcés*. On ne s'approprie pas une contrée, un peuple, une
architecture avec plus de puissance et de couleur. »

Et plus loin :

« Ce n'est pas seulement à Guérande que Balzac a marqué sa
trace ; le matin, j'avais passé en bateau à vapeur devant le village de la Basse-Indre, dont il est tant parlé dans *Mercadet*. La
Loire-Inférieure a été deux fois heureuse au grand écrivain. »

Il relate encore autre part le passage de Stendhal à Nantes,
en 1838, mais il s'arrête surtout complaisamment, dans ses
Oubliés et Dédaignés, sur le poète Choudard-Desforges, qui tint
longtemps l'emploi de jeune premier au Grand-Théâtre et qui
se maria à Nantes.

Nantes, Le Croisic, Saint-Malo, Dinan, Saint-Thégonnec,
Landerneau, Quimper-Corentin, etc..., Monselet a parcouru
en tous sens cette Bretagne qu'il chante sans cesse.

Rien ne lui échappe :

« Alfred de Musset, écrit-il en parlant du Croisic, affectionnait ce coin de l'Océan et y est venu souvent. Peut-être y a-t-il
pris ce nom de Croisilles donné au héros d'une de ses plus
spirituelles nouvelles... »

Enfin, après s'être fait en quelque sorte l'historiographe
des hommes célèbres que la Bretagne a vu naître et aussi
qu'elle a vu passer, il fréquente chez les nouveaux, à l'heure
où ceux-ci vont se resserrer et se grouper, pour mieux défendre l'idée du sol natal. N'est-il pas, en effet, un des promoteurs de ces Sociétés littéraires de Bretons, qui comptent
parmi leurs illustrations, Renan, cet admirable philosophe,
et Jules Simon, ce merveilleux maître de morale. Monselet
en profite encore pour pousser à des voyages et des concours littéraires qui serviront, dans sa pensée, à évoquer
d'heureux souvenirs et à rappeler à toutes les mémoires des
noms sacrés et justement réputés.

Pour être un des derniers ouvrages de Charles Monselet,
celui-là n'est pas le moins estimé de ses contemporains —
j'entends surtout de ses compatriotes.

M. Monselet père, que l'amour des livres entraîna de
bonne heure vers la librairie, avait fondé au début un cabinet
de lecture à Bordeaux : c'était alors un tout jeune homme
revenant du camp de Boulogne après avoir fait partie des
équipages de la flotte. Son premier passage à Bordeaux fut
d'assez courte durée; notre libraire émigra bientôt à Nantes,
sa ville natale, où il épousa, en 1824, Mlle Hortense Smets.

En 1834, M. Monselet abandonnait de nouveau son salon littéraire de la place Graslin pour revenir se fixer à Bordeaux,
où il établit cette fois un dépôt de beurre de Bretagne sur les
allées de Tourny. — Cuisine et littérature mêlées ! — C'est à
cette école-là que ne pouvait manquer de s'éveiller en l'esprit
du jeune Charles l'amour des belles-lettres... et aussi des
belles sauces.

Dans l'intervalle, en 1831, un autre garçon était né, Prosper
Monselet, dont mon père fut le parrain : une certaine confor-
mité d'idées et de vues devait resserrer par la suite les liens
de cette fraternité.

A Bordeaux, Charles Monselet entra à l'institution Benoît.
rue de Gourgues, n° 19, où il se lia dès le premier jour avec un
jeune homme qui devait plus tard être son premier collaborateur et rester, jusqu'à l'heure de sa mort, un de ses plus
fidèles amis : j'ai nommé M. Gabriel Richard Lesclide, bien
connu pour avoir été, dans ces dernières années, le secrétaire
particulier de Victor Hugo. M. Richard Lesclide est aujour-
d'hui attaché à la direction des moulages, au musée du Louvre.

Je me hâte, toutes les fois que l'occasion s'en présente, de passer la plume à mon père, lui laissant le soin de conter les menus faits de son existence : Voici, en effet, quelques souvenirs personnels qu'il s'est plu à évoquer sur ses premières années d'étude :

« Il m'est resté une impression très vive, très nette de mes années de pension.

» Il me suffit d'évoquer une date de ce temps-là pour voir se dérouler aussitôt toute une série d'événements et toute une galerie d'individus. Je remets des noms sur des visages et des visages sur des noms.

» Des détails infimes se représentent à moi : la casquette de celui-ci, le pantalon de celui-là. — Je revois la haute et longue salle d'études, l'estrade du professeur, le tableau noir, mon pupitre, mon encrier de liège, tailladé de coups de canif, mes cahiers décousus et recroquevillés, mes livres barbouillés de bonshommes à la plume. — J'entends le bourdonnement monotone des leçons apprises la tête entre les mains.

» Et tout cela comme si c'était hier.

» C'est à la pension que la vocation littéraire est venue me trouver, et non pas me surprendre. Cette pension était à Bordeaux, rue de Gourgues, dans l'ancien hôtel du président de ce nom.

» La fenêtre auprès de laquelle mon pupitre était placé, à un premier étage, donnait sur une vaste cour plantée d'arbres centenaires, — de beaux tilleuls qui secouaient au vent la poudre d'or de leurs fleurs. Entre ces arbres, de distance en distance, des bancs de pierre d'une forme massive et verdis à leur base. Le fond de la cour se relevait en une terrasse, haute de quelques marches seulement et bordée d'un élégant balustre de marbre, mutilé en quelques parties. — Par-dessus les arbres, j'apercevais une large nappe de ciel.

» Que de distractions m'a procurées cette fenêtre, surtout lorsque la chaleur de la saison obligeait à la tenir ouverte !

Combien de fois ma pensée et mes yeux, se détachant du livre, ont voyagé dans le ciel et erré dans ces nuages ! Ce que j'écoutais si attentivement à travers la parole du professeur, c'était la voix du feuillage, le chant des oiseaux, la note d'une cloche d'église, — l'église Saint-Paul ou l'église Saint-Éloi. Tout cela m'arrivait par cette fenêtre qui a été longtemps pour moi tout un monde, le monde des rêveries.

» Je me souviendrai éternellement d'un violon qui m'a fait passer des heures enchantées, pleines à la fois de charme et d'oppression. — C'était un musicien qui venait deux fois par semaine donner leçon à un élève. La leçon avait lieu dans une petite chambre ouvrant, elle aussi, sur la cour...

» La terrasse occupait également mon imagination. — J'avais entendu dire que la maison et ses dépendances avaient appartenu à une famille noble du dernier siècle. Il n'était donc pas impossible que cette terrasse eut servi de théâtre en plein air à quelque société de ce temps-là...

» C'en était assez pour communiquer la fièvre à mon jeune cerveau ; je repeuplais cette terrasse de personnages en habits de soie, de marquises à éventail, d'abbés à petit manteau, de chevaliers poudrés. Caché derrière un grand vase de fleurs, j'assistais à la représentation d'un proverbe du meilleur faiseur... Et ma version ou mon thème n'avançait guère, on le devine, pendant toutes ces songeries.

» O ma fenêtre de pension ! que de bonheur tu as contenu à cette époque ! »

C'est à la pension que la vocation littéraire est venue me trouver, écrit Charles Monselet : c'est de la pension, en effet, que sont datés ses premiers vers ; ajoutons qu'ils étaient écrits de cette écriture merveilleuse dont l'écrivain fut toujours très fier — fierté bien excusable — et qui arracha à Arsène Houssaye cette exclamation : « Dieu, la belle copie ! » lorsque mon père apporta son premier article au journal *l'Artiste*.

Un Bordelais célèbre à l'époque dans les fastes de la littérature bordelaise, M. Jehan Saint-Rieul-Dupouy, publia, en 1839, dans le *Mémorial bordelais*, les premières rimes de Charles Monselet, en les faisant précéder des quelques lignes suivantes :

POÉSIES DE M. CHARLES MONSELET

M. Charles Monselet est un tout jeune enfant de quatorze ans doué des plus précieuses facultés. Assurément, M. Charles Monselet est poète, et, lorsqu'à quatorze ans on produit déjà des choses aussi remarquables, on peut dire qu'on a devant soi un bel avenir. Ces quelques fragments que nous offrons à nos lecteurs sont comme un bouquet poétique de la plus agréable odeur et qui révèle tout ce que ce jeune talent a de frais, de gracieux et d'original. Le *Rêve d'un enfant* est une pièce pleine de sentiment de naïveté, elle peut être placée à côté de *l'Ange et l'enfant*, du poète boulanger de Nimes, etc... Nous sommes heureux d'avoir été les premiers à signaler le lever de cette jeune étoile sur notre horizon bordelais. Nous espérons que ces vers de M. Charles Monselet ne seront pas les derniers que les lecteurs du *Mémorial* auront le plaisir de lire.

J. St-R.-D.

Malgré les éloges de Saint-Rieul-Dupouy et son style de barnum littéraire, ces poésies ont tout au plus le mérite de la jeunesse que gâterait toute reproduction : le *Rêve d'un enfant* avait été inspiré en effet par la lecture de *l'Ange et l'enfant*, qui était alors sur toutes les lèvres, et qui valut à Reboul un magnifique éloge de Lamartine.

Le jeune Charles Monselet, dans son admiration, adressa à son tour une épître au poète boulanger de Nimes, où je relève simplement ces vers :

> ... Tout jeune encore, entier à ma chimère,
> Mon premier vers fut pour ma mère,
> Et, plus tard, mon second pour Dieu !

Ils attestent, mieux que toute autre chose, l'unique préoccupation d'esprit d'un enfant d'humeur douce et agréable, tout
entier à la poésie, et dont l'amour filial ne se démentit pas un
seul instant de sa vie.

D'autres vers, adressés à M. l'abbé C***, débutent ainsi :

> Oh ! n'est-ce pas, Monsieur, que l'homme peut chanter !
> Et que la Poésie, ange aux ailes de flamme,
> Qui, là-haut, dans le Ciel, est allé s'abriter,
> Peut encore parfois descendre au fond d'une âme ?
> Oh ! n'est-ce pas, Monsieur, que l'homme peut chanter ?

Après le *Mémorial bordelais*, deux autres journaux, la *Sylphide* et le *Courrier de Bordeaux* insérèrent de nouvelles poésies ; — l'une d'elles, retraçant la prise de Mazagran, est d'un
joli mouvement ; j'en citerai le début :

> Ce n'était pas assez pour notre belle France
> D'avoir fait tout courber sous la seule puissance
> De son sceptre d'airain,
> Et d'avoir découpé sur cette vaste terre,
> Avec son large cimeterre,
> La part de chaque souverain.

> Ce n'était pas assez, ô belle vagabonde,
> D'avoir vu promener tes soldats par le monde,
> Comme un essaim d'oiseaux dans un grand champ de blés,
> Comme les alcyons sur la mer orageuse,
> Comme un ardent coursier d'allure impétueuse
> Auquel son maître a dit : — Allez !

> Eh ! qu'importe ? Après Vienne, et Berlin et le Caire,
> Ce qu'il te faut encor, c'est Alger le corsaire,
> Sa Casauba, son port, ses remparts à créneaux :
> Ce qu'il te faut encore, ô France ! ô France avide !
> C'est Oran, Mascara, c'est Cirtha, la Numide,
> C'est l'Arabie avec ses déserts, ses coteaux !...

« Ces vers sont l'œuvre d'un jeune homme de quinze ans, »
ajoute en note le *Courrier de Bordeaux* (27 avril 1840).

Il est certain que Charles Monselet venait à peine de re-
fermer les *Orientales*, de Victor Hugo, quand il composa cette
ode ; — à la fois conquis et charmé par le poète, auquel il
devait consacrer toute sa vie une admiration sans bornes, il
en imitait le mouvement et la facture.

Mais le véritable début littéraire du jeune écrivain date de
la publication, dans le *Courrier de la Gironde* (20 mars 1842),
d'un poème intitulé : *Dans un pavillon*. Le grand journal
bordelais faisait précéder cette insertion de la note suivante :

Les vers qu'on va lire sont l'œuvre d'un jeune homme de seize ans.
Ils annoncent un talent d'un ordre tout à fait supérieur. Sauf quelques négligences, quelques épithètes vulgaires, ces vers sont, dans
leur ensemble, dignes d'André Chénier, et c'est un enfant qui les
laisse tomber de ses lèvres.

Voici le meilleur passage à retenir de cette pièce :

> ... Enfant, puise la force à mon calme regard,
> Prends ma harpe sonore et chante : Je suis l'Art !
> Je suis l'Art éternel, un Messie, un mystère,
> Un symbole incréé, l'ange de cette terre !
> Six mille ans ont passé : beau comme au premier jour,
> Au sein du monde entier je veille avec amour,
> Et je règne : à mes pieds, des serviteurs d'élite
> Épanchent autour d'eux ma parole traduite.
> Ceux-là sur une toile ou sur un piédestal
> S'attachent à donner la forme à l'idéal,
> Les uns versent partout des torrents de musique,
> Quelque chose d'ému, d'ardent, de sympathique ;
> D'autres s'en vont bâtir des tours, des panthéons,
> Et du noble et du beau concentrent les rayons.
> Ta place est là, mon fils, parmi cette phalange,
> Poète aux cheveux blonds, à la prunelle d'ange ;
> Ceins la blanche tunique et va par les chemins,
> Sur la foule qui passe étendre les deux mains :

Va, pauvre et les pieds nus, sans crainte des épines,
Glaner dans tous les champs pour les moissons divines ;
Va chanter les vertus et la paix sous le ciel.
Le travail, le repos, l'amour universel,
La foi, la liberté, le soleil et les roses,
Les étoiles, les flots, toutes les belles choses.
Ton cœur sera toujours jeune, je te le dis,
Vis au dedans de toi comme en un paradis ;
Ne t'inquiète pas où ton hymne s'envole,
Laisse au vent du désir s'échapper ta parole ;
Partout où le Seigneur verse le jour et l'air,
Ou sous un joug d'argent ou sous un joug de fer,
La vieille humanité s'égaie ou se lamente.
Elle ira dans le temps de calme ou de tourmente,
Chantant son doux refrain de joie et d'avenir,
Elle ira, tendre et pure, implorer et bénir,
De son plus doux regard, de sa voix la plus douce :
Et si l'homme insensé la fuit et la repousse,
Elle remontera vers le divin séjour
Où tout n'est qu'harmonie et qu'ineffable amour !...

Ta place est là, mon fils !... Dans tous les cas, une vocation
certaine guidait notre poète.

Un écrivain de talent depuis longtemps goûté et apprécié à Bordeaux — un autre ami de la première heure
de mon père — M. Hippolyte Minier, faisant appel à ses
souvenirs, a retracé dans une page intime (*Gironde littéraire*
du 27 mai 1888) l'impression produite par Charles Monselet
à ses débuts :

« ... C'était en 1842, vers la fin de l'hiver, M. et Mme Gout-
Desmartres, mariés depuis quelques mois à peine, donnaient
une soirée littéraire dans leur jolie demeure de la rue Saint-
Genès. Le salon de l'auteur des *Gerbes de poésie* avait été
envahi de bonne heure. Vers et prose y étaient également
représentés. Tous ceux qui dans le Bordeaux d'alors prati-
quaient plus ou moins publiquement le culte des lettres
avaient répondu à la gracieuse invitation — sans parler du

vieux rimeur qui écrit ces lignes, ni de Charles Monselet, qui dissimulait derrière un grand fauteuil Louis XIV sa taille écourtée, sa tête blonde et sa muse juvénile.

» Dans des réunions de ce genre, on est à la fois auditeur et acteur. — Il faut y aller de sa personne. — C'est ce qui eut lieu, ce soir-là, pour la majorité d'entre nous.

» D'abord, ce fut Lorrando, le doyen de la phalange poétique de l'époque dans notre ville ; — ensuite, le marquis Imbert de Bourdillon, puis Joseph Rodrigues...

» Enfin, Gergerès, Saint-Rieul, Bénigne Huyel, Justin Dupuy, Hector Messier exhibèrent, tour à tour, de leur bagage littéraire, les uns de la prose sérieuse, les autres des vers légers. — Gout-Desmartres, les yeux au plafond, les mains jointes sur la poitrine, déclama le *Prêtre*, sa pièce favorite. — Moi-même, mis sur la sellette, il fallut bien m'exécuter.

» Et Charles Monselet ?...

» Jusque-là, il était resté tapi derrière le fauteuil monumental, se bornant à faire honneur aux gâteaux et aux verres de punch qu'on lui offrait, et, malgré cela, n'ayant pas l'air de se récréer beaucoup.

» Cependant l'amphitryon avait l'œil sur lui. Le malin, il savait ce que valait ce petit bonhomme en habit bleu barbeau à boutons d'or ; il l'avait réservé pour le bouquet de la soirée ; et, certes, il avait eu bien raison.

» Monselet, sur un signe que lui fit Gout-Desmartres, vint s'asseoir à une table placée au centre du salon, et là, avec une assurance parfaite, il tira tout simplement de sa mémoire la délicieuse pièce qu'il a intitulée : *Dans un pavillon*.

» Sa voix un peu grêle, mais pénétrante, rendit sensible, à l'oreille des auditeurs charmés, tout ce que renferment de fraîcheur printanière, de sérénité suave, d'illusions généreuses, ces vers ensoleillés, limpides et doux, qui nous montrent un génie à son aurore, en présence de l'Art qui lui révèle sa mission.

4

» L'effet produit par Monselet sur cet auditoire choisi fut intense, profond. On comprit qu'on avait devant soi l'*oiseau rare*, — un vrai poète, — déjà maître de sa pensée et de son expression ; et ce poète n'avait que... dix-sept ans !

» Les félicitations furent chaudes et sincères. — Monselet en parut étonné : elle lui avait si peu coûté, cette ravissante chose que nous admirions tous ! — Ah ! comme il avait bien fait de parler le dernier ! Est-ce qu'après l'avoir entendu on eût voulu écouter aucun de nous ?

» Et cependant, qui lui avait ouvert cette source toujours jaillissante d'idées neuves, primesautières, originales ? Qui lui avait enseigné à accoupler harmonieusement ses phrases ? En un mot, où avait-il appris à développer le germe poétique qu'il portait en lui ? Ce n'est certainement pas sur les bancs de l'école de M. Meneuvrier, — qu'il ne fit guère que traverser.

» Non ! Il devait tout à une nature privilégiée ; et, comme l'a si bien dit Justin Dupuy, dans *les Bordelais en 1845* : « Monselet avait eu l'impertinence de n'attendre ni les profes- » seurs ni les années pour avoir de l'esprit et du style. »

. . . .

C'est Saint-Ricul-Dupouy qui avait présenté mon père à Crugy, directeur du *Courrier de la Gironde* ; au *Courrier* Monselet rencontra Félix Solar et se lia bientôt à Jules de Gères, à Campan, à Hovyn de Tranchères, tous journalistes bordelais. « Le bon temps ! » devait-il s'écrier plus tard au souvenir de ces premières années littéraires.

Une fois le pied à l'étrier, notre débutant va bride abattue, remplissant le feuilleton de ses poésies, de ses nouvelles, de ses revues de Paris, de ses critiques dramatiques et litté-raires, etc. Il n'y a plus moyen de l'arrêter. Malgré ses dix-sept ans et une timidité naturelle, c'est un vieux routier qui s'installe comme chez lui dans ce rez-de-chaussée littéraire, avec la même assurance qu'on lui verra plus tard et qu'il a conquise dès le premier jour. Son style a déjà cette correction qui le fait remarquer dans tous ses écrits ; sa forme est ce qu'elle restera jusqu'à la fin, pure, un tantinet précieuse, gaie, d'une gaîté douce, une gaîté *bon enfant*.

Dix-sept ans et encombrer ainsi les journaux de ses vers et de sa prose, car ce n'est pas seulement le *Courrier de la Gironde* qui répand sa signature, mais encore la *Guyenne*, le *Monde bordelais*, la *Revue bordelaise*, la *Sylphide*... etc.

D'autres poésies paraissent à la suite dans le *Courrier de la Gironde* ; c'est d'abord *Lilette* (juin-juillet 1842), ainsi dédiée à M. Jehan Saint-Rieul-Dupouy :

« Daignez accepter la dédicace de ce petit poème — si poème il y a — comme un souvenir de l'amitié généreuse dont vous m'avez environné à mes premiers débuts. C'est une simple histoire écrite à la hâte, un de ces doux soirs de fêtes printanières, trop à la hâte peut-être, mais vous m'avez si souvent répété que cette jeunesse, cette insouciance, tout ce bonheur que j'effeuille au moindre souffle s'envolait si cruellement et si fatalement, que je n'ai pas eu le courage de reprendre vers par vers cette œuvre d'un jour. Je vous l'envoie donc telle que la pensée d'hier l'a produite, telle que la pensée de demain la désavouerait peut-être — assez confiant dans votre aimable patronage pour espérer que le public voudra bien fermer les yeux sur mes nombreuses imperfections. »

Plus tard, revue et corrigée, *Lilette* est devenue *le Médoc*, que l'on trouve en tête du premier volume de poésies de Charles Monselet :

> Le pays de Médoc, c'est la verte oasis
> Qui s'élève au milieu des landes de Gascogne...

Enfin, un nouveau poème, *Marie et Ferdinand* (24 août 1842) achève la réputation du jeune écrivain.

Le *Courrier de la Gironde* l'annonça ainsi à ses lecteurs :

M. Charles Monselet, le jeune poëte de seize ans dont nous avons déjà inséré dans ce journal les vers remarquables, nous communique la pièce suivante, qui est une sorte de petit poème sur le duc d'Orléans et la princesse Marie. Au milieu de tous les vers que cette douloureuse catastrophe a inspirés, ceux de M. Charles Monselet seront distingués.

Ajoutons qu'ils eurent les honneurs de l'édition (c'est la première brochure, aujourd'hui rarissime, qu'on a de Monselet). Dédiée à la famille royale, elle valut à son auteur la lettre suivante :

CABINET DU ROI

Saint-Cloud, 3 décembre 1842.

Monsieur Charles Monselet, à Bordeaux,

J'ai mis sous les yeux du roi votre poétique hommage à la mémoire de ses enfants bien-aimés. Sa Majesté en a été particulièrement touchée ; elle a apprécié, monsieur, les sentiments qui, si jeune encore, vous ont si bien inspiré, et m'a recommandé de vous le dire, en me chargeant de vous transmettre des remerciements.

Agréez, je vous prie, monsieur, l'assurance de ma considération très distinguée.

Le secrétaire du cabinet,
CAMILLE FAIN.

A peine au sortir de la classe, le talent de Charles Monselet recevait donc une première consécration.

Cependant il fallait songer à vivre, la poésie pouvant être une récréation, mais non un gagne-pain. Or, M. Monselet père, heureux de voir ses propres goûts littéraires se développer chez son fils, mais soucieux néanmoins de la vie matérielle, plaça l'enfant chez un négociant en vins des Chartrons. Le grand livre et la comptabilité en partie double n'empêchèrent pas l'écrivain de se révéler et de produire. Dès la fin de l'année 1842, Charles Monselet prend possession du feuilleton du *Courrier de la Gironde* où il rédige la Revue de la semaine et le compte rendu des théâtres.

Ah ! le feuilleton d'alors ! c'était la portion du journal réservée exclusivement à la littérature — et elle fut longtemps à habiter ce rez-de-chaussée sans pouvoir s'élever au premier étage, où trônaient la politique, sous forme de bulletin, la correspondance étrangère, les faits divers, etc... Le roman faisait encore bonne figure aux fenêtres de ce rez-de-chaussée, ouvertes toutes grandes pour lui ; mais le véritable feuilleton, c'est-à-dire la Revue de la semaine, la causerie familière, le conte moral ou la nouvelle plaisante, l'actualité, l'article bibliographique, y montrait à peine le bout de son nez, après avoir écarté le rideau — une fois la semaine : — encore s'y disputait-on les places.

Feuilletoniste à son tour, Charles Monselet peut donner un libre cours à sa fantaisie. Tantôt, sous le pseudonyme L. de T..., ou sous celui de Jean de Bordeaux, il brode d'agréables variations sur les faits de la semaine, écrit des revues de Paris *comme s'il y était* ; tantôt il consacre un long feuilleton en vers aux *Burgraves* de Victor Hugo :

> ... — La scène représente un burg ; — un vieux château
> Sombre, — où le lichen croît, — trempant ses pieds dans l'eau
> Comme fait la sarcelle, — et dressant dans les nues
> Ses tours, pics effrayants, sur les roches chenues.
> C'est dans ce noir manoir, veuf de six cents hivers,
> Qu'ont vingt fois sillonné la foudre et les éclairs,
> C'est dans ce sauvage antre, au fond de ce burg grave
> Qu'habite avec ses fils un célèbre Burgrave --
> Job l'excommunié, redoutable en son temps ;
> Front chauve et barbe blanche, — âgé de cent sept ans ;
> Burgrave du Taunus, prince du Saint-Empire,
> Bourguemestre de Trève, et baron de Vormspire,
> Landgrave de Hampschadt, chevalier d'Oldenbourg,
> Duc de Phalsbourg-Hapsbourg, et comte de Fribourg..... —

(Feuilleton du Courrier de la Gironde, 21 mars 1843.)

Parfois il se contente d'une poignée de rimes badines pour annoncer un acte de Théophile Gautier :

... Avant de terminer, lecteur, un mot encor.
— Poètes, prêtez-moi votre plume au bec d'or !
Ma foi ! je sors de voir un charmant vaudeville,
Le *Tricorne enchanté,* de Gautier (Théophile),
Bastonnade, ou plutôt pastiche goguenard,
Chez les Variétés égaré par hasard. —
Le vers en est brodé de cette main artiste
Que vous connaissez tous au malin journaliste ;
C'est un vers chamarré de soie et de clinquant,
Pittoresque et risqué comme un pas de cancan.
— Le *Tricorne enchanté !* n'est-ce donc pas tout dire !
Un motif de pastel, de grands éclats de rire,
De l'amour, des lazzis, — et parmi tout cela
De grotesques écarts à la *Franca-Tripa ;* —
Voisenon et Callot, — la poudre et la farine ;
Un mousquetaire rouge agaçant Colombine,
Un baiser dérobé, — suivi d'un coup de busc ;
Des couplets infectés de pommade et de musc ;
Un gros lubin jaloux ; — et puis au bout du conte
Un bon hymen, morbleu ! — Que vous semble, vicomte ?

Jamais débutant ne fut moins embarrassé. On peut dire de
Charles Monselet qu'il n'a pas un seul instant cherché sa voie,
mais qu'il l'a trouvée du premier coup : avant tout, il est né
journaliste. Son talent, souple et varié, se plie et se multiplie,
se transforme et se renouvelle sans cesser d'être aimable. Esprit, grâce, légèreté, bonne humeur, telles sont ses qualités
dominantes ; ajoutez à cela une netteté d'expression et une
concision qui donnent au style un éclat particulier, en même
temps qu'une érudition profonde — sans aucun pédantisme
— qui ne peut provenir que d'une lecture à outrance et d'une
mémoire prodigieuse. Cette assurance, au début, atteste un
écrivain de race.

Ses premières fantaisies, ou rimées, ou écrites de cette
prose délicate et si caractéristique, Charles Monselet les jugea
dignes plus tard d'être réunies en volume : c'est ainsi que
l'*Histoire de Babet, Une tête de femme dans un moulin, Un beau
brin de fille,* etc., qui avaient d'abord paru, en feuilleton, dans
le *Courrier de la Gironde,* composent en partie le livre intitulé :

Monsieur de Cupidon, publié en 1854, auquel l'auteur dut
sa première réputation et aussi un surnom flatteur.

On peut donc dire que M. de Cupidon s'était révélé dès ses
premiers pas dans la littérature.

Quant au poète, tel il est à dix-sept ans, tel il doit rester
toute sa vie. Un de ses meilleurs poèmes, en effet, est daté
de 1843 (*Courrier de la Gironde* du 25 juillet), c'est la pièce
intitulée *Muezzin* dans *les Vignes du Seigneur* :

> Ce matin, penché, seul, à ma fenêtre,
> L'ombre, autour de moi, pleine de rumeurs,
> J'attendais, rêveur, le jour à paraître,
> L'œil vers l'horizon aux rouges lueurs.
>
> La nuit s'enfuyait, honteuse et surprise,
> Le ciel éteignait ses pâles regards ;
> Et, des noirs buissons qu'agitait la brise,
> Triste, j'écoutais les souffles épars...

Reste le causeur familier des revues de la semaine, le « critique influent » du *Courrier de la Gironde*. La malice, qui est
aussi une caractéristique du talent de Monselet, déborde
à tout propos dans ses comptes rendus. Le critique, par
exemple, n'avait pas débuté précisément par la bienveillance,
— ses démêlés avec M. Théodore Anne, vaudevilliste de l'empire et de la restauration, un des librettistes de *Marie Stuart*,
représentée à l'Opéra en 1844, défrayèrent un instant la
chronique bordelaise et eurent amené fatalement une rencontre, n'eût été la distance de Bordeaux à Paris... par
diligences. Il n'en subsiste pas moins un consciencieux
lundiste, analysant avec soin et jugeant avec goût, tel qu'on
le retrouvera plus tard, de 1857 à 1887, au *Monde illustré*.

Charles Monselet se présente bientôt sous une face nouvelle :
le critique fait place à l'auteur dramatique.

Une parodie de *Lucrèce*, en un acte et en vers, — *Lucrèce ou la Femme sauvage* — commencée sur les bancs du collège et terminée en collaboration de M. Gabriel Richard (Lesclide) fut représentée au théâtre des Variétés, le 7 octobre 1843, peu après l'apparition de la *Lucrèce* de Ponsard, à l'Odéon.

« Ma première pièce, j'avais dix-huit ans, j'étais correcteur et feuilletoniste au *Courrier de la Gironde*, » — a écrit plus tard Monselet, et il ajoute : « Le succès fut très vif. Félix Solar, mon rédacteur en chef, en avait suivi quelques répétitions. »

A titre de feuilletoniste, Monselet poussa l'extrême zèle jusqu'à rendre compte de sa pièce, — après avoir pris soin toutefois de s'excuser de la sorte :

« ... Rendre compte soi-même, dans son *carré de papier*, de sa pièce de théâtre, de son drame ou de son vaudeville, est une mode tout fraîchement arrivée de Paris avec les dernières coupes d'habits et les plus nouvelles façons de gilets... C'est un procédé renouvelé de Lemierre, de ce bon Lemierre, l'auteur de *la Veuve du Malabar*, qui, surpris dans l'élaboration d'un article laudatif, au sujet de sa tragédie, répondait ingénument « qu'on ne faisait jamais si bien ses affaires que soi-même ». (Feuilleton du *Courrier de la Gironde*, 14 octobre 1843.)

Monselet ne devait pas s'en tenir là : surprenant certain soir, l'acteur Josse au moment où celui-ci allait entrer en scène, il paria, à la suite d'une discussion, d'endosser son costume et de jouer, au pied levé, le rôle de Brutus qui comptait trois cents vers environ. Quelques minutes après, Monselet entre en scène et joue sans broncher : le public, — peu nombreux, il faut l'avouer, — ne réclame point : seul, le commissaire de police dresse procès-verbal.

Son collaborateur, Richard, qui se trouvait dans la salle, sans être au courant de cette gageure, m'a avoué n'avoir jamais éprouvé ni pareille surprise, ni semblable frayeur. Ajoutons que notre comédien ne se vanta jamais de cette équipée.

Je n'ai tenu moi-même à raconter cette anecdote que pour

montrer l'étonnante mémoire et l'assurance grande que possédait Charles Monselet, à ses débuts.

A la suite de *Lucrèce* parut :

Un Carreau brisé, comédie-vaudeville en un acte par M. Charles Monselet, représentée pour la première fois sur le théâtre des Variétés, à Bordeaux, le 2 juillet 1844.

« La première représentation de ce petit ouvrage, a écrit l'auteur [1], eut lieu le même soir que la première représentation de *la Ciguë*, de M. Emile Augier. Bien accueilli du public, le *Carreau brisé* fournit une carrière de vingt représentations environ, tant au théâtre des Variétés (aujourd'hui Théâtre-Français) que sur la scène du Grand-Théâtre... »

Puis :

Une Journée au camp de Saint-Médard, à-propos en un acte, par MM. Gabriel Richard et Charles Monselet, représenté pour la première fois sur le théâtre des Variétés, à Bordeaux, le 17 août 1845.

L'auteur, déjà coutumier du fait, rend compte de cet ouvrage dans son feuilleton (26 août 1845) :

« ... Le vaudeville que nous avons commis la semaine dernière, en collaboration avec notre ami M. Gabriel Richard, a pour titre : *Une Journée au camp de Saint-Médard*. C'est un petit tableau villageois et militaire que le public a bien voulu accueillir avec indulgence. Nous l'en remercions.

» Nous en remercions également les artistes qui ont consenti à se charger des principaux rôles. MM. Kime et Châtelet sont depuis longtemps en possession de la faveur du public, et ils ont plaidé avec chaleur notre cause auprès de lui... »

Le duc d'Aumale, qui commandait à cette époque le camp de Saint-Médard, près de Bordeaux, invita à sa table les

---

[1] Catalogue détaillé, raisonné et anecdotique d'une jolie collection de livres rares et curieux dont la plus grande partie provient de la bibliothèque d'un homme de lettres bien connu. Paris, 1871, René Pincebourde, éditeur.

auteurs de cet à-propos. La légende veut que Charles Monselet ait renversé, par un brusque mouvement d'avant-bras, une bouteille de saint-estèphe, en même temps que le verre de M. Cuvillier-Fleury, qui était placé à sa droite. « ... Une immense teinte rouge se répand sur la nappe et lui imprime un cachet de tableau flamand, incompatible avec l'étiquette des cours... A l'issue du dîner, le duc d'Aumale offre un cigare à Monselet : celui-ci, qui ne fume jamais, accepte avec effusion. Au bout de cinq minutes, il dépose son cigare dans un coin et manque d'incendier les rideaux de l'hôtel de la préfecture... (CH. BATAILLE, *le Diogène*, 22 février 1857.)

Encore :

Les Trois Gendarmes, parodie en un acte, en vers, des *Mousquetaires*, d'Alexandre Dumas et Auguste Maquet, par MM. Gabriel Richard et Charles Monselet, représentée pour la première fois, sur le théâtre des Variétés, à Bordeaux, le 18 avril 1846.

« ... De mes rares essais dramatiques, a écrit Charles Monselet, celui-ci est le meilleur, le plus gai. Il pourrait certainement supporter la réimpression. L'acteur Kime y était fort amusant... »

Un dernier ouvrage, celui-ci non imprimé — *les Mésaventures du prince Rodolphe* — parodie en cinq actes, en prose, par M. Charles Monselet, fut représenté également au théâtre des Variétés, à la même époque.

C'était la parodie des *Mystères de Paris*, d'Eugène Sue.

Entre temps, Charles Monselet a annoncé un *Comte de Saint-Germain* resté inachevé, et fait représenter, sous le nom de Charles Duvergier, toujours en collaboration de Gabriel Richard, un *Ariel*, drame fantastique en trois actes, destiné à servir de cadre aux exercices de Mlle Prudence, la fameuse somnambule ! Aucune importance littéraire, nous empresserons-nous d'ajouter, sinon que notre auteur pouvait se dire à bon droit « fournisseur de la cour et de la ville ».

... La dernière transformation de Charles Monselet. — nouveau Protée — où il apparaît directeur-rédacteur en chef du *Monde bordelais*, n'est pas la moins curieuse; elle est aussi la plus éphémère.

Dans *Bordeaux-Artiste*, publié en 1854, Charles Monselet a écrit :

« ... Les revues et journaux exclusivement littéraires n'ont jamais manqué non plus à Bordeaux... Pourquoi faut-il que ces recueils n'aient joui que d'une existence éphémère? Il y avait là, pourtant, autant que dans certaines gazettes parisiennes, de la verve, des promesses, de la science et de la poésie à remuer à la pelle ; il y avait des jeunes gens, comme il y en a partout et comme il y en aura toujours ; ces jeunes gens avaient de l'esprit, et ceux qui n'avaient pas d'esprit avaient de la gaîté, monnaie courante et riante !

» ... Hovyn de Tranchères avait attaché son nom à la rédaction de l'*Homme gris* ; Félix Solar signait du pseudonyme E. d'Issy les feuilletons du *Courrier de Bordeaux*...

» ... Le premier rival de l'*Homme gris* fut le *Diable boiteux*, né sur les fossés de l'Intendance, journal malin à ses heures et qui cherchait la verve de Lesage. Asmodée mourut jeune... »

Monselet avait tenu un jour à avoir, lui aussi, son propre organe : ce jour-là, à l'aide de quelques écus, fut fondé le *Monde bordelais*, — un « Monde » qui n'eut que neuf numéros — d'octobre 1845 à janvier 1846. Il est vrai de dire que la *Revue bordelaise*, qui lui succéda, était dirigée par Gabriel Richard — ce qui était tout comme : — la *Revue bordelaise* expira à son tour, le 26 avril 1846, dans les bras de la *Sylphide*.

Charles Monselet avait eu le temps néanmoins d'y publier quelques nouveaux poèmes — entre autres *le Musicien* (*Revue bordelaise* du 5 avril 1846).

Mais les vingt ans du poète viennent de sonner ; — son rêve est d'aller à Paris, Paris qui seul fait les réputations. Lui-même l'a déjà chanté dans son poème *le Médoc :*

> ... Vingt ans et voir Paris ! Fuir la province aimée.
> Cette vieille nourrice au front doux et songeur,
> Voir derrière ses pas la porte refermée,
> Sentir sécher l'adieu sur sa lèvre embaumée.
> Et s'en aller où va tout enfant voyageur !
> C'est le destin fatal. —   . . . .

Allons, la diligence est là qui attend — la poste aux chevaux de Laffitte et Caillard ! Les chevaux hennissent et leurs sabots piaffent d'impatience. Encore un baiser aux bons parents qui vous accompagnent, avec une larme furtive essuyée du revers de la manche, un dernier serrement de mains aux amis... Allons, mon jeune voyageur, en route pour la célébrité !

IV

De même que Monselet a chanté la ville de Nantes, son
premier berceau, de même il a accordé à Bordeaux, sa patrie
d'adoption, Bordeaux qui a eu la primeur de son talent, de
nombreuses pages empreintes d'une admiration sincère.

C'est d'abord, dans son premier volume de touriste — *De
Montmartre à Séville* — une description des plus suivies :

« Bordeaux ! ce nom éveille immédiatement une idée de
grandeur, de magnificence, d'orgueil. Une forêt de mâts et de
pavillons se dresse tout à coup aux regards ; on aperçoit de
vastes rues, bordées de maisons hautes, larges, imposantes,
sculptées avec faste, et qui sont des hôtels d'une aristocratie
commerciale. Il semble qu'on connaisse Bordeaux avant de
l'avoir vu ; c'est une des villes qui réalisent le plus complètement l'image qu'on s'en est formée.

» J'ai passé à Bordeaux la première partie de ma jeunesse,
et j'en veux parler pendant quelques pages, d'abord pour
obéir à ce besoin d'évocation dont tout homme est saisi à
moitié de sa carrière ; ensuite, parce que le Bordeaux d'aujourd'hui est bien différent du Bordeaux d'autrefois. Que
voulez-vous ! Trente ans, vingt ans même suffisent dans
notre époque à transformer entièrement une cité, mœurs et
physionomie, habitants et maisons.

» Du plus loin qu'il me souvienne, je revois un Bordeaux
que j'appellerai le *Bordeaux gascon*, et dont les traces n'existent
plus guère. Je revois des femmes d'une haute stature, cou-

ronnées de coiffes géantes, droites et carrées ; ce sont les
matrones du Grand-Marché et du marché des Récollets, — ou
plutôt du marché des Grands-Hommes, pour me conformer
aux dénominations révolutionnaires. Ces amazones de la
marée avaient pour petits noms : Cadiche, Cadichonne,
Seconde. Elles parlaient un patois vivement accentué, qui me
fut toujours singulièrement agréable, et où revenait souvent
le fameux *qués aco?*

» Le patois bordelais a eu son poète dans le boulanger Verdié, bien avant que le patois agenais ait eu le sien dans le
coiffeur Jasmin ; *Meste* Verdié demeurait rue Pont-Long :
c'était entre deux fournées de *choines* et de pain *cô* qu'il
rimait ses récits populaires, d'une gaîté un peu salée.

» Il faut avoir entendu un Bordelais de la vieille souche
réciter, avec l'accent et le geste indispensables, *le Retour de
Guillaoumet dans ses foyers.*

» ... Elles ont donc disparu peu à peu, les grandes coiffes :
les dernières se sont réfugiées autour de l'église Saint-Michel,
ce quartier de la vieille artisanerie. Encore quelque temps et
on ne les retrouvera plus que dans les spirituels dessins de
M. de Galard, un des premiers propagateurs de la lithographie à Bordeaux (avec Goya). C'est là aussi qu'il faudra aller
chercher ces grisettes dont la renommée fut pendant si longtemps européenne, ces jolies filles qui formaient une population à part dans la population : race fine, petite, brune, aux
cheveux lisses sur le front et au chignon enveloppé dans un
foulard de couleur éclatante. Aujourd'hui, le bonnet a tout
à fait détrôné le foulard, cette délicieuse importation créole.

» Voilà pour mon *Bordeaux gascon,* quant aux costumes et
au langage. Les rues, les édifices, à présent transformés et qui
se lient à la même époque, ne sont pas moins présents à ma
mémoire. Sans remonter au Tourny planté d'arbres et dont
la physionomie offrait, à ce qu'on rapporte, un caractère
autrement amusant que de nos jours — je puis accorder un

regret au Jardin-Public, que j'ai vu si ombreux, si solennel, avec ses tilleuls centenaires, ses taillis profonds, ses pelouses et sa terrasse d'un si noble style. Les jeudis et les dimanches, tout un peuple d'écoliers s'abattait dans les herbes hautes et autour des chevaux de bois. Les militaires y faisaient l'exercice le matin ; d'autres fois, c'était une classe de tambours qui assourdissaient les échos. Aux heures embrasées de l'aprèsmidi, quelques comédiens y venaient apprendre leurs rôles à l'ombre. La galanterie y avait aussi ses droits, comme vous le pensez bien ; le crépuscule amenait avec lui son cortège d'ombres indécises et de couples aux mains entrelacées. Ce Jardin-Public-là n'existe plus, ses ombrages ont été remplacés par des parterres fort élégants et fort peu mystérieux.

» J'ai connu la Bastide, lorsque la Bastide n'était qu'un riant village ; j'ai suivi, à travers les plus jolies guinguettes du monde et les plus délicieuses maisons de campagne, le chemin fleuri qui allait vers La Souys. Ce chemin a été remplacé par un autre, tout le long de la berge, droit comme un I.

» Mais ma pitié pour les arbres m'éloigne un peu de Bordeaux, j'y rentre. Quelque sympathie que j'éprouve pour le passé, je n'en suis pas cependant à regretter le fort du Hà, cette abjecte prison. Peu m'importe qu'on ait rayé de mon *Bordeaux gascon* ce monceau de pierres et de fer, cette ruine laide et noire, pleine seulement des souvenirs du terroriste Lacombe.

» Je ne prends pas aussi facilement mon parti de la métamorphose de la rue Sainte-Catherine.

» L'ancienne rue Sainte-Catherine était tortueuse, sombre, étroite, elle changeait dix fois de physionomie et de nom dans sa route ; elle allait d'abord cahin-caha jusqu'à la place Saint-Projet ; là, le désordre s'emparait de ses pas ; elle s'engouffrait dans un petit passage, dégringolait une ruelle pour aboutir à la fontaine du Poisson-Salé ; elle devenait la rue Cahernan, et, jouant des coudes à droite et à gauche, elle

débouchait sur les fossés des Carmes, qu'elle traversait. Elle
s'enfonçait alors dans le quartier israélite et s'intitulait la
rue Bouhaut. — Oh! ce quartier et cette rue! je voudrais
rendre l'impression étrange qu'ils m'ont laissée; je voudrais
donner une idée de ces grandes maisons sévères, aux fenêtres
toujours closes, aux cours à galeries superposées et ouvertes.
Le bas de ces maisons était presque uniformément occupé
par des boutiques de marchands d'habits, de ces boutiques
encombrées et profondes où les juifs excellent à faire la nuit.
Des noms d'origine espagnole ou portugaise s'étalaient fièrement sur les enseignes : Chimène, Léon, Mendès, Rodriguez,
Nunez, Lopez, Diaz, etc. Chaque maison était exhaussée de cinq
ou six marches sur lesquelles jouaient et criaient des enfants
singulièrement nombreux. Toute une population reconnais-
sable à ses yeux perçants, vieillards à barbe blanche, jeunes
filles à chevelure noire, se pressaient, circulaient dans cette rue
Bouhaut, appelée familièrement par ses habitants eux-mêmes
le canton ou *la nation*, et qui était le centre du quartier israélite,
si considérable et si important à Bordeaux, à toutes les époques.

» Au bout de la rue Bouhaut était la place Saint-Julien, où
avaient lieu les exécutions capitales. Ce théâtre sanglant faisait le pendant du Grand-Théâtre, situé à l'autre extrémité
de la rue Sainte-Catherine. — Grâce à Dieu, ne m'y étant
jamais trouvé au petit jour, je n'ai rien à raconter de ses
légendes sinistres...

» Je désirerais en finir avec les rues. Or, ma mémoire est
semblable elle-même à un carrefour où je me sens attiré de
tous les côtés. C'est la rue du Puits-de-Bagne-Cap, qui me
veut dire son fabliau du basilic : c'est la rue des Argentiers
et la rue des Bahutiers qui essaient de m'induire en moyen
âge ; c'est la rue Saint-James, pleine des souvenirs de la
domination anglaise ; c'est la rue des Ayres, où il n'y a que
des fleuristes ; la rue Bouquière, où il n'y a que des tourneurs
tabletiers ; la rue Bouffard, où il n'y a que des cordonniers ;

c'est la rue Victoire-Américaine, avec sa double rangée de maisons uniformes et fières : ce sont des rues aux noms plus bizarres les uns que les autres : la rue des Trois-Canards, la rue Maucoudinat, la rue Tombe-Toly, la rue Arnaud-Miqueu, la rue Cache-Cocu (aujourd'hui rue Sainte-Eugénie), la rue du Grand-Cancéra et la rue du Petit-Cancéra, la rue de la Grande-Taupe et la rue de la Petite-Taupe, la place Colombe, le chemin de Terre-Nègre, la rue Coupe-Gorge. — derrière le cimetière de la Chartreuse. Horreur !

» Ce sont les allées d'Amour, terminées d'une façon si romantique par le porche de Saint-Seurin, les allées d'Amour, qui me disent : « Ingrat ! n'auras-tu pas un mot pour nous dans ta nomenclature ? Nous t'avons vu bien souvent, en une certaine année où tu semblais prendre à tâche de justifier notre nom ; tu passais régulièrement à la même heure, entre chien et loup ; tu te dirigeais vers la rue des Religieuses, puis tu revenais sur tes pas, lentement, tournant la tête, t'arrêtant jusqu'à ce qu'un bruit de feuilles réveillées t'annonçât la présence de la personne attendue. Pour nous avoir oubliées, il faut que tu aies trouvé à Paris d'autres allées d'Amour... »

Dans *Monsieur de Cupidon (Histoire de Mademoiselle Jeunesse)* c'est une peinture sans rivale des *grisettes* de l'époque :

« Je ne vous dirai pas ce que les grisettes de Bordeaux ont de plus que les autres. Partout la femme ressemble à la femme ; c'est le même patron qui a servi pour l'ancien et le nouveau monde. Qu'il vous suffise de savoir qu'elles sont jolies comme les plus jolies, spirituelles comme les plus spirituelles, — au point que ce sont elles qui deviennent plus tard les véritables Parisiennes.

» Elles sont petites et bien prises. Elles sont brunes, comme presque toutes les femmes du Midi, avec des yeux et des cils longs de cela, et des cheveux à profusion.

» En outre de leur coiffure, qui est d'un *lâché* ravissant, elles ont une manière irréprochable de se vêtir. De même que la Pari-

sienne a la science du détail, elles ont surtout le secret de l'harmonie. Jamais chez elles une robe ne couvrira une jupe souillée.
Leurs brodequins auront toujours été faits pour leurs pieds.

» La Parisienne n'est coquette qu'à une certaine heure du
jour, — heure souveraine, il est vrai. La Bordelaise est
coquette depuis le moment où elle se lève jusqu'au moment
où elle se couche. Elle ignore le négligé du peignoir et n'ouvre
les contrevents de sa fenêtre qu'une fois son corset mis et ses
bandeaux lissés. C'est une petite Vénus sortie tout habillée
du sein des flots, dans une conque de palissandre.

» Quoique vous n'ayez pas besoin de chercher à Bordeaux
les grisettes pour les rencontrer, trouvez-vous le matin, entre
sept et huit heures, dans la rue Sainte-Catherine. C'est là que
ces mignonnes créatures foisonnent, pullulent, fourmillent,
trottinent, les unes se rendant à leurs ateliers, les autres à
leurs magasins. Il en arrive de tous les faubourgs, les plus
divers et les plus distants : de Sainte-Croix, de Saint-Seurin,
des Chartrons et de la Foudaudége. C'est pendant une heure
environ un va-et-vient perpétuel, un encombrement de minois
en belle humeur ; le pavé en semble obscurci, — comme un
champ de blé par un essaim d'oiseaux.

» Elles s'en vont ordinairement par bandes de quatre ou cinq,
un panier au bras, renfermant les cerises et le *choine* (petit pain)
du déjeuner. Leur démarche a cette affectation de vivacité qu
provoque à les suivre, et il règne dans leur manière de porter les
coudes en dehors une sorte d'élégance, la plus amusante à voir.

» Rien ne saurait rendre surtout l'effet de leurs mouvements
de tête, brusques et gracieux. Les regards qu'elles lancent de
droite et de gauche, fermes et arrêtés, pétillent d'une mali-
gnité fulminante.

» Que si vous voulez alors les connaître de plus près, hasar-
dez-vous à accoster l'une d'elles et faites entendre à son
oreille la musique du madrigal. Si elle ne vous répond pas
dès le premier mot, ce qui est probable, soyez assuré qu'au

troisième elle vous jettera quelque bonne réplique aux jambes, de cette réplique de comédie, preste et audacieuse, qui suppose l'accroche-cœur et le nez à la Roxelane. Leur esprit est mordant et accentué comme leur langage : une pointe d'aiguille trempée dans l'eau de la Garonne.

» Quant à leur moralité, elles en parlent beaucoup pour y faire croire un peu... »

Dans *Gastronomie*, Charles Monselet réclame une statue... pour le maréchal de Richelieu.

« ... Lorsqu'on parcourt Bordeaux, écrit-il, il est une statue qu'on cherche vainement sur ses places : c'est la statue du maréchal de Richelieu.

» Il y a là un singulier oubli ou une coupable ingratitude.

» Tout le monde sait que le maréchal de Richelieu a été pendant assez longtemps gouverneur de la province de Guienne.. A cette époque se rattache la période la plus brillante de l'histoire de Bordeaux, période qui comprend principalement l'édification de son magnifique théâtre et la création des superbes quartiers de l'Intendance et de la Préfecture.

» On ne saurait nier non plus l'influence considérable exercée sur la société bordelaise par le séjour du vainqueur de Mahon, une des expressions les plus séduisantes et les plus spirituelles de son siècle...

» ... Pourtant, ce n'est pas comme gouverneur de la Guienne que je réclame une statue pour lui. Il a un titre plus sérieux à cet honneur, un titre éclatant, incontestable.

» Le maréchal de Richelieu a droit à une statue pour avoir mis en faveur le vin de Bordeaux par tout le monde entier.

» A peine, en effet, eut-il touché le sol girondin qu'il s'émerveilla du Médoc et du Saint-Émilion (et sans doute aussi du Sauterne), à ce point qu'il ne voulut plus voir désormais d'autres vins sur sa table...

» ... A Paris, où la moquerie ne perd jamais ses droits,

on plaisanta sur l'enthousiasme du maréchal ; quelqu'un proposa d'appeler le vin de Bordeaux *la tisane de Richelieu.* Les Bordelais prirent le mot au bond et l'adoptèrent... »

Ailleurs, ce sont des vers des plus réussis que Monselet consacre aux vins : — la poésie devait avoir son tour.

« Je suis à Bordeaux depuis hier. L'aimable ville ! J'y reviens toujours avec plaisir... » s'écrie Charles Monselet dans un autre de ces ouvrages [1]. Là encore quelques pages enthousiastes appellent l'attention sur Bordeaux transformé.

» ... Quel éblouissement à l'arrivée ! Il y a peu de panoramas aussi importants que le panorama de la ville de Bordeaux. On en jouit dès la station de Lormont, c'est-à-dire pendant quinze minutes avant l'entrée en gare... - C'est d'abord, dominant tout le lointain, le clocher pyramidal de Saint-Michel, réédifié depuis plusieurs années ; ce sont les flèches élégantes et légères de la cathédrale Saint-André ; — puis, à mesure que le chemin de fer s'avance jusque sur les bords de la Gironde, qu'il rase avec de longs sifflements, ce sont les quais de Bacaleu et des Chartrons, habités par le haut commerce ; la promenade des Quinconces, avec ses deux colonnes rostrales, célèbres dans l'univers entier ; la place Richelieu ; le majestueux hôtel du Chapeau-Rouge ; — puis, toujours au cours du fleuve, les nobles pavillons de la Bourse et de la Douane ; les masses régulières et ornées du quai Bourgogne ; la porte Caillou ou du Caillou, la tour massive et noire de Saint-James ; — et enfin, comme fond de tableau, le pont aux dix-sept arches de pierre !... »

Mais Monselet a écrit la matière de plusieurs volumes — tant en prose qu'en vers — sur Bordeaux et sur la Gascogne :

Promenades d'un homme de lettres. Paris, 1889.

il est impossible, sinon de tout citer, du moins de tout reproduire. Résumons-nous donc :

La Franc-Maçonnerie des Femmes contient encore une
longue description du bassin d'Arcachon, où se passe la première partie de ce roman.

Çà et là, ce sont de curieuses biographies comme celles de
Henri Fonfrède, l'ardent publiciste, ou celle de Ligier, le tra-
gédien, ou celle de Barthélemy, le poète, le collaborateur de
Méry, etc., etc.

Un chapitre des plus curieux, par exemple, est au début de
Jean de la Réole — son dernier livre — où il retrace l'inauguration du Grand-Théâtre de Bordeaux (8 avril 1780). C'est
une véritable résurrection. On dirait d'un compte rendu
écrit, au sortir du théâtre, par un spectateur émerveillé.

« Toutes les familles historiques de la province y étaient
représentées : de Gourgues, de Verthamont, de Piis, de Gères,
de Blanquefort, La Faurie de Monbadon, de Barbezières, de
Darche, de Marbotin, de Castelnau, de Montchenil, de Briva-
zac, de Virelade, de Carrière, de Rauzan, de Laliman, de
Mauvezin, de Bourran, de Rolly, de Lamolère, de Tournon,
de Peyronnet, de Montferrand, de Dupérier de Larsan, de
Puységur, de Montesquieu, de Bourdillon, etc., etc.

» Le barreau, qui a été de tout temps une des gloires de
Bordeaux, le barreau était au grand complet ; c'étaient des
avocats auxquels l'avenir réservait des rôles importants : les
Saige, les Ferrère, les de Sèze, les Ravez, les Brochon, les
Martignac, les Emerigon, les Dupaty.

» Les familles Balguerie, Stuttenberg, Fenwick, Espeleta,
Brown, Cabarrus, personnifiaient le haut commerce.

» Çà et là des célébrités diverses : Azevedo, le musicien
amateur, professeur du jeune Garat ; Richard Martelly, l'auteur des *Deux Figaros;* Jourgniac Saint-Méard, qui a écrit
plus tard le récit de son agonie de vingt-quatre heures à la
prison de l'Abbaye.

» ... Dans une loge, on remarquait le duc de Fronsac. le fils du maréchal, de passage à Bordeaux.

» On ne comptait pas les jolies femmes. Ruisselantes de bijoux, elles portaient sur leurs blanches épaules des fortunes considérables.

» Tout ce monde attendait le bon plaisir du gouverneur. Enfin, une rumeur plus grande que les autres annonça sa présence. Le maréchal de Richelieu faisait son entrée dans la loge du gouvernement, escorté d'une suite nombreuse. Il était vêtu magnifiquement, selon son habitude. Il avait au cou le collier du Saint-Esprit et le grand cordon en sautoir ; il était coiffé d'un vaste chapeau à plumes blanches... »

Qu'y a-t-il de surprenant après cela que Monselet ait passé aux yeux de bien des gens, pour un Bordelais de naissance ; et que les Bordelais eux-mêmes l'aient traité parfois de compatriote et lui aient fait fête ? N'était-il pas des leurs, en effet, et n'avaient-ils pas raison de le revendiquer ? Ne leur avait-il pas consacré sa jeunesse, et, avec cette prime jeunesse, les premières rimes de son jeune talent ? N'avait-il pas enfin laissé comme un lambeau de son cœur dans cette seconde patrie ?

Aussi, comme il aimait à évoquer cette époque si brillante de ses débuts, comme il remuait à plaisir les cendres de ce passé disparu, au foyer duquel son clair regard retrouvait soudain une flamme nouvelle, son esprit une seconde fièvre qui lui rendait plus consolantes les heures d'amertume et de regrets.

La presse bordelaise, — disons-le à son honneur — lui a gardé de tout temps une vive reconnaissance et voué jusqu'après la mort une profonde admiration.

Un décret en date du 14 novembre 1889 a, conformément au vœu formulé par le conseil municipal de Bordeaux, accordé le nom de Charles Monselet à une des voies nouvelles de cette ville.

V

Charles Monselet arrive à Paris le 19 juin 1846, et descend
rue du Mail, dans un hôtel tenu alors par la belle-mère
d'Émile de La Bédollière (aujourd'hui hôtel de Bruxelles).

« Dans l'été de 1846, je fis mon entrée à Paris par la diligence Laffitte et Caillard [1].

» La diligence ! Comme cela date quelqu'un tout de suite !
J'aurais pu taire ce détail, mais il faut être véridique.

» 1846 était la seizième année du règne de Louis-Philippe Ier.
Dieu protégeait plus que jamais la France sur les pièces de
cent sous. S'il arrivait à Dieu de détourner un instant la tête,
il était immédiatement remplacé dans son protectorat par
deux ministres, Guizot et Thiers, qui auraient pu s'appeler
tout aussi bien Charybde et Scylla. Les Chambres des députés
et des pairs étaient encombrées d'individus illustres, d'ora-
teurs fameux, dont les noms devaient s'évaporer bientôt au
creuset de l'oubli. On aurait pu remuer les avocats à la pelle.
Les gros souliers à clous de M. Dupin étaient célèbres, ses
palinodies aussi. Dans l'ombre d'une rue avoisinant la place
du Carrousel, M. de Genoude ne cessait de réclamer le suffrage universel, qui était en route. M. de Cormenin signait
Timon et était le pamphlétaire à la mode. Haines de journalistes : les *Débats*, dans leurs comptes rendus, se refusaient
énergiquement à accorder la particule à M. Émile Girardin.

[1] Ch. Monselet, Suppl. littér. du *Figaro*, 19 décembre 1885.

Espartero faisait parler de lui en Espagne. L'Afrique perpétuait notre réputation de bravoure. Le ciel, qui bénit les grandes familles, s'appliquait à bénir la famille des Arago. L'opposition était toute-puissante ; on était de l'opposition ou l'on n'était pas de l'opposition, tout était là ; si l'on en était, on risquait d'aller loin. Chateaubriand vivait toujours ; on avait même donné son nom à un beefsteack. Des épiciers qui s'appelaient Gratteboullard ou Miton-Mitaine étaient furieux de voir aux affaires M. de Lamartine. Le *Figaro* d'alors était intitulé le *Corsaire-Satan*, et, quoique très lu, ne faisait pas ses frais. Une fois par an, à la fête du roi, on distribuait gratuitement des saucissons ; c'était ainsi que l'on comprenait l'amélioration du sort du peuple. Le marché aux comédiens se tenait sous les arbres du Palais-Royal. Les romances de Loïsa Puget résumaient toute la poésie pour une partie de la bourgeoisie de la France. Vidocq avait une agence de renseignements particuliers dans le passage Vivienne. L'éléphant en plâtre de la place de la Bastille tombait en poussière. On vendait du vin à quatre sous dans les cabarets. Le boulevard du Temple battait son plein. A la hauteur de la rue de la Michodière, il y avait des Bains Chinois avec des magots en bois colorié sur des piédestaux. Asnières était presque ignoré. Au coin de la rue Drouot, une enseigne annonçait une table d'hôte tenue par Mlle Thiers, sœur du président du conseil des ministres. Comme il faut à toute époque un refrain populaire en manière de scie, la scie d'alors était les *Larifla*, et tout le monde chantait sur l'air des *Larifla* :

> Dans la gendarmerie
> Quand un gendarme rit,
> Tous les gendarmes rient
> Dans la gendarmerie :
> Larifla. fla, fla, etc.. etc.

» Ou bien, car on ne s'arrête pas sur la pente de l'imbé-
cillité :

> Un jour, sur le pont des Arts,
> Je rencontre monsieur Musard,
> Avec madame Musard
> Et le petit Musard :
> Larifla, fla, fla, etc.. etc.

» On allait voir le puits artésien de Grenelle. Paris était
encore rempli de vieux quartiers amusants. Le bal du Prado
se tenait en face du Palais de Justice, dans l'ancien théâtre de
la Cité. Le pays des écoles s'était modelé sur Gavarni et allait
se modeler sur Mürger. C'était un temps heureux : on ne savait
pas ce que c'était qu'un photographe. Les gens qui jouaient à
la Bourse se comptaient ; l'heure de l'invasion des Bordelais
et des Juifs n'était pas venue : elle arrivera comme une avalanche. En attendant, Mirès vendait des lorgnettes.

» L'époque était bonne pour les lettres. Balzac, George Sand,
Eugène Sue, Léon Gozlan, Méry, étaient à l'apogée de leur
gloire. L'Académie française semblait ne pas s'en soucier.
Alfred de Musset commençait à percer la foule et à se suicider
lentement. Une voiture, petite comme une coque de noix,
attelée de deux poneys minuscules, montait et descendait
l'avenue des Champs-Élysées, traînant Théophile Gautier,
conduisant lui-même. On avait déjà assez de Ponsard, même,
avant *Agnès de Méranie*. Auguste Vacquerie faisait recevoir à
la Comédie-Française un drame en vers, *le Faiseur de rois*, qui
sera représenté quarante ans plus tard à l'Odéon sous le
titre de *Formosa*; un bel exemple de foi et de patience ! Le
théâtre subissait un temps d'arrêt depuis *les Burgraves*.
Rachel, chez qui se réveillait parfois la guitare des mauvais
jours, imprimait à la tragédie des accents farouches et romantiques, dont les magistrats de province affectaient de raffoler.
Frédérick Lemaître, génie inutilisé, ruait à travers les
mélodrames de la Porte-Saint-Martin, dirigée par les frères

Cogniard. M. Scribe et M. Alexandre Dumas fils se croisaient
devant le Gymnase. »

« ... Du premier bond, Monselet se trouve en charmante et
littéraire compagnie ; il fait connaissance avec les commen-
saux de la maison : Henri Monnier, Taxile Delord, le peintre
Marcel Verdier et Eugène Deligny. » (CHARLES BATAILLE, — *le
Diogène*, 22 février 1857.)

Monselet retrouve également à Paris Félix Solar, devenu
directeur-gérant de l'*Époque*, qui « lui ouvre à deux battants
ce carré de papier devenu célèbre dans les fastes du journalisme monumental ».

Quoi qu'il en soit, il nous eût été bien difficile de suivre
Charles Monselet pas à pas dans toutes ses démarches et dans
tous ses travaux, si M. Richard Lesclide n'avait bien voulu
mettre entre nos mains la correspondance qui s'établit aussitôt entre lui et son ancien collaborateur — correspondance
intime et suivie, qui, sauf quelques lacunes, compose un
journal complet de l'existence de Monselet, de 1846 à 1848.

C'est ce journal que nous reproduisons ici — en y retran-
chant à peine, çà et là, quelques détails : il prouvera, on ne
peut mieux, la bonne et douce philosophie de Monselet, son
inaltérable gaîté et son impassibilité, sa résolution prise d'arriver au but, sa calme et froide assurance au milieu des difficultés de toutes sortes que rencontre l'écrivain à ses débuts.

. . . .

VENDREDI 26 JUIN 1846. — Ce matin, M. de La Bédollière m'a
présenté à un vaudevilliste de ses amis, M. Deligny, auteur
d'un grand nombre de pièces et principalement de *Madame
Panache*, représentée dans ces derniers temps au théâtre
des Variétés où elle se joue encore quelquefois. Ledit Deligny
m'a fait un tableau monstrueux des difficultés qui assiègent
un jeune homme à ses débuts. Il m'a engagé à travailler sans

relâche, à avoir des idées neuves et m'a généreusement offert
son concours — presque sa collaboration.

Samedi. — J'ai été ce soir aux Champs-Élysées. Il existe
deux superbes cafés devant lesquels, sur une estrade élégante,
des musiciens et des musiciennes exécutent des concerts en
plein vent, à grand orchestre. Les chanteuses sont en robe de
gaze et en cheveux, avec un bouquet à la main. Les chan-
teurs débitent des chansonnettes comiques avec le costume
analogue. On varie par des chœurs de pêcheurs et de contre-
bandiers, dans le genre de celui-ci que j'ai retenu :

> Amis, courage,
> A l'abordage,
> Élançons-nous !
> Et que je meure
> Si tout à l'heure
> Cette *galère*
> N'est pas à nous.

La rime exigerait *galeure*, mais le chanteur par sa pronon-
ciation s'efforce de la faire respecter.

En général, les Parisiennes de la rue — je n'ai vu ni Mabille
ni le faubourg Saint-Germain — sont moins jolies que les
Bordelaises, ont moins de coquetterie et moins de tournure.
En revanche, et cela te surprendra, elles paraissent beaucoup
plus modestes et retenues que tes chères compatriotes. Peut-
être mes opinions se modifieront-elles par la suite, mais je te
dis mes premières impressions — et j'ai déjà huit jours de
Paris.

Du reste, j'ai dû beaucoup rabattre de mes idées sur la
foule et le bruit que je comptais y trouver. J'habite le quartier le plus central, et à onze heures et demie y règnent le
calme et la solitude la plus complète. C'est désolant. Bonsoir,
mon pauvre ami, il est dix heures et je me couche.

Dimanche. — Quelle surprise en voyant arriver ce matin la
mère M*** qui vient me supplier, toute la famille ayant été

séduite par ma bonne mine, de vouloir bien habiter, sans
rétribution aucune, la chambre de son fils pendant un voyage
que celui-ci va faire au Havre. Après un combat de délicatesse très naturel, je m'empressai d'accepter avec une satisfaction mal dissimulée, et sous peu de jours, je vais m'impa-
troniser dans cette tribu, composée d'un père, d'une mère et
du susdit fils, âgé de vingt-huit ans. — Ils demeurent rue
du Faubourg-Saint-Denis. Tiens, tiens, tiens !

A une heure je vais trouver G*** qui m'amène en voiture
chez Baroilhet, rue La Rochefoucauld, dans un superbe
hôtel avec jardin, qu'il habite avec le général Bourjolly.
Barroilhet possède une galerie fort belle et des meubles de
prince. Il me promet une lettre pour Scribe, quand Scribe
sera revenu d'Italie. — Chez Baroilhet, je vois Rousseau,
un de nos premiers paysagistes.

De là, nous allons chez Minvielle, acteur du Théâtre-Français, qui m'invite à venir le voir.

Chez G***, le fils du baron Sarget est enchanté de moi et
me promet son appui.

Rentré rue du Mail, je vais revoir M. de La Bédollière qui
m'engage à porter demain quelque chose à l'*Illustration* avec
une lettre de recommandation de sa part. Je recopie avec
fureur *Aristide Flocheux*.

Écoute ceci : Va chez Delpech. Demande *Théroigne de Mé-
ricourt ou la Jolie Liégeoise*. Copie exactement toute la première
page du titre, l'année, le nom de l'auteur et de l'éditeur, afin
que je le demande ici, à la Bibliothèque royale. N'oublie pas.

Lundi. — G*** repart pour Bordeaux en me laissant une lettre
pour André Hoffmann, une autre pour M. de Calonne, directeur de la *Sylphide*, et des recommandations pour Hippolyte
Laudrol, du Gymnase.

Une fois chez moi, je me résume — et je me dis que je viens
de perdre là huit jours — qu'au lieu de patauger dans les

La Bédollière, les Deligny, les Baroilhet, les Calonne et les
Hoffmann, — sans compter le Dubochet de l'*Illustration*, qui
ne m'a point reçu, — il eût été beaucoup plus simple de me
tenir chez moi à finir en toute hâte mon feuilleton pour
l'*Époque*, et qu'après tout Solar est une meilleure et une
plus sûre recommandation. Bref, je me mets dans une telle
fureur contre moi-même que, bravant la pluie qui tombe
par torrents, j'enfourche mon habit et mon pantalon neuf,
et je vais porter immédiatement à l'*Époque*... quoi ? Encore
l'*Aristide Flocheux*.

J'ai la chance d'empoigner Solar, la chance de le faire lire,
la chance de le faire rire. Il est émerveillé du *Flocheux*. On
me promet l'impression dans quelques jours, et, ce qui est le
plus joli de l'affaire, Vergniaud, le secrétaire, me dit en secret
que, si j'ai des besoins pécuniaires, il les satisfera. Pour Solar,
— il me dit de travailler comme une multitude de nègres.

Pour trois francs, je monte aux secondes du Théâtre-Français, et je vois *la Famille Poisson ou les Trois Crispin*, comédie
en un acte et en vers de Samson, et la deuxième représentation de *les Spéculateurs*, drame en cinq actes et en prose,
longue banalité de MM. Durantin et Fontaine. — Provost est
fort bon. Mlle Denain est jolie. Geoffroy, Mirecourt, Joanny,
Maillard sont convenables.

J'ai oublié de te dire que ce matin, chez M. de La Bédollière,
j'ai causé assez longuement avec Henri Monnier. C'est un
gros homme de quarante-cinq ans, à lunettes, que j'ai pris, à
première vue, pour un gentilhomme campagnard.

Mardi 30. — Vu la place Royale, où demeure le grand poète
Hugo. Rencontré R***, qui depuis trois mois qu'il est à Paris,
s'est heurté contre toutes les difficultés du début sans entrer
dans aucun journal.

Mercredi. — Je commence une comédie en un acte et en vers
pour les Français. *Beau*, comédie en un acte et en vers !

JEUDI 2 JUILLET. — Je vais à l'*Époque*, dans les bureaux de laquelle je me prodigue en pure perte. Je donne une poignée de main à Solar et j'entrevois la silhouette de Granier de Cassagnac : un gros homme brun, à figure, à tournure et à parole communes.

Il est à remarquer que tous les grands hommes sont de gros hommes pour la plupart. Je serai un gros homme.

Décidément Paris est désert. Aussi je ne m'ennuierais plus autant si je revenais en province. Console-toi donc, mon ami, d'ignorer les merveilles de la rue Montmartre et du passage Colbert. Ce qu'il y a de beau seulement, c'est que l'existence y est d'un bon marché phénoménal. Si je n'étais pas un monsieur à tant aimer mes aises, j'y pourrais, je crois, loger, manger et boire à vingt sous par jour.

VENDREDI, 3 JUILLET 1846. — G***, qui vient me chercher, m'entraîne de vive force chez M. Francisco Fernandez de la Rodella, directeur du *Panthéon des Artistes*. C'est un jeune homme que j'ai connu à Bordeaux, et qui, ne payant pas ses rédacteurs, a le bon goût de ne pas m'inviter à en faire partie.

De là, je tombe chez Taxile Delord, avec une lettre de recommandation. M. Delord est un beau garçon, brun et Marseillais — *et gros*. Il me reçoit avec affabilité et me demande pour le lendemain un article au *Charivari*.

SAMEDI. — Je paie mon logement à l'hôtel — vingt francs pour quinze jours — et je vais m'installer chez les M***, rue du Faubourg-Saint-Denis, nº 8, au quatrième.

DIMANCHE, 5 JUILLET. — Promenade sur le boulevard des Italiens. Ah çà, mais Paris vole indignement sa réputation. On ne m'a pas encore pris ma montre. Je soupçonne que je suis dans un faux Paris.

LUNDI. — Je lis les nouvelles politiques et je brosse, pour le

Charivari, une petite fantaisie sur le séjour du prince de Joinville à Palma, que je vais porter à Taxile Delord. Il en est assez content et promet de l'envoyer au journal, après l'avoir corrigée. Il m'en commande une autre pour le lendemain.

L'*Époque* reçoit enfin le dépôt de mon feuilleton de début — petite nouvelle en trois parties — copiée de ma plus belle écriture et intitulée *Berdriquet et son romancier*.

Mardi. — L'*Époque* a lu *Berdriquet*. Il est vrai qu'elle n'en veut pas, mais elle l'a lu enfin. Elle m'ordonne vite de lui faire quelque chose dans le genre *gracieux*.

Le fait saillant de cette journée est la rencontre de Balzac dans le bureau de l'*Époque*, où il était venu pour une rectification dans le roman qu'il publie en ce moment : *Une Instruction criminelle*. Il n'y venait que par hasard et pour la première fois, car il n'y connaît personne. La vente de son ouvrage s'est faite par correspondance. Il ne s'occupe même pas de la correction de ses épreuves. C'est un homme de quarante ans, d'un embonpoint excessif, plus laid que son portrait, avec de petites moustaches et un petit chapeau ; vif, bavard, important. Cela m'a retenu de lui sauter au cou.

Mercredi. — Visite à Hippolyte Landrol, qui me dit que toute pièce bien faite serait acceptée et jouée au Gymnase. Porté ensuite à Taxile Delord un article charivarique sur Balzac et renvoyé par lui au bureau du *Charivari*, avec une lettre de recommandation pour le trio Altaroche-Albert Clerc et Louis Huart. Je vois Altaroche qui, naturellement, me renvoie au lendemain.

Si quelques-unes de mes journées te semblent peu remplies, c'est que je juge inutile de relater la remise de mes lettres de recommandation aux pâtissiers, ferblantiers et autres doreurs sur métaux.

De même, pour placer mon *Berdriquet*, j'ai vainement couru

après le rédacteur littéraire du *Siècle*, qui, dit-on, est fort avenant, et qui, par conséquent, ne peut manquer de priser cette œuvre d'un si haut mérite.

JEUDI. — Voici les deux lettres que j'ai écrites ce matin, — l'une à M. Louis Desnoyers, directeur du *Siècle :*

Monsieur,

Voici déjà plusieurs jours que je me présente vainement au domicile de M. Chambolle, avec l'intention de lui remettre la lettre ci-incluse. Le sens de son contenu, plutôt que l'inutilité de mes démarches, m'oblige aujourd'hui à retourner contre vous, monsieur, mes importunités. Veuillez excuser, avec la bienveillance qui, dit-on, vous est habituelle, un jeune homme tombé depuis huit jours à Paris, et dont les vingt ans littéraires expliquent le désir bien naturel de s'accrocher aux branches touffues de l'arbre de la presse.

Quoique les employés de votre bureau, avec cette finesse d'odorat qui leur a fait distinguer un solliciteur, aient refusé de me faire connaître votre adresse, j'ai osé espérer, monsieur, que vous voudrez bien vous relâcher un peu de votre consigne en ma faveur et me faire connaître, par un mot de réponse, si je puis venir vous remettre le corollaire en trois feuilletons de la lettre de mon oncle.

Dans cet espoir, etc.. etc.

L'autre, à M. Arsène Houssaye, directeur de l'*Artiste :*

Monsieur,

N'ayant le plaisir de vous connaître que par vos nouvelles et vos beaux *Sentiers perdus*, je désirerais d'autant plus vous exprimer de vive voix mes sympathies, que vous êtes directeur du premier journal littéraire de Paris et que mes vingt ans me démangent horriblement à la tête et à la main.

C'est donc un solliciteur en prose et en vers qui vient vous demander une lettre de recommandation auprès de vous-même. Arrivé de province depuis quinze jours, il apporte avec lui toutes les chances nécessaires pour y retourner avant peu de temps, si vous ne daigniez l'encourager dans sa première voie. vous, monsieur, qui avez l'heureux pouvoir de faire et de faire faire de belles choses.

Excusez la hardiesse et acceptez les salutations de votre dévoué serviteur, etc., etc.

A cela j'ai joint ma petite pièce de vers :

> Des jours enfuis, gardez-vous la mémoire !…

Et allez donc les vingt ans !

Samedi, 11 juillet. — Comprends bien ceci : *le Mari à l'épreuve* et *le Carreau brisé*, tels quels, ne sont pas perdus. Quand nous nous appellerons Scribe et Bayard, nous les ferons jouer sans difficulté et avec succès même. C'est potable et honnêtement spirituel. Mais avec cela, nous ne forcerons jamais, *nous*, *débutants*, les portes d'un théâtre. Il faut s'appeler Gautard, être comme lui employé dans un ministère, et avoir des années entières à perdre, pour faire métier de pièces médiocres. Or, nous pouvons mieux faire que cela.

Je te parle sérieusement. Autant pour toi que pour moi. Jeunes et pas bêtes, n'avons-nous pas par le théâtre une route pavée d'or à parcourir? Fais et envoie. Mais ne m'envoie rien qui n'en vaille la peine. Du neuf est toujours reçu, du joli quelquefois, du médiocre rarement et rien que des auteurs connus. Voilà ce que nous savions un peu à Bordeaux, mais ce qui m'est confirmé à Paris. Parole d'honneur ! nous pouvons gagner beaucoup d'argent et il me tarde de t'avoir à mes côtés pour me mettre l'épée aux reins.

Dimanche, 12 juillet. — Promenade à Montmartre.

Lundi. — Arsène Houssaye et Louis Desnoyers continuent à ne pas me répondre.

Mardi. — M. D***, le marchand de tapis des allées de Tourny, me vient visiter à neuf heures du matin. Sur la foi de ma mère, il croyait me trouver dans un galetas. Il est ébloui de l'acajou nombreux qui règne dans mon appartement. Il dira aux Bordelais que je suis devenu millionnaire.

Je vois affiché *Hernani* aux Français — et j'y vole plutôt que d'y manquer. Quel beau drame, mais ces acteurs n'y

comprennent pas grand'chose, quoiqu'ils s'appellent Beauvallet, Ligier, Guyon et Mme Mélingue. Il y avait beaucoup
de monde.

Il y a presque à côté de tous les théâtres un marchand de
vins qui vend des billets d'auteur à moitié prix. C'est jusqu'à
présent le moyen que j'ai employé. Pour deux francs vingt-
cinq, j'ai été aujourd'hui aux places d'orchestre de cinq francs.

Mercredi. — J'ai continué à travailler obstinément et
d'arrache-pied à la nouvelle *gracieuse* de l'*Époque*.

Jeudi. — Travail. Je vois avec terreur que ma plume est
très lente.

Vendredi. — A huit heures et demie du soir, j'ai fini ma
nouvelle. Je n'avais rien mangé depuis huit heures et demie
du matin. Je dîne alors et je porte chaud à Vergniaud. Vergniaud en dévore cinq pages qu'il trouve bien et promet de
s'ingurgiter les quarante autres demain matin. Cela s'appelle
Jeunesse et se passe à Bordeaux. J'en suis content. Il est vrai
que j'étais et que je suis encore très satisfait de *Berdriquel*.

Dimanche, 19 juillet. — Visite à l'*Époque*. Vergniaud n'a pas
lu *Jeunesse*.

Lundi. — Je vais chez Houssaye. Houssaye étant absent, je
pousse jusqu'au Jardin des Plantes. Oui, Richard, tu as un
ami qui n'a pas su se conserver pur de tout obélisque et de
toute girafe. Il a donc vu le Jardin des Plantes, ainsi nommé
à cause des animaux qu'il renferme. Il a vu les singes, il a
vu les bisons, il a vu les chèvres. Le Jardin des Plantes est
très grand. Tous les ours s'y appellent Martin. Les bourgeois
les agacent et leur tirent la langue en leur disant : *Hou, le
vilain !* Délices de Paris !

Je reviens chez Houssaye et le trouve. Ce jeune mousquetaire habite un salon Watteau, rempli de glaces de Venise.

de fauteuils d'Utrecht, de dessus de porte en camaïeu et de panneaux mythologiques... Il s'est extasié sur mon écriture et m'a demandé si je lui portais quelque chose. Exhibition du *Vieux musicien* et de... *Flocheux*. Houssaye se fond en éloges, mais laisse entrevoir qu'il paie fort peu. Difficultés de paiement : obstacles sans nombre. Esquiros et Gérard de Nerval gagnent à peine dix-huit cents francs par an. Lui, Houssaye, vient d'avoir une pièce en vers refusée aux Français. Cependant, ému de mes vingt ans, il me commande pour vendredi une *Revue* du Monde parisien, — chose qui ne se signe pas — deux colonnes de faits divers, habillés spirituellement. Puis il me presse sur son cœur et je m'en vais. La peste, vicomte, que dis-tu de l'aventure ?

Voici, jour par jour, un mois que je suis à Paris. Quels en sont les résultats ? — Deux petites nouvelles pas mal troussées. Connaissances politiques et littéraires. Tâtonnement. Vue des principaux monuments de Paris. L'*Époque* battue en brèche. Heuh, heuh ! cela aurait pu marcher un peu plus vite. Le seul argent touché est : Avances du journal l'*Époque*, cinquante francs.

Cependant, ne nous plaignons pas trop.

Mais maintenant que me voilà installé, commençons à travailler chaud. Nous verrons le mois prochain.

Mardi 21 juillet. — Travail à la *famosa comedia*. Promenade aux Champs-Élysées. Vue des préparatifs des fêtes de Juillet. Je m'apprête à d'indicibles voluptés.

On a repris dernièrement aux Folies-Dramatiques une pièce ainsi conçue : *Le Tyran peu délicat ou l'Enfant de cinq ans, muet et courageux*, mélodrame en trois actes, par Dumersan, avec combat au sabre et costumes *analogues*. Qu'en dis-tu ?

Mercredi. — Travail à la *famosa comedia*. Je me remue péniblement pour songer convenablement une idée. — Rencontre de C***, de la pension Benoît. Le soir, promenade à l'*Époque*. Bien entendu que Vergniaud, etc., etc. Toutefois, ô bonheur, nous recommençons à tomber dans le pays de la féerie : Vergniaud me renouvelle ses offres pécuniaires à défaut d'insertion immédiate.

JEUDI. — Travail à la *famosa comedia*. Le jeune G*** venant me voir, nous projetons pour le soir une excursion au Château-Rouge, établissement rival de Mabille et du Ranelagh ! L'affiche était splendide : *Grande kermesse* flamande avec feu d'artifice, représentant le chemin de fer du Nord. Le soir, je me vêts en gentilhomme. Le Château-Rouge est décoré avec un grand luxe. La balançoire, le tir et les quatre parties du monde y règnent arbitrairement. La fête finit à onze heures, après un feu d'artifice puéril représentant une locomotive d'enfant.

VENDREDI. — Je fais la Revue de Paris pour l'*Artiste* et je la porte au bureau de ce journal. Une colonne et demie environ, enluminée dans le genre Houssaye, de façon à faire croire à un pastiche ou à une parodie. Houssaye la remet à l'imprimeur, mais la trouvant trop courte, il me force de l'allonger. Je lui expédie alors, sur le coin d'une table, au bruit des conversations, une quarantaine de lignes supplémentaires sans un *zeste* de rature. Ébahissement de Houssaye. Admiration de l'assemblée. — *Oh ! la belle copie !* Tel est le cri unanime. Je rougis modestement et j'essuie ma plume comme un glaive. L'auteur des *Aventures de Margot* s'empresse de réclamer une seconde revue pour la semaine prochaine.

De l'*Artiste*, j'arrive à l'*Époque*. Bien entendu que, etc. Ah si ! Vergniaud a lu *Jeunesse*. Il me dit de passer chez lui demain à une heure pour m'indiquer quelques corrections. Dîner splendide à dix-huit sous : bœuf à la mode et bœuf à la chicorée, deux plats variés. Au dessert (une poire), je me figure tituber et j'accorde un sou de gratification à Joseph. Joseph est le garçon du « Petit Rocher de Cancale ». Joseph ! Voilà, monsieur !

Samedi. — Le diable m'emporte si je m'imagine être à Paris, en dépit de la porte Saint-Denis qui me crève les yeux et de ses bas-reliefs représentant la prise de Maëstricht. Trop de Maëstricht pour un homme seul. Mais attendons de pénétrer un peu plus au cœur de cette capitale pour l'anathématiser définitivement. Voyons venir le carnaval.

J'ai bien fait de rendre visite à l'Éléphant de la Bastille. On le démolit à l'heure qu'il est.

En attendant, sacrebleu ! je trouve que le *Flocheur* chôme beaucoup trop. Si je le retirais de l'*Artiste* pour le porter aux *Débats*. Et moi qui oubliais *Berdriquet* !... Ah ! pardon , *Berdriquet*, c'est *Flocheur*, vois-tu, qui en est cause.

Pourquoi ne m'adresserais-tu pas tes quatre-vingts francs d'économies ? Je les placerais dans des bitumes fort recommandables.

Dimanche. — Je n'ai pu résister au désir d'aller m'assurer, dans un salon de lecture, de l'insertion de mon article Houssaye. Il n'y a pas été fait une ombre de correction. Me voilà donc, à mon entrée dans Paris, un des juges aristarques dans l'affaire Adolphe Dumas.

Lundi. — Je corrige et remanie *Jeunesse*. Déjeuner, dîner, coucher. C'est peu, mais c'est tout.

Mardi. — Je vois Joël [1]. Je lui conseille de faire un vaudeville, intitulé *la Friture humaine*. Il ne se sent pas de joie et va se mettre à l'œuvre. Tout ceci est textuel.

Je rapporte *Jeunesse* à l'*Époque*. Décidément, cette petite nouvelle n'est pas étonnante et je préfère *Berdriquet*.

Le soir, je ne puis résister aux contremarques du Gymnase. Je me paye *la Belle et la Bête* et *la Cachucha*. Je vois Tisserant, qui est un comédien fort remarquable, Rose Chéri, Klein, Hippolyte, et la petite Irma, de Bordeaux.

---

[1] André Thomas, littérateur, — et frère du comédien Lafontaine, — que mon père avait connu à Bordeaux. — A. M.

Mercredi 29 juillet. — Liesse foudroyante. J'honore la mémoire des infortunées victimes de 1830, en me livrant avec P*** à une flânerie démesurément patriotique. O Richard ! jeune séide des Paillasse et des Frise-Poulet, où es-tu ? Figure-toi le grand carré des Champs-Élysées débordant de femmes colosses et de chiens savants ; la valeur de soixante places Richelieu. Deux monstrueux théâtres en plein vent : d'un côté, des Français poignardant des Cosaques ; de l'autre, des mousquetaires attaquant une masse de *fort Saint-Gervais.* Partout des coups de feu, des décharges de mousqueterie, le coco ruisselant à flots, les chevaux de bois, les quatre parties du monde, les chemins de fer enfantins, les tirs à l'arabe, — et, tranchant sur le tout, un vacarme de grosse caisse et une odeur de gras-doubles en combustion, mêlés à une atmosphère de poussière épaisse à couper au couteau.

A la nuit, les mêmes Champs-Élysées flamboient de lampions et de lanternes de couleur. Je vais au bal Morel, je vais au feu d'artifice, je vais aux mâts de cocagne, je vais aux joûtes, je vais partout. Je mange des prunes, je bois du cassis, j'achète des gâteaux de Nanterre. A minuit, je rentre et je me couche. J'ai 25 kilos de poussière dans l'estomac.

Jeudi. — Le fils M**** annonçant son prochain retour du Havre, je me mets en course pour trouver un logement, et j'ai l'audace d'arrêter mon choix sur une chambre d'une maison meublée de la place du Carrousel. La place est aussi grande que celle de la Concorde, une seconde édition des Quinconces. Devant, les Tuileries, dans leur majestueuse longueur ; à droite, à gauche et derrière, le Louvre. Au milieu, l'Arc de Triomphe, bâti par Napoléon. En un mot, une des plus grandioses curiosités de la capitale, un poème en pierre. Eh bien ! mon ami, pour vingt-deux francs (service compris) j'occupe une chambre au premier étage, coquette et cirée, ayant vue sur toutes ces splendeurs historiques ; dans ces lieux qu'ont tour

à tour foulés Henri IV, Louis XIV et Napoléon. Je suis devant
les appartements de Louis-Philippe et nos deux majestés pour-
ront chaque matin se contempler face à face. J'assisterai
de ma fenêtre aux parades, aux revues, aux fanfares, et je
pourrai dire aux soldats : Soldats! je suis content de vous,
— et je finirai peut-être par me croire définitivement à Paris.

Quoi qu'il advienne, j'y viendrai établir ma résidence d'été
quand le fils M*** sera de retour. Peut-être demain ou après-
demain.

En attendant, ma fantaisie vagabonde va butiner au salon
littéraire, pour composer le miel de ma revue Houssaye.

Je n'ai su qu'aujourd'hui, en lisant les journaux, qu'on
avait tiré hier sur le roi. J'étais pourtant à quelques pas de là.

VENDREDI. — Je porte à l'*Artiste* une revue de la semaine, un
peu sabrante sur Timon, Joseph Henry, le prince Albert, etc.,
que Houssaye s'empresse de livrer à l'imprimerie, sans en
prendre connaissance. A la bonne heure, au moins! C'est
l'antipode de Vergniaud. Je lui demande un numéro de
dimanche dernier qu'il m'octroie avec libéralité, en continuant
à me demander une troisième tartine pour la semaine prochaine. Ce jeune fromage à la crème ne souffle mot, d'ailleurs,
d'appointements. Peut-être est-ce par timidité ? Nous verrons
bien.

De l'*Artiste*, je bondis à l'*Époque*, où je pratique une saignée
de cinquante francs à la caisse. Il faudra bien, corbleu! que l'on
finisse par m'employer et je crois avoir trouvé le bon moyen.
Inutile de te dire, du reste, que je cache soigneusement à
l'*Époque* mes connivences avec l'*Artiste*, et *vice versa*. — Ah !
ah! mais ce petit métier littéraire ne commence pas d'une
manière trop *malfilâtre*, n'est-il pas vrai? Allons, allons, je
vais travailler.

Je découvre, en passant sur le Pont-Neuf, le thermomètre
de l'ingénieur Chevalier : Beau, thermomètre !

Dimanche 3 aout. — Visite à l'*Époque*. Si cela leur convient à me payer pour ne rien faire, cela ne peut manquer de me convenir également.

Lundi. — Je me rends à la Bibliothèque royale, dans l'intention de travailler à ma comédie. Voici ce qu'est la Bibliothèque royale. Comme une chose toute naturelle, je demande le théâtre de Montfleury. On se met en route pour me le chercher, et au bout de *trois quarts d'heure*, on me rapporte, devine quoi ?... Une brochure de six pages ayant pour titre *les Fri-Maçons*, hyperdrame, le tout imprimé à Londres et sans nom d'auteur. Stupéfaction.

Mardi. — Le premier numéro de *Jeunesse* a paru dans l'*Époque*. Voyez-vous, les sournois ! J'aurais préféré débuter par *Berdriquet,* qui est meilleur.

Mercredi. — Je t'adresse, ainsi qu'à mes parents, un exemplaire de *Jeunesse*.

Après déjeuner, je fais un nouvel effort et me rends à la Bibliothèque royale ; là, je demande les œuvres de Poinsinet. Il me semble, n'est-ce pas, que ma prétention n'avait rien d'extraordinaire. J'attends *une heure*, cette fois. Au bout de ce laps, on me donne un petit volume — toujours imprimé à Londres — auquel il ne manquait simplement que *le Cercle*, juste ce que je voulais voir. Eh bien ?...

A quatre heures, je me dirige vers l'*Époque*. Vergniaud m'abouche avec Anténor Joly, ex-directeur du théâtre de la Renaissance, et directeur actuel du feuilleton de l'*Époque*. C'est un homme d'une trentaine d'années, brun et grand, assez maigre. Sa conversation est très fatigante, en ce sens qu'on ne peut lui parler qu'avec le crayon à la main. Anténor Joly est sourd comme un magasin entier de vases Johnston. Quoi qu'il en soit, il m'a fort complimenté sur mon feuilleton, et invité à récidiver plus longuement. En conséquence, je

m'empresse de lui donner un prochain rendez-vous, afin de
lui communiquer le plan d'un roman en deux volumes qui
pousse depuis quelque temps ses racines dans ma tête. Ce pot
de lettres aurait compris *Berdriquet*.

Du reste, on dirait que *Jeunesse* a produit son petit effet. Les
employés me sourient de meilleure grâce.

Jeudi. — J'ai oublié de te dire que les M*** ont gâté leur
beau trait, en me faisant payer deux francs une chandelle.
Ainsi va le monde.

Vendredi. — Je vais porter le Monde Parisien à l'*Artiste*. Le
jeune Houssaye le donne encore sans le lire à l'imprimerie.
Il me félicite sur mon feuilleton de *Jeunesse*, et, m'annonçant
son prochain départ pour l'Italie, m'engage à me livrer à la
continuation de mes exercices ! Puis, glissant légèrement sur
la question financière, il m'annonce que M. Esquiros, son
suppléant, me donnera *un peu* d'argent (je me propose, sous
quinze jours, de savoir à quoi m'en tenir sur ce peu). En
attendant, il m'offre, en guise de prime, un volume de ses
poésies, et me promet l'insertion prochaine de *Flocheux*, ainsi
que de plusieurs de mes vers. Il fait ensuite inscrire mon
adresse, pour que l'*Artiste* me parvienne chaque dimanche.
Hum ! hum ! voilà bien peu de Pactole !

Qu'est-ce que c'est, *Berdriquet* ? vous êtes jaloux, mon bon
ami, de ce qu'on promet à *Flocheux* de l'imprimer. Allons,
venez bien vite, vilain boudeur : on va vous porter à la *Presse*,
rien que cela. Êtes-vous content ?

Et aussitôt dit, aussitôt fait. Je déniche une vieille lettre de
recommandation du fond de ma malle, et j'apporte *Berdriquet*
à M. Pérodeau, directeur-gérant de la *Presse*. Celui-ci m'accueille avec bienveillance, et me promet une réponse sous
quinze jours.

Je verse un pleur en me séparant de mon premier *ours*.

Samedi. — Il est inutile et ridicule de mettre *premier étage*

en désignant mon adresse sur tes lettres, la maison n'en
ayant que deux.

Visite à l'*Époque*. Anténor Joly tombe sur moi et manifeste
l'intention de me faire faire des articles spéciaux d'actualité.
Pour commencer, il me demande un feuilleton sur la fer-
meture du *Rocher de Cancale*, célèbre restaurant. — Oui,
qu'on va te le faire, ton feuilleton ! et de manière à défoncer
jusqu'à Grimm et Gautier du même coup. Et allez donc, ça
commence !

En outre, je lui remets le plan détaillé, chapitre par chapitre, d'un roman un peu *litterary club : Arthur Florian, ou
la Suite au prochain numéro.*

DIMANCHE. — J'ignore si les journaux de Bordeaux, je parle
du *Courrier*, reproduiront *Jeunesse*. Dans tous les cas, fais
donner par la *Sylphide*, non pas la nouvelle entière, — je
serais peu flatté de cette apothéose, mais le premier paragraphe contenant le portrait de nos chères grisettes. Boum,
dzing !

Ce matin, j'ai été voir Arsène Houssaye qui m'a promis de
faire passer *Flocheur* dans quinze jours, *Flocheur* s'appelle
aujourd'hui : *Un homme de progrès.*

J'ai été lire, notre vaudeville de *la Mille et troisième nuit*, à
Deligny. D'abord je lui ai présenté sous le titre de *la Mille
et deuxième*, car pourquoi troisième ? Je n'ai pas été jusqu'à
la fin. Deligny a été abasourdi par ces gens qu'on vole et qui
se volent, par ces Mesrours, ces sultans, ces têtes coupées, etc.
Il m'a promis la plus magnifique avalanche de sifflets qui se
puisse rêver sous le plafond mythologique d'un théâtre de
vaudeville. Voilà ! Maintenant, nous allons chercher une idée,
lui et moi. Moi, c'est-à-dire toi. En recevant ma lettre, mardi,
tu t'occupes mercredi de chercher un sujet curieux. Tu le
trouves, et, le détaillant par scène, tu me l'adresses le jeudi,
afin que, le jour même, je le porte *chaud* à Deligny. Alors tous

les deux, nous nous mettons à exécuter là-dessus des fiori-
tures qui te stupéfieront.

Deligny a une première représentation samedi. Nestor
Roqueplan lui commande des pièces. Il a le travail pénible et
ne gagne pas plus de trois mille francs par an. Ce sont des
confidences. Je lui serai peut-être une bonne fortune ! Avec
lui, nos vaudevilles ne moisiraient pas plus de six mois en carton. Bayard, chez qui les pièces et les collaborateurs affluent,
nous ferait croquer le marmot davantage.

Vu dans *le Philtre champenois*, au Palais-Royal, Lacourrière
qui a quatre mots à dire, dont deux se chantent en chœur ;
Grassot, Luguet et Lécureuil sont assez plaisants dans *la
Femme électrique* et *la Garde-malade*, deux charges assez piè-
tres. Voici la fin de ce dimanche d'août, ô jeune provincial
de mon cœur !

Lundi. — Travail modéré. Sur la recommandation d'Anténor Joly, je me rends chez ton homonyme, M. Gabriel, vaudevilliste et dramaturge, auteur de *la Belle Écaillère*, et plus
récemment du *Fils de la grande Dame*, qui se joue tous les soirs
à la Gaîté. M. Gabriel me fournit quelques renseignements
sur le Rocher de Cancale. Il a beaucoup connu Desaugiers.
C'est un ci-devant jeune homme encore droit et vert, comme
j'espère te voir dans une quarantaine d'années.

Mardi. — Je fais mon feuilleton sur « le Rocher de Cancale »
et je le porte immédiatement au bureau de l'*Époque*. Anténor
Joly n'y étant pas, je l'abandonne sous enveloppe avec mille et
une recommandations expresses.

... Je vais voir Alexandre[1] « notre Caramel, *des Gendarmes la
fleur* », et je trouve chez lui Armand Martin, qui veut faire
résilier l'engagement de sa femme, et se sauver de Paris

___

[1] Alexandre Panot, artiste dramatique, qui avait créé un rôle dans *les
Trois Gendarmes*, à Bordeaux.

qu'ils ont en exécration. Il paraît que ces chenapans d'auteurs dramatiques ne veulent confier des rôles à notre ex-jeune première qu'à des conditions excessivement désagréables pour son mari. Je les reconnais bien là !

MERCREDI. — Oh !... oh !... un journal qui parle de moi et de *Jeunesse!* et quel journal : *Paris Industriel — Journal des chemins de fer et des compagnies d'assurances,* paraissant tous les lundis, format de cinq centimes. Qu'on m'apporte un Panthéon que je m'y mette !

Voilà ce que relate le susdit carré de papier dans un feuilleton intitulé : *Un peu de tout*, et signé Charles Deseline. Après avoir éreinté Auguste Vacquerie, il ajoute :

Le lendemain, l'ÉPOQUE publiait sous le titre de Jeunesse une nouvelle signée CHARLES MONSELET, qui se distingue par un bon style, une certaine humeur joyeuse et aucune prétention à la haute littérature. Chose étrange! dans ce petit roman tout simplement écrit, nous n'avons pas trouvé une faute de français. Il faut que M. Monselet ne soit pas un littérateur parisien.

Si nous prenions de moitié un abonnement à ce journal des compagnies d'assurances ?...

DIMANCHE, 16 AOUT. — Je porte l'épreuve de mon *Rocher* à l'imprimerie de l'*Époque*, sans passer par le bureau de rédaction. Je finis ma journée au cirque des Champs-Élysées, où je revois Auriol.

LUNDI. — Je vois, de loin, dans sa voiture, ce mythe de Louis-Philippe, se rendant à l'ouverture de la Chambre.

Entré à l'*Époque :* Solar et Vergniaud continuent à me promettre une place. Le *Rocher* passe demain.

Anténor Joly, ô bonheur ! m'amène dans son cabinet. Mon *Rocher de Cancale*, qui titube d'extravagance, il ne le trouve pas assez vif. J'ai trop donné, dit-il, de place à l'histoire et pas assez à la fantaisie. Cela dit, il me conseille d'être à l'affût de

ces sortes d'événements qui peuvent, selon lui, me créer, à
l'*Époque*, une sorte de spécialité. J'y aurai l'œil. En outre, il
me donne à emporter quelques numéros d'une publication
illustrée, intitulée *le Livre des familles ou Journal de M. le curé*,
afin de voir s'il me plairait de faire un petit ouvrage pour cette
feuille, ce qui pourrait peut-être me rapporter trois cents à
quatre cents francs. Tu penses quelle sera ma réponse.

A l'*Époque*, j'ai également revu Louis Lurine, que je connaissais déjà de Bordeaux.

Un Bordelais de ma connaissance vient loger dans ma
maison.

Mardi. — Le *Rocher* ayant paru aujourd'hui, je te l'envoie
avec un numéro de l'*Artiste* renfermant *Flocheux*.

Mercredi. — Je vais à l'*Époque* demander cinquante francs
pour descendre le fleuve de ma vie. Grand remue-ménage
dans la boutique. On fouille à la caisse et l'on n'y trouve que
vingt-cinq francs. On me demande si je veux attendre jusqu'au
lendemain. Je dis : « Prenons d'abord les vingt-cinq francs, »
et je prends les vingt-cinq francs.

Solar et Vergniaud me promettent toujours des masses de
places. Vergniaud dit que mon emploi est *tout trouvé*, mais
qu'il faut qu'un clou chasse l'autre. Solar, me félicitant sur
mon *Rocher de Cancale*, ajoute que je ferais bien mieux que
Grimm (Amédée Achard). Profond mystère !

En partant, je laisse un mot à Anténor Joly, par lequel je
lui dis que je suis parfaitement disposé à écrire dans tous les
« journaux de M. le curé » possibles.

Puis j'achète au Palais-Royal un lorgnon suspendu à un
ruban bleu de ciel.

Jeudi. — Je travaille, et je vais à l'*Époque* chercher mes
vingt-cinq francs ; de là, je vais à mon restaurant où je mange
des choses extravagantes, sous prétexte de gibelottes.

Je termine en allant voir *Marguerite, les Fleurs animées*, et *le Troisième mari* au Vaudeville en compagnie de G*** : Juclier m'a donné deux places.

Vendredi. — Je fais ma Revue du Monde parisien et je la porte à l'*Artiste*. Houssaye est parti pour l'Italie, en me laissant un mot d'adieu, par lequel il se glorifie de m'avoir inventé et où il m'encourage à continuer de travailler pour lui.

Anténor Joly me donne un mot pour aller voir l'éditeur du *Livre des familles*. Croirais-tu qu'il me propose un article biographique sur Jean sans Peur. Qu'est-ce que Jean sans Peur ? — Ce qui me va le mieux, c'est une petite nouvelle, qu'il me demande pour insérer après le premier volume du *Fils du Diable*, deux, trois ou quatre feuilletons. A la bonne heure ! Il me recommande, en outre, de faire des articles d'actualités à mort — en douze, huit ou même quatre colonnes, ne cessant de me dire que *je ne sais pas où cela peut me mener*. — Voilà un sourd de lettres qui m'enchante.

A moi donc de travailler maintenant. Les chemins me sont ouverts. Si je n'arrive pas à quelque chose, je n'en pourrai jamais accuser que moi. Je commence aujourd'hui mon troisième mois de Paris. Le second n'a eu que des résultats, mais de travail, peu. Je n'ose le récapituler.

Samedi. — Visite au *Livre des familles*. L'éditeur Houzé me demande un roman moral, amusant et instructif, pour être illustré dans son journal et publié ensuite en volume in-18 de 360 pages, lequel vaut toutefois un très fort in-8°. Les conditions flottent de trois cents à quatre cents francs. J'arrêterai définitivement avec lui la semaine prochaine.

Du *Livre des familles*, je vais à la *Presse*, où on n'a pas encore lu le *Berdriquet*.

Puis je reviens chez moi et je travaille à ma nouvelle pour l'*Époque*.

Ce soir, les Tuileries flamboient de haut en bas; il y a sans doute grand gala à la cour.

Dimanche, 23 août 1846. — Je crois qu'il y a un argent fou à gagner dans Paris avec des brochures dans le genre des *Bordelais en* 1815. Mais, je te répète, à propos de tes vaude-villes, que ce n'est pas du *potable* qu'il faut, pour arriver promptement.

Lundi, 24 août. — Je travaille à ma nouvelle pour l'*Époque*. Pour me distraire, je vais le soir à l'Opéra qui est moins beau que notre Grand-Théâtre, quoique un peu plus grand. Tout y est fané, vieilli; le rideau est dégoûtant à faire peur. Je vois deux actes de *la Juive*, avec une mise en scène qui, si elle n'est pas des plus neuves, est du moins consolante pour la province. Ce n'est point un parti pris. Tu verras.

Mardi. — Travail.

Mercredi. — Travail.

Jeudi. — Je mets la dernière main à ma nouvelle en deux feuilletons, intitulée : *Monsieur de Cupidon* — en style régence — et je la porte immédiatement à l'*Époque*, à l'adresse dite : Anténor Joly.

Vendredi. — Neuf heures du matin. Je suis dans mon lit. On frappe à ma porte: « Entrez ! » On n'entre pas! Supposant avoir affaire à un G··· quelconque, je répète : « Ouvre, sacrebleu ! ouvre, sacrrr.. ! » Aussitôt apparaît M. Houzé, l'éditeur du *Livre des familles*. Un éditeur ! c'était un éditeur que je traitais ainsi. Un éditeur vient me trouver. Je reçois un éditeur dans mon lit. Les éditeurs abondent chez moi. L'éditeur n'est donc point un mythe. En voilà un. « Que veux-tu, éditeur? — Un feuilleton du genre et du format de *Flocheur*, un feuilleton, s'il vous plaît. — Tu n'es pas dégoûté, éditeur ! — Je l'illustrerai, je le remplirai de bonshommes, je le ferai tirer à cinquante mille exemplaires — Et combien le payeras-tu, éditeur? — Cinq francs la page de deux colonnes. — Polisson! cuistre! vandale! crétin d'éditeur!... — Je vous en prie! — Pour qui me prends-tu, éditeur? — Je vous commanderai deux romans au lieu d'un, deux à la fois. — Tu ne t'exprimes pas mal, éditeur! — Ainsi, consentez! — Écoute, éditeur, tu m'as ému; je prends pitié de ton infortune; je te ferai ton feuilleton livrable dans huit jours, pour vingt-cinq francs; c'est mon dernier prix; je n'en fais pas à moins; laisse-moi tranquille et va te coucher... coucher, éditeur! »

L'éditeur soupire et consent. Je prends jour pour lundi, afin de lui communiquer le plan de l'ouvrage. L'éditeur s'en va! J'ai vu un éditeur!!!

Revers de la médaille. La *Presse* me renvoie *Berdriquet*, sous prétexte de manque d'intérêt. O Berdriquet, enfant chéri de mon cœur, tendre objet de mes sympathies, ours de mes affections premières, ne te désespère point pour cela. La postérité sera ton refuge. Manque d'intérêt, disent-ils... ils en sont des autres!

Je fais ma Revue pour l'*Artiste*, et je la porte à l'imprimerie. J'achète aussi un savon rose.

SAMEDI. — Je n'ai fait encore que les première scènes de ma comédie.

DIMANCHE. — Je sors du Louvre. C'est la chose la plus éblouissante de Paris. Mon admiration est immense. Promenade solitaire dans l'île Saint-Louis, une ville de province, au milieu de Paris. Été voir *les Chants populaires de la France*, au Vaudeville.

LUNDI. — *Rossini marié* vient de paraître. Anténor Joly m'accable de lettres pour m'encourager à travailler à *Monsieur de Cupidon*.

G*** vient de me réveiller pour me dire combien Marco de Saint-Hilaire est un grand écrivain.

G*** est suivi par l'éditeur Houzé, qui vient me communiquer le plan d'un second roman. — On verra, éditeur.

Mardi. — Travaillé à *Monsieur de Cupidon*. Enfin... je dirige mes pas vers l'*Artiste*, avec des intentions pécuniaires bien menaçantes pour l'administration de ce journal blond.

Le directeur, Camille d'Arnaud, me demande combien je désire, et si une cinquantaine de francs sont suffisants à assouvir mon ambition. Légère grimace de ma part. J'empoche toujours les cinquante francs.

Visite à l'*Époque*. Vergniaud me demande un article sur M. de Jouy. Va pour M. de Jouy !

L'*Estafette* vient de reproduire tout au long mon *Rossini marié*. Ah çà ! mais, enflons-nous !

Mercredi. — Travaillé à *Monsieur de Cupidon*. Lettre d'Anténor Joly qui me chauffe. Visite d'Houzé qui me chauffe. En avant, maintenant, la locomotive ! Brrr, brrr...

Jeudi. — J'achète un bouquet... et je fais ma Revue de Paris, pour l'*Artiste :* car je suis à Paris, te le figures-tu bien et me le figuré-je bien moi-même ?

Vendredi. — Je porte ma Revue à l'*Artiste*. Je fais l'article sur M. de Jouy pour l'*Époque*.

Samedi. — Visite de Saint-Amand ; visite de Houzé qui me demande une actualité sur le mois d'octobre. Farceur ! Visite d'Anténor Joly. Piochement mutuel au plan de *Monsieur de Cupidon*. Il me gâche toute ma poésie.

Je vais finir M. de Jouy au bureau de l'*Époque*, j'en corrige l'épreuve à minuit. M. de Jouy passe demain.

Dimanche. — Dès le matin, Joël me vient prendre. Nous allons par le chemin de fer à Saint-Cloud. Beau, Saint-Cloud !

Lundi. — Je vais à l'*Époque* demander de l'argent, car pour subvenir à la *nopce* de Saint-Cloud, il faut te dire que j'avais

mis ma montre au mont-de-piété, dans la maison où Molière
mourut.

L'*Époque* me renvoie à demain. Je vais avec Fernandez à
la *France théâtrale*. Ce journal me presse sur son cœur.

Houzé m'adresse sa lettre de traité pour un roman : quatre
cent soixante francs un volume de 360 pages. C'est convenu !

MARDI, 15 SEPTEMBRE 1846. — Le Houzé abonde dans mon
domicile. L'*Époque* me renvoie de nouveau à demain pour
me donner de l'or.

Le soir, je vois *le Chaperon Rouge* aux Folies.

MERCREDI. — Je vais rendre une visite à Deveria, qui a joué
dimanche à la Porte-Saint-Martin où il est sur le point d'être
engagé. Effusion.

Houzé est venu cinq fois aujourd'hui. Je suis, à présent,
son seul rédacteur. Les articles du numéro d'octobre, à peu
près tous de moi, seront signés : Gabriel Richard, André
Thomas et Charles Monselet.

Je t'enverrai, sous peu, deux ou trois petits romans à
confectionner sur un sommaire. Attends, attends, tu ne te
plaindras pas de manquer d'ouvrage.

Exercice de l'*Époque*. L'*Époque* m'octroie les cinquante francs
d'usage. — Vergniaud me dit de venir tous les jours passer
régulièrement une heure au bureau, en me confiant la résurrection du *Petit Journal* dans le feuilleton. Ce travail quotidien,
composé de cancans artistiques et littéraires, me sera payé
sur le pied de dix centimes la ligne — mes grands feuilletons
quinze centimes. C'est ce qu'il me trouve de mieux, en attendant, dit-il, la grande révolution qui se mitonne dans la direction de l'*Époque*.

Ceci m'inquiète, nous verrons. Il faudra que je cause de
tous ces micmacs avec le sourd Anténor.

Silence et mystère !

JEUDI. — Travail. Passé une heure à l'*Époque*. Été au Théâtre-

Français voir *Madame de Tencin*, par Eugène de Mirecourt ;
c'était bien la peine à lui de blaguer Dumas !

VENDREDI. — Porté ma Revue à l'*Artiste*. Vu La Bédollière,
Henri Monnier, Deligny, Houzé !

SAMEDI. — Récapitulation. — Je travaille, à la fois, pour
Anténor Joly, Vergniaud, Solar, Houzé, Houssaye, etc...
Décidément, il y en a trop.

DIMANCHE. — Je vais faire une grande actualité sur les
cigares à quatre sous.
Ouf ! je suis enfin en chemin !
Mon article dans la *France théâtrale* a paru.

LUNDI. — Je fais un article sur *Napoléon* dans le *Livre des
familles*. Beau, Napoléon, n'est-ce pas ?...

MARDI. — Houzé apparaît à mon lever. Je lui ordonne de
ne comparoir devant moi, la prochaine fois, qu'accompagné
d'une somme de cinquante francs. — Les cinquante francs
représentent à mes yeux toute la littérature contemporaine.
Le soir, Renoul et La Bédollière viennent m'inviter pour
le lendemain.

MERCREDI. — Je porte à l'*Époque* mon article sur *les Cigares
à quatre sous*.

JEUDI. — Houzé comparaît devant moi avec un bon de
cinquante francs, sur son banquier. Je travaille à une nouvelle nouvelle: *Lilette*, et porte quelques queues de feuilleton
à l'*Époque*. Me voici définitivement un jeune bouche-trou de
lettres. Le soir, je vais au Palais-Royal voir *Vert-Vert* et
l'Inventeur de la poudre.

VENDREDI. — Je fais une Revue pour l'*Artiste* et je la porte à
l'imprimerie. Le soir, je vais au théâtre Montparnasse voir
Périnet Leclerc. — Lié connaissance avec le maître du café de

la Garde Nationale (conspue-moi!), qui m'invite à venir chez
lui m'abreuver de petits verres. — On a tort de railler la
garde citoyenne.

SAMEDI. — As-tu chez toi mon volume contenant la biographie de Rétif de La Bretonne? Si tu l'as, envoie-le-moi !

Été à l'*Époque*. Anténor Joly ira prochainement chez Den-
nery pour *Monsieur de Cupidon*. Il paraît qu'il a trouvé, dit-
il, le plan de la pièce. Je le veux bien. Moi, ayant fait la nouvelle et deux plans divers à la suite, qui me semblaient bons,
je m'étais arrêté en route.

J'achète les poésies de Théophile Gautier. Les « Charpen-
tiers » coûtent ici deux francs soixante-quinze.

.   .   .   .

VI

Lundi, 19 octobre. — *Suite de ce fameux journal.* — Visite à
l'*Époque*. Il paraît qu'il s'y fait un tas de révolutions admi-
nistratives. C'est drôle, mais je suis calme sur ce volcan !

Mardi. — Travaillé pour le *Livre des familles*. En outre, je
me suis mis au régime d'absorber un roman par jour. C'est
un excellent système, et cela m'excite beaucoup. Puis, j'y trouve
des idées à côté.

Culture de l'*Époque*. Visite de Houzé. Je le houspille dans
le but de me payer mon roman plus cher.

Mercredi. — Je porte mes épreuves de *Lilette* corrigées à
l'*Époque*. Le soir, je vais me promener passage des Panoramas... Provincial, tu ignores le passage des Panoramas !

Jeudi. — J'achète un pâté et je le dévore seul. Je vais voir
ensuite dans un bouge de la rue Saint-Denis répéter *le Mariage au Tambour* par des comédiens ambulants, au nombre
desquels figure Alexandre Panot.

Je fais ma Revue de Paris pour l'*Artiste*.

Mœurs parisiennes. — Ce qui me désole, c'est qu'il n'y a pas
de bon curaçao à Paris.

Vendredi. — Je demande de l'argent à l'*Artiste*, qui me
renvoie derechef à la semaine prochaine... Oh ! oh ! Je tombe
alors sur Houzé, qui est ma providence !

Joël vient me voir. On lui propose une place d'instituteur en
Russie. Sérieusement. Cela le tente. Le knout tous les jours,
et douze cents francs par an. Il fera un roman Saint-Péters-

bourgeois. Je lui ai prêté mon chapeau pour se présenter chez le comte Guédéonoff... Il s'est procuré à prix d'or un glaçon pour se mettre au bout du nez, afin de s'habituer à la froidure. Joël deviendra boyard, voïvode, hospodar, baskir, uhlan, pandour, cosaque... Ohé, Joëlski !

Il craint le froid ; il paraît que là-bas on ne crache que des blocs de glace..... Mais il aura un traîneau, avec des rennes. Et des fourrures comme Potemkin. Il patinera toute la journée. Il chassera le loup et en mangera. Joël deviendra le favori de l'impératrice sous le nom d'Ivan, — et on l'étranglera...

Ah ! ah !...

Joël, ne t'en va pas dans le Nord. Nicolas veut t'enlever, ne le vois-tu pas ? Fuis le tzar (ou le czar), c'est un despote, un autocrate. Ne vas pas au pays des ukases et des bottes à la Souvarow ! ou bien la Néva te sera fatale. Napoléon a trouvé son tombeau dans la Russie. Redoute les Samoïlef et autres Lodoïska : crains le rhume de cerveau, échappe aux engelures. Songe à Mazeppa et aux coursiers de l'Ukraine, jeune hetman : ô Joelskoff, entends nos voix : ne t'en va pas dans la Finlande et au pays d'Astrakan....

Joël, reste Frrr.....ançais !!!

Je lui ai dit tout cela ; il n'a pas écouté.

Anténor Joly me demande un plan de roman en deux volumes. Quant à *Monsieur de Cupidon*, lorsque je lui en parle, il me donne des renfoncements sur mon chapeau congru et m'ajourne à huitaine. J'arriverai par le renfoncement.

Mardi, 28 octobre. — Je reviens de Corbeil (Seine-et-Oise). dix lieues de Paris. Que veux-tu ? J'avais de l'argent de Houzé. une commande de roman pour l'*Époque*, et *Lilette* venait de paraître ; donc, je me suis dit : « Allons à Corbeil avec Alexandre Panot et les comédiens ambulants ! »

Voici l'historique de ce voyage :

Samedi. — Je pars avec Panot par le chemin de fer, on arrive à Corbeil chez la sœur dudit. Dîner.

Dimanche. — Je souffle *le Mariage au tambour*, à la représentation. Alexandre ayant gagné un rhume, se contente de mimer son rôle. Avec ma chandelle de souffleur, je mets le feu à la robe de la jeune première. Comme je souffle tout haut, le public s'irrite. Après la représentation, souper.

Lundi. — M'arrachant aux délices de cette Capoue champêtre, je m'en reviens tout seul à Paris par le bateau à vapeur. Voilà.

Voyons ta lettre maintenant. Les artistes réunis en société au Grand-Théâtre de Bordeaux! N'est-ce pas le moment de faire reprendre *le Carreau brisé* et de mettre sur l'affiche : PAR M. CHARLES MONSELET, *à Paris*.

Argenteuil est un bourg de Seine-et-Oise. Abélard et Héloïse y ont demeuré. J'y vais avec Joël par le chemin de fer. Retour à huit heures.

L'éditeur Giraldon vient me voir. Nous causons roman. Peut-être a-t-il l'intention de m'en faire faire un. Méfions-nous !

Mardi. — Vue de Houzé, qui me commande des montagnes d'articles.

Vendredi. — Je porte ma Revue de Paris à l'*Artiste ;* je lui demande de l'argent ; il me renvoie à la semaine prochaine. Oh ! oh !

J'achète du Rétif de La Bretonne, car, décidément, je vais faire un roman avec la vie de cet homme.

Samedi. — Alexandre vient m'inviter à me rendre de nouveau à Corbeil. Mais, zut ! Il te prie d'intercéder vivement ou de faire intercéder auprès du nouveau directeur, afin de le faire réengager à Bordeaux.

Travaillé au Napoléon.

Visite à l'*Époque*. Vergniaud me promet qu'on payera incessamment mes *Vendanges*. C'est que j'y tiens. En attendant, je vais me remettre à faire des actualités avec fureur, d'ici à la fin du mois, afin de tâter un peu de la caisse de la nouvelle administration. Solar, Vergniaud et Anténor Joly restent. C'est le principal pour moi.

Fais, de suite, pour Houzé, *Saint Bernard abbé*, et *Sainte Isabelle de France*. Je viens de m'accaparer un second volume à faire. Ma toile d'araignée s'épaissit autour de cet homme !

Mercredi. — Ah ! ah ! Je suis hilare. Je fais tout le journal d'Houzé à moi seul.

Jeudi. — Anténor Joly m'offre de faire en collaboration avec lui (toujours) un numéro d'honneur pour le *Charivari*, à l'occasion de la Noël ou du premier de l'an. C'est, dit-il, une affaire de deux cents francs environ à partager entre nous. Convenu.

En lisant, par hasard, le *Tintamarre* de dimanche, je vois avec stupeur qu'il m'appelle Mouselet. Je vas me tuer.

C'est comme toi que Houzé persiste à nommer tour à tour Bernard et Renard.

Mouselet et Renard... Ah !...

Vendredi. — Je fais ma Revue de Paris, et je la porte à l'*Artiste*. Continuation des *rajoutes* pour le *Livre des familles*. Houzé s'incruste dans mon domicile. J'ai quinze romans pour lui sur le métier.

Samedi. — Je fais un plan pour le *Charivari*, et je vais le soumettre à Anténor Joly. Inutile. L'article a été donné à Louis Huart. Ah !...

« En outre de votre *Rétif*, me dit-il, pensez à un grand » roman : je vous le placerai... » Ce courtier littéraire irait bien, j'imagine, à ton tempérament de locomotive, jeune

wagon de lettres, steamer à haute pression, *steamboat...*
etc...

Le dentiste B*** tombe chez moi. Ce raffermisseur de gencives
veut me faire corriger un opuscule sur la dentition : je deviens
mâchoire littéraire, osanore de lettres, tout ce qu'on voudra.
Tue, tue ! tue! N'y a-t-il pas un bottier, un tanneur, par là,
que je lui fasse du style? Prix de fabrique ! On exécute les
commandes dans les vingt-quatre heures.

Dimanche. — Je fais un « Saint » pour Houzé. Je suis dévoré
de l'envie de lui faire Saint-Évremond et Sainte-Beuve.

Lundi. — Aujourd'hui 30, fin novembre 1846, je me dirige
vers le local d'Arsène Houssaye. Vue du dit, de sa femme et
de Marc Fournier. Je cause avec ce dernier. C'est un jeune
homme, brun, noir, maigre, d'air pédant, pointu, anguleux,
genre Lurine, et qui me plaît peu ou prou. Mais baste !

Le Houssaye me renvoie à mercredi. Ah çà ! mais je
m'insurge à la fin. Note que, par-dessus le marché, il
m'invite à venir un de ces quatre matins, entendre la
lecture d'une comédie en cinq actes et en vers ! C'est avoir
de l'aplomb !

De plus, le même Arsène me donne à entendre que, n'ayant
pas le temps de faire un travail sur *la Duchesse de Berry*, fille
du régent, qui lui est demandé, je pourrais quelque peu
moissonner des pièces de cinq francs à m'en charger pour
lui ! « Du reste, me dit-il, nous en recauserons. »

Oui, oui, on connaît ta manière de solder tes rédacteurs,
galopin du xviiie siècle !

Hélas! tous les genres de malheur viennent fondre sur mon
chef, *caput* en latin. Chez moi, je trouve B*** avec un manuscrit
sur *la Prothèse dentaire*. Je l'écoute ! Il veut que je lui revoie
ceci. Et il ne parle point de payement : seulement il me dit
d'ouvrir la bouche, et il trouve mes dents dégoûtantes de
malpropreté.

Cristi! qu'ai-je fait au ciel aujourd'hui?

Alors, je me replonge dans les Houzé! Je demande cent francs au *Livre des familles*; il fait la grimace, mais il me les promet pour demain.

MARDI. — J'inaugure ce jour, 1er décembre 1846, en touchant cent francs chez Houzé! Là-dessus, je paye mon loyer.

Mœurs parisiennes. — On paye son loyer à Paris.

Le soir, je vais voir *le Cid*, au Théâtre-Français, par Rachel. C'est une assez piètre actrice, entre nous.

MERCREDI. — Visite à l'*Artiste*. Il fait un temps si affreux que Houssaye se prive de m'y venir apporter de l'argent. Enfin ! vue de Paul Mantz, un petit Bordelais, plus petit, mais plus âgé que moi.

JEUDI. — L'*Artiste* m'a octroyé cent francs.

VENDREDI. — Je fais ma Revue pour l'*Artiste*. Je réfléchis si je dois t'envoyer cinquante francs; je crains que tu ne les dissipes mal à propos. Sois philanthrope, Richard! Il y a tant de pauvres qui n'en ont pas.

Définitivement, je ne t'enverrai rien.

Si, je t'enverrai quelque chose, mais demain !

SAMEDI. — Je bouleverse le *Livre des familles* de fond en comble. A partir de 1847, le sous-titre est : journal moral, religieux, littéraire, historique, artistique, scientifique, etc... Ce n'est plus déjà un journal d'enfants. J'y joins une *Revue parisienne*, théâtres, ouvrages... etc.

Houzé, ce vieillard à capitaux, désirerait avoir un représentant de notre journal à Bordeaux...

LUNDI. — Travail à la bibliothèque sur Rétif de La Bretonne.

MARDI. — Excursion à l'*Époque*.

MERCREDI. — Houzé m'invite à déjeuner chez lui, en compagnie de plusieurs Langlumé, Dufournel, et autres receveurs d'enregistrement. Beau déjeuner : dinde aux marrons. En ce déjeuner consiste mon unique occupation de la journée.

Jeudi. — Entrevue avec Arsène Houssaye ; il m'invite à signer le Monde Parisien.

A l'*Artiste*, je vois Champfleury, un jeune homme de haute taille et de forte corpulence, le regard assez spirituel...

Je commence à m'habituer à Paris, comprenant que, puisque c'est après tout la seule ville où se fabriquent les réputations, il faut bien s'en contenter, faute de mieux.

Mais comme mon rêve était plus beau !

Il est dans Paris des endroits mystérieux, maint établissement particulier que je ne connais pas encore, que je ne veux pas connaître, attendant pour cela que nous y pénétrions ensemble. C'est ainsi qu'au Palais-Royal, je passe au moins trois fois par jour devant ce mythe des provinciaux, qu'on nomme le café des Aveugles. C'est une entrée souterraine. Le café est dans une cave ; on y entend un sauvage qui frappe du tambour et des aveugles qui soufflent de la clarinette. Personne qui ne connaisse cela ? Il ne tiendrait qu'à moi d'y entrer, d'y prendre une demi-tasse. Eh bien, non, je me dis : « Cet hiver, avec Richard ! »

Voilà qui est beau.

Ce n'est pas tout cependant. Depuis tantôt six mois que je suis à Paris, je n'ai rien vu : ni la Gaîté, ni les Italiens, ni l'Opéra-Comique, ni le bal Mabille... Parole d'honneur, je connaissais mieux Paris lorsque j'étais en province.

Tu connais mieux Paris que moi !

Et l'Odéon ! le diable m'emporte si je sais où il niche. Oblige-moi de me dire comment est fait ce monument ? Ah ! parbleu ! je serais curieux de savoir où trouver l'Odéon. — Beau, Odéon ! Il est très probable que je finirai mes jours à Paris, sans avoir vu l'Odéon. Après cela, peut-être est-il devant ou derrière moi, c'est très possible. Peut-être aussi l'Odéon n'est-

il qu'une fable imaginée par quelques désœuvrés feuilletonistes ?

Joël affirme cependant qu'il a vu l'Odéon !

Faut-il croire Joël ?

Dimanche. — Occupations *houzétiques.*

Le soir, je vais voir *Henri IV* au Cirque. Le Cirque est un
très grand théâtre, *Henri IV*, un très grand mélodrame avec
décors, le tout dans le genre des *Mousquetaires.* Quant aux
acteurs, le meilleur ne vaut pas Ponnet. Juge !

Lundi. — Houzé vient me surprendre au lit. Ceci me rappelle certain chapitre de Lucien de Rubempré et de l'actrice
Coralie recevant de la sorte le libraire Dauriat.

Du reste, j'enlace de plus en plus ledit Houzé.

Mais, grand Dieu ! viens donc à Paris. Certes, je suis un
homme de tête, d'imagination, de conception, d'idées enfin.
je pense des choses immenses, — mais pour cela il faut que
tu viennes m'enfermer à clef ; il faut que, me cellulant et me
piquant de mille épingles, tu me fasses accoucher tantôt d'une
pièce de théâtre — en quinze jours ; tantôt d'un roman, en
trois mois. Il faut que tu me garrottes à ma table de travail.

Je peux devenir riche pour deux. Mais il faut que tu sois
là. Je sens, je vois, je crois que jamais époque ne fut plus
favorable aux fortunes littéraires, et que par les triples
portes du volume, du journal et du théâtre il y a de l'or qui
coule incessamment.

Tu verras, ce ne sont pas des rêves. Il y a immensément
à *faire* dans ce Paris, appréciable sous ce rapport. On s'y
ruine, on s'y enrichit ; on y crève en six mois — un an.   Si
tu viens et si tu entres dans mes idées, cela ira bien. Je suis
une force, mais j'ai besoin d'un levier. Si tu ne viens pas, je
cours risque de m'éteindre assez obscurément, comme un de
ces héros de Balzac, hommes à parapluie, qui s'en vont bourgeoisement avec un monde dans la tête.

Là, là, sérieusement.

Aussi, à ton défaut, prié-je chaque jour Dieu ou le diable de me couler une bonne fiole de plomb dans la tête, si nous sommes destinés à suivre chacun une voie différente.

Peut-être serai-je exaucé, à la fin.

La suite sur ce sujet, à un autre soir.

Visite à l'*Époque*. On a payé la rédaction du mois écoulé dans laquelle je ne suis pour rien, m'étant trop abstenu de feuilleton dans l'incertitude du payement. Tout fuit pour moi. Quant à l'arriéré, on promet de le solder d'ici à quelques jours. Allons, attendons encore. Mais je vais me remettre à faire maintenant des *actualités* à compte nouveau.

Jeudi. — Anténor Joly ne fait plus partie de l'administration de l'*Époque*. Verguiaud me dit avec sang-froid que Solar me destinait sa place, mais que M. Deville, nouvel acquéreur de l'*Époque*, lui a imposé un M. Émile Solié. Je fais connaissance avec ledit Solié et je me plonge dans ses bras. Effusion. Reparaissez, actualités !

Ainsi, j'ai manqué la place de directeur du feuilleton de l'*Époque*. Ce fait parle bien haut. Je m'esbahis.

Vendredi. — Je fais une Revue de Paris et je la porte chez Arsène Houssaye. Là, sacrebleu ! je lui demande de me rendre mon *Berdriquet*. — Il refuse avec un empressement très flatteur pour moi, et promet de l'insérer bientôt.

Je me console en allant demander de l'argent à Houzé. Il m'en promet pour demain.

Faible consolation ! — L'argent de Houzé était sa seule consolation, dira-t-on de moi plus tard, comme du jeune Saturnin.

. . . .

Jeudi 24 décembre. — Je vais à l'*Artiste*. Arsène Houssaye, Champfleury, Gérard de Nerval et Théophile Gautier s'y trouvent réunis. Champfleury me remercie d'un éloge que j'ai fait de lui dans le *Monde parisien*. Mais je suis particulièrement charmé de voir l'auteur des *Jeune France* content. C'est physiquement et moralement tout à fait l'homme de ses ouvrages : un beau garçon, grand, brun, trente ans, aux longs cheveux, vêtu de noir et boutonné, en gants jaunes. Il cause avec moi de Ponsard qu'il traite de vidangeur; il raille les bourgeois ; du reste, très bon enfant, décoré, et traitant les ministres de canailles.

VENDREDI. — Je fais des vers pour l'*Artiste* et je commence une revue de l'année pour l'*Époque*.

SAMEDI. — Travail.

Il paraît que c'était hier Noël. — Je m'explique à présent pourquoi il y avait tant de monde à mon restaurant. Cette recrudescence d'appétit, un vendredi, m'intriguait fort ; mais alors, si c'était Noël, c'était donc aussi réveillon. Et je me suis couché benoîtement à onze heures.

O ciel, mais si c'est déjà Noël, c'est donc bientôt le premier de l'an ! Sapristi ! l'époque des étrennes, *strenna*, comme disait la *Revue Bordelaise*. — Mon gousset est déplorablement vide.

DIMANCHE. — L'*Artiste* n'a pas inséré mes vers ; pourquoi cela ? le truand ! . . . .

... Tâchons de combler les lacunes de mon journal intime. Depuis le 1ᵉʳ janvier de la nouvelle année, je possède une fièvre de rhume qui me laisse à peine le loisir de travailler. C'est du reste tout ce que je possède. Houzé ne peut suffire à tous mes besoins, l'*Époque* est tirée à *hue* et à *dia*, Solar ne la signe plus et ma revue de l'année me semble aventurée diantrement. On dit que Solar va se remettre à faire des vaudevilles. Reste donc l'*Artiste*. Ah! l'*Artiste* !

Mon tailleur me pourchasse. Ma propriétaire me laisse manquer de bois et de tisane. Je tousse comme un bœuf et la

tête me bourdonne aux oreilles. Quand je veux vaincre ce
rhume obstiné, je ne le fais jamais qu'à mes dépens de
Spartiate. Hier, à l'*Artiste,* je me suis trouvé mal...

Tu sais que je n'ai aucune inquiétude sur mon avenir, mais
le présent m'ennuie, me tracasse ; je veux en sortir : je commence à me lier beaucoup trop intimement avec *ma tante,*
qui demeure — ce qui la relève à mes yeux — dans la maison
où Molière est mort.

... Sois tranquille, sitôt remis, je vais me mettre à courir :
je cogne à la porte de toutes les feuilles à feuilletons. J'espère
remonter à l'assaut de la *Presse.* Diable, le moment est critique,
et j'ai besoin d'autre chose que de la fumée de la réputation, —
je dis cela à cause de ma signature dans l'*Artiste,* qui commence à faire son petit effet. J'écris tout à l'heure à notre ami
Cuvillier pour qu'il me hisse dans les *Débats,* si c'est possible.
Mais à qui ne vais-je pas écrire, Seigneur ? — Et Anténor
Joly, qu'on me l'apporte !

Gare aux refus et aux lettres restées sans réponse, mais si,
dans quinze jours, je n'ai pas de quoi boire, manger et me
déguiser en Turc, tant pis, mais je me flanque dans le *Charivari* et je cogne. Que veux-tu ? Espérons pourtant que je
serai heureux dans mes démarches nobles. Cette fois, cela
ne dépendra pas de mon activité.

... *Agnès de Méranie* n'est pas imprimée, je l'ai demandée en
vain. C'est une *chute* énorme. Les vers en sont d'une platitude
désespérante; dans un mois, la pièce ne se jouera plus à
l'Odéon. Deligny, qui est enchanté de nos deux parodies,
s'est mis en quatre pour décider un théâtre à parodier cette
pièce; il n'a pu réussir.

... Viens, accours, et nous remuerons cette ville béo-
tienne.

. . . .

Samedi 9 janvier 1847. — Visite à l'*Époque.* Ma revue de

l'année n'est pas encore passée. On ne parle point non plus de
solder l'arriéré. Misère ! misère !

DIMANCHE. — Je vais de bonne heure chez Arsène Houssaye qui, d'après quelques mots lâchés ces jours derniers,
m'avait laissé entrevoir qu'il était assez lié avec M. Émile de
Girardin, directeur de la *Presse*. Je le presse et il finit par me
permettre de me présenter de sa part chez Émile de Girardin. « Peut-être, me dit-il, vous chargera-t-il de quelque spécialité dans les *faits divers*. » Je ne fais qu'un saut de chez
Arsène Houssaye chez Émile de Girardin. On m'annonce.
C'est un homme de cinquante ans, pâle, brusque et vif. Dix
minutes me suffisent. Il me dit de lui faire un feuilleton
d'actualité.

— Me voilà donc remonté à l'assaut de la *Presse*. Nous
verrons cette fois.

Mon rhume continue à gronder dans ma poitrine.

LUNDI. — En allant déjeuner, je rencontre Solar, qui me
semble assez triste et qui m'engage à écrire dans la *Silhouette*.
O Solar, qu'es-tu devenu ? Il me dit que l'*Époque* est toujours
sur un volcan et que probablement il va y avoir encore une
révolution chez elle.

J'adresse une lettre à Cuvillier-Fleury pour lui demander
de faire la Revue de Paris dans le feuilleton des *Débats*.

En allant dîner, je rencontre Verguiaud, qui m'annonce
que mon feuilleton a paru aujourd'hui. — Hélas ! mon ami,
comme ils l'ont massacré ! il y avait deux colonnes de trop,
et ils ont coupé mon texte de droite et de gauche.

MARDI. — Champfleury m'envoie un billet pour aller voir
aux Funambules la première représentation d'une pantomime de lui.

Anténor Joly vient chez moi, en mon absence, et me laisse
un mot pour me dire d'aller le voir.

Je continue à tousser comme un taureau.

Mercredi. — Visite à Anténor Joly. Il me dit qu'il n'y a rien à faire pour le moment, mais que dans quelque temps nous gagnerons beaucoup d'argent et de me laisser *exploiter* par lui. — Ceci est à la lettre.

Visite à l'*Époque*. Vergniaud me propose — encore (textuel) — d'écrire dans l'*Entr'acte*. Ah mais! ah mais! pourquoi pas dans *la Casquette de l'Outre*? Néanmoins il m'octroie une nouvelle en deux feuilletons à faire pour l'*Époque*.

O mon bonhomme, tu vois où en est la littérature parisienne! — J'ai jugé convenable de reprendre mon journal intime à cette époque critique de mon existence, afin que la postérité la plus reculée en gardât la mémoire. Mais il est temps que cela finisse. — Cela m'amuserait trop de mourir de faim. Ah! par exemple, voilà une chose qui m'amuserait. — Mais je ne puis me passer cette fantaisie, n'ayant point payé mon terme.

Jeudi. — De grand matin je me rends chez Arsène Houssaye. Je lui demande cinquante francs qu'il me refuse avec désintéressement et effusion.

Sombre désespoir de ma part.

A mon retour, je trouve ta lettre. Je vais faire tous mes efforts pour me trouver en vie lors de ton arrivée; mais dépêche-toi, je ne promets rien.

Je porte une redingote à ma tante Molière et je vais me livrer à une débauche de beefsteak.

Vendredi. — Je fais ma revue pour l'*Artiste* et je vais la porter à l'imprimerie.

B***, qui voyage pour les vins et qui a appris mon adresse, je ne sais comment, arrive chez moi sans vergogne. Il me paye à dîner et me mène ensuite au théâtre des Variétés passer la soirée.

Samedi. — A la fin, cela va-t-il durer longtemps? — Visite

à l'*Époque*; elle parle de payer l'arriéré la semaine prochaine.
Puisse cela être vrai.

Je vivrai encore demain! Le père M*** vient de m'inviter
à aller manger la soupe chez lui. — Oui, qu'on la mangera,
cette soupe.

Avant de m'éteindre comme une lampe d'or, je décide G***
à me prêter six francs pour aller ce soir au bal de l'Opéra.
C'est en partie pour faire à Émile de Girardin un feuilleton
intitulé *Paris au bal*. — Le trait de G*** est d'autant plus beau
que lui se couche stoïquement pendant que je vais dépenser
son argent. Le pauvre garçon est presque aussi... *panné* que
moi.

Je te dirai demain les splendeurs de cette nuit.

Dans ce moment, je reçois une invitation imprimée de
Cuvillier-Fleury, pour le voir mardi — à une heure. Ah!...

Qu'en résultera-t-il?

Franchement cette passe critique m'intéresse au plus haut
point, et je suis curieux de voir comment le hasard et mon
étoile me sortiront de là. Cela est très sérieux. Ma propriétaire
m'abîme de demandes d'argent. D'un autre côté, il me faut
trouver à manger tous les jours. Puis-je aller longtemps de
la sorte? J'en doute.

Partons pour le bal.

Dimanche. — J'ai été à l'Opéra. Je m'abstiens de descriptions, tu verras; je préfère notre Grand-Théâtre de Bordeaux.
Par exemple, il y a davantage de costumes élégants. Puis un
foyer agréable.

Ce matin, ma propriétaire vient de me signifier d'avoir à
me chercher un autre logement.

L'intérêt empire.

J'attends non pas une lettre de toi, maintenant, mais toi-
même, à Paris.

Mars 1847. — Ohimé! Pataquès et Gargantua! Qu'est-ce qui a dit qu'il y avait autrefois un Monselet coulé, déchu, miné, prêt à ne pas se noyer dans la Seine et à mourir de faim. Disparu! Évaporé! Plus de joyeux bohème! De l'or, du roastbeef, du champagne! Qui veut de l'or, voilà!...

Après cet exorde *ex abrupto*, reprenons les choses méthodiquement et avec sang-froid, si faire se peut. Le lendemain de ton départ, l'*Époque* ne payant point, Joël se décida à parler pour moi à Lengrais — le cafetier — et sans lui toucher un mot de ma situation critique (de critique), il lui dit que je consentais à lui faire l'honneur de prendre ma pension chez lui — déjeuner et dîner — payable par mois. Lengrais accepta avec un enthousiasme facile à décrire et le jour même je m'incrustai dans son intérieur, buvant comme une outre et absorbant comme un dromadaire — mâle — qui entreprend un voyage à travers le Sahara de la littérature.

Voilà tout le mystère.

Mais le lendemain, ô bonheur! l'*Époque* tombe — et tombant elle m'octroie — à prix réduit — le payement de *Paris Masqué* et du *Poulet*, 130 fr. 40! Ah! palsambleu! Ah! corbacque!

Le journal *le Dimanche* a reproduit *Paris Masqué*. Alors il a eu *Berdriquet* pour sa récompense. L'odyssée de *Berdriquet* va recommencer. Léo Lespès m'a reçu avec une certaine affabilité, et, s'il paye bien, je pourrai avoir de l'ouvrage dans sa boutique. Rendez-vous est pris avec lui pour samedi prochain.

J'ai commencé ma nouvelle pour la *Presse*. Anténor Joly est venu chez moi, et en attendant que j'aie de l'argent devant moi pour faire le roman que tu sais, il s'est mis en course pour me trouver un éditeur qui me fasse écrire un petit volume à un franc, comme c'est la mode.

L'*Artiste* est toujours le journal que tu sais. A la fin de ce mois je lui demanderai de l'or, de façon qu'il m'en donne vers le 15 avril.

Je vois Verguiaud et Solié, afin de suivre leur fortune, mais la rédaction de l'*Époque* me semble assez dispersée, et je crois qu'on ne ressuscitera point ce journal monstre.

Je suis retourné avec Salvator chez Augustin Thierry où j'ai beaucoup causé avec Castil-Blaze et où j'ai retrouvé Labrousse.

Le numéro de mars du *Livre des familles* n'a point paru.

Je réponds maintenant à ta lettre, un peu tard, c'est vrai, mais à partir de demain, je recommence mon journal intime, comme par le passé, à la condition que tu conserveras soigneusement mes lettres en cas de renseignements littéraires.

Prévost, le chocolatier, est ici ; il vient d'ouvrir sur les boulevards un débit à la tasse. Je me propose d'y aller pâturer une fois, en manière de souvenir.

J'ai assisté à la rentrée de Frédérick Lemaître dans *Ruy-Blas*. Je n'ai pas été au Théâtre-Historique encore, ni aux Italiens. Pour cela, j'attendrai du nouvel argent. Qu'on m'apporte du nouvel argent !

Le *Corsaire-Satan* ayant annoncé que Janin venait d'être fait c...., Janin a demandé la suppression du *Corsaire*, et peut-être l'obtiendra-t-il du gouvernement.

Mais Appenzeller vient de m'apporter du *vernis*, et je clos cette lettre pour essayer cette chaussure gagnée à la pointe de ma plume.

. . . .

Houzé ne dit rien, son journal est mort. L'*Époque* aussi est morte, bien morte, trop morte et ne ressuscitera pas.

Mercredi 17 mars. — Cette lettre a été interrompue par des circonstances importantes :

1° L'avancement rapide de ma nouvelle pour la *Presse* ;

2° Une visite d'Anténor Joly, suivie de plusieurs autres ;

3° Les propositions faites à moi par la *Revue des Deux Mondes*.

Procédons par ordre.

Pressé de gagner immédiatement un peu d'or, j'ai exhibé une de mes idées à Anténor Joly. Je dis *mes* parce que celle-ci appartient à Rétif de La Bretonne. C'est la généalogie des hommes célèbres. Anténor en a été ravi. Je fais en ce moment la généalogie de Chateaubriand qu'il ira aussitôt placer dans quelque journal grand format auquel il en promettra une par quinzaine, pourvu que je signe d'un pseudonyme qui fasse croire à un homme célèbre, et que je garde pendant quelque temps le secret.

Voilà pour Anténor Joly.

Pour la *Revue des Deux Mondes*, c'est tout simple et extrèmement flatteur. L'imprimeur de l'*Artiste* m'a dit que M. Buloz désirait me parler et me priait par conséquent de passer au bureau de la *Revue*, faubourg Saint-Germain. Je m'y suis transvasé hier; je n'ai point vu M. Buloz, mais deux rédacteurs principaux, MM. de Mars et Geoffroy, qui m'ont demandé l'honneur de ma collaboration et prié de leur apporter ce que je voudrais. — Je verrai à leur tailler une nouvelle dans le granit de mon génie.

J'ai été hier voir le Salon.

Salvator m'a conduit derechef chez Augustin Thierry où j'ai causé avec un poète, Ulric Guttinguer, vieux, gras et orné de cinquante mille livres de rente.

Dimanche, j'ai été manger des crêpes chez la mère de Joël. J'ai fait une crêpe. Elle est tombée sur le tapis ; mais je soutiens qu'elle était faite. J'ai raté l'autre. Écoute bien ceci :

J'ai encore tardé à t'écrire cette fois. Mais je ne tarderai plus. Décidément, à partir de demain jeudi, je recommence mon journal intime, et quel journal intime !

Tous les dimanches, je le mettrai à la poste.

Gare maintenant !

Jeudi 18 mars 1847. — Je vais voir avec Joël les funérailles de M. Martin du Nord. — Visite à l'*Artiste* et légère causerie avec Théophile Gautier qui porte un magnifique lorgnon suspendu à une chaîne d'or. Vue de Seligmann, jeune violoncelliste connu et très joli garçon. Un M. Jules Brisson, qui se dit mon compatriote bordelais, m'envoie un livre de poésies, avec prière d'en rendre compte...

MARDI 23 MARS. — Je vais chez Salvator. Il a fait afficher son concert dans les rues. On y remarque cette phrase étourdissante, qui tend à me poser en premier grand-prix de Rome : *Fragment d'un opéra inédit de M. Charles Monselet.*

MERCREDI. — En revanche, je pioche mes portraits fantastiques, du matin au soir.

Et, pour la première fois, je fais défendre ma porte. Et allez donc !

VENDREDI. — Je vais chez Houssaye. Vue de Henry Vermot, jeune bourgeois de trente ans, pas mal couvert, assez causeur ; contrefaçon d'Arsène Houssaye. — Je fais ma Revue.

Le soir, je vais au théâtre Montparnasse voir le bénéfice de *Joël II* [1].

SAMEDI. — Je tâche vainement de mettre la main sur Houssaye. Mais je ne saurais t'exprimer la tristesse, le découragement qui sont en moi. Je m'ennuie comme un jambon de bois suspendu à l'enseigne d'un charcutier.

... Dis à mes parents : « Heu ! heu !... prou, prou... il vit, il vivoche, il existe... » rien de plus. Le reste à la sagacité. — Les grands airs de Léo Lespès m'embêtent.

.   .   .   .

LUNDI. — Le jeune Jeandron, l'acteur de Bordeaux, vient me voir.

MARDI. — Le frère d'Arsène Houssaye vient m'inviter à

Lafontaine.

aller le soir avec lui à la soirée d'inauguration du Château-
Rouge. — J'écris à Victor Hugo deux mots en lui demandant
un billet pour la reprise de *Marion Delorme* qui a lieu demain
au Théâtre-Français. — Le soir, je vais prendre Arsène Houssaye frère chez Arsène Houssaye pas frère. Vue d'Auguste
Desplaces, jeune poète, vingt-neuf ans, petit, ni beau ni laid,
mais bien couvert. — Arsène Houssaye me donne une lettre
pour Buloz, lui demandant mon entrée au Théâtre-Français.

MERCREDI. — Je vais remettre à Buloz la lettre d'Houssaye,
pour mes entrées et je lui annonce en même temps la remise
prochaine de mes vers...

VENDREDI. — Je fais mon entrée solennelle au Théâtre-
Français, je vois *Tartuffe* et *la Marquise de Senneterre*.

. . . .

MARDI. — Pendant que je dîne chez Lengrais, il m'arrive
un oncle de Bourbon-Vendée, de passage à Paris. Je le fais
pâturer à la table de Lengrais. — Cet oncle de Bourbon-
Vendée n'est guère fortuné. Que veux-tu ?

MERCREDI. — Je revais chez Émile de Girardin. Après avoir
attendu une heure et demie, je suis introduit. J'entre sou-
cieusement. Il me fait ses excuses, dit qu'il a envoyé ma
Bouteille vide à la *Presse*, « qu'il fera probablement ce que
je lui demande ».

L'oncle de Bourbon-Vendée vaque à ses affaires.

Le soir, je vais avec le père Lengrais à la salle Chantereine
voir jouer Jeandron, qui cherche à se faire engager à Paris.

JEUDI. — Je reçois une lettre de Victor Hugo, en réponse à
la mienne de l'autre jour, et ainsi conçue :

C'est de tout mon cœur, monsieur, que je vous offre cette loge
avec l'expression de ma sympathie et l'assurance de mes sentiments
distingués.   VICTOR HUGO.

La loge est de six places. Ohé ! les amis, à la rescousse ! — Dans la salle, je vois Alexandre Dumas, un gros, d'apparence commune. *Marion Delorme* est assez mal jouée.

VENDREDI. — Je fais ma Revue de Paris pour l'*Artiste*. En la portant à l'imprimerie, j'ai une longue conversation avec Arsène Houssaye. Il me propose de faire avec lui un drame pour la Porte-Saint-Martin — et à cette condition, il consent à m'entretenir sur un pied confortable. — C'est convenu. — A partir d'aujourd'hui, je fais un drame avec Houssaye.

L'oncle de Bourbon-Vendée prend une chambre dans la même maison que moi.

SAMEDI. — Un peu de travail pour Buloz. — Le *Dimanche* continue à ne point me payer, Arsène Houssaye me promet cent francs pour demain. Le soir, je vais passer une heure à la Comédie-Française...

MARDI. — Houssaye me compte mes cent francs. Nous faisons un drame intitulé *Madame de Pompadour*. Théophile Gautier me fait des compliments sur ma dernière Revue de Paris. Le soir, je vais voir jouer *Joël II* au théâtre Montmartre...

JEUDI. — Je fais le plan du drame de *Madame de Pompadour* et je vais le remettre à Arsène Houssaye. — L'oncle de Bourbon-Vendée obtient une place de dix-huit cents francs dans les chemins de fer. — La Comédie-Française représente le soir, devant moi, *le Légataire universel*.

VENDREDI. — Confection de ma revue pour l'*Artiste*. Lettre à mes parents.

SAMEDI. — Rien. Je vis. C'est tout. C'est peu.

DIMANCHE. — Je vais chez Houssaye. Nous arrêtons définitivement le plan de *Madame de Pompadour*... Un cousin d'Amérique, ne parlant presque pas le français, vient me voir. Il se

propose de passer un an à Paris, et craint de n'avoir pas assez
de cinq mille francs. Je l'entretiens dans cette inquiétude et
je m'empresse de l'envoyer au bal Mabille pour qu'il achève
là son éducation.

Mercredi. — Visite à l'*Artiste*. Vue d'Eugène Pelletan, littérateur brun, et de Jean Journet, apôtre fouriériste.

. . . .

Mardi 25 mai 1847. — Je travaille à des vers pour la *Revue
des Deux Mondes*.

Mercredi. — Je finis mes vers pour Buloz. C'est une satire
sur Alexandre Dumas, sans le nommer.

Jeudi. — Apparition au Théâtre-Français.

Vendredi. — Fabrication de ma revue pour l'*Artiste*. Vue de
Léo Lespès et du journal *le Dimanche*. Renvoi à demain pour
solde. Le soir, je vais voir la représentation de *Scaramouche
et Pascariel*, comédie en un acte et en vers. Petit acte, petit
succès. J'apprends qu'un nouveau journal intitulé *la Nouvelle
Époque* est en train de se fonder et que c'est cet infâme Girardin qui aide à le faire paraître en sous-main. — C'est Gérard
de Nerval qui me fait part de cela. Au foyer, je vois Janin,
un petit, qui crève d'embonpoint, mais qui porte sa tête avec
esprit et fierté, bien vêtu...

Dimanche. — A la fin des fins, je revais chez Émile de Girardin, j'y vais deux fois. Ah mais ! ah mais ! — La deuxième
fois, je le trouve. Il me fait des excuses de ne point m'avoir
répondu. Toujours. Il a fait lire ma *Bouteille vide*, c'est charmant. Il l'insérera quand il pourra. — Toutefois, en com-
pensation, il me promet de m'employer activement dans la
Nouvelle Époque (journal du soir), et de m'y colloquer trois ou
quatre feuilletons par mois. Ce journal modèle paraît le
15 juin, sans faute. Amédée Achard y continue les lettres de

13

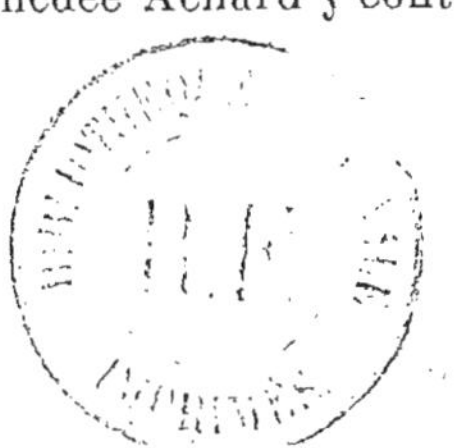

Grimm. Alexandre Dumas fils y fait les théâtres. Moi, j'y ferai des portraits contemporains. Girardin me promet d'en faire passer deux du 25 au 30 et me dit qu'il me paiera mes feuilletons sur le taux de cinquante francs pièce. — La *Nouvelle Époque* sera d'un format raisonnable et ne publiera aucune espèce de roman. Donc, voilà une chose entendue; voyons venir les événements.

Lundi 1er juin. — A mon réveil, je donne audience à Fernand de R***. Il met à ma disposition une demi-barrique de vin de Médoc pour acquitter mon compte chez Lengrais. Très bien, Fernand! Tu vois que ce jeune Espagnol de lettres fonctionne agréablement. — Nous allons goûter ce vin avec Lengrais. Il ne le trouve pas très bon. Aussi je m'empresse de lui coter deux cents francs la demi-barrique. Il promet de réfléchir.

Visite au *Journal du Dimanche*. Les hostilités commencent. Je fais en plein bureau une sortie violente contre cette boutique littéraire. Stupeur unanime. — Néanmoins on continue à ne pas me payer.

Le soir, je vais assister à la première représentation de *Robert Bruce*, tragédie de Beauvallet. J'en vois un acte et demi. Cela m'assomme et je m'en vais.

. . . .

Mercredi. — Je vais chez Salvator lui demander des détails sur la princesse Belgiojoso dont je veux faire le portrait pour la *Nouvelle Époque* ainsi que le portrait d'Auriol.

. . . .

Lundi 21 juin 1847. — Encore une fois, mon journal intime vient d'être interrompu. Tâchons de reprendre les choses de haut, si je peux.

Je me suis fait présenter, il y a huit jours, à la princesse de Belgiojoso, par le beau-frère de S***, afin de faire sa biographie. F*** m'a prêté un habit, L*** un pantalon, moi le reste. Dans ce salon, j'ai vu Victor de Laprade, un poète brun, humanitaire et décoré. La princesse est une femme de quarante ans, ni bien ni mal, qui m'a reçu avec amabilité. Elle a fumé devant moi et causé natation. Le lendemain, je suis retourné chez elle pour causer avec son secrétaire. J'ai revu la princesse, qui m'a gracieusement souri. En ce moment, un Arabe, aussi farouche que bel homme, est entré avec son interprète et s'est pris de baragouin avec elle. Comme je le regardais avec curiosité, un éclair m'a traversé l'esprit : « Monsieur Bou-Maza?... lui ai-je dit. — *Bezef!* » m'a-t-il répondu. C'était Bou-Maza, en effet.

Cette semaine a été tout entière consacrée à l'installation de Lafargue dans Paris. Avant-hier il a reçu cent cinquante francs du père qu'il a. Nous avons été les toucher ensemble. Nous avons ensuite déjeuné avec du bordeaux. Nous nous sommes fait conduire au théâtre en voiture et nous avons soupé vers minuit, avec une rose à la boutonnière.

Le lendemain, nous avons été voir jouer Joël II aux Batignolles.

C'est égal. En voilà suffisamment pour quelques jours. Demain, Lafargue entre dans le cabinet d'un architecte, et moi je vais me remettre au travail.

.   .   .   .

MARDI 22 JUIN 1847. — Flânerie par les quais. Je bouquine ; — le soir, je vais voir *Bertrand et Raton* au Théâtre-Français.

MERCREDI. — Je vais au cabinet de lecture. — Vue de l'acteur Train sous la feuillée du Palais-Royal. Rencontre d'Arsène Houssaye. Il désire savoir où en est notre drame de *Madame de Pompadour*. Je le trouve bien curieux. Néanmoins je lui avoue que le deuxième acte touche à sa fin.

VENDREDI. — Je fais ma revue de l'*Artiste*.

SAMEDI. — Le bien vient en dormant. A huit heures du

matin, un commis du *Journal du Dimanche* me réveille pour
m'apporter vingt francs acompte sur le payement de *Berdriquet*.
— Voilà un épisode digne des plus beaux traits de l'antiquité.

Dimanche. — J'envoie à mon père pour sa fête mon daguerréotype et les deux volumes de *l'Hiver à Paris* que tu as vus
chez moi.

Mardi. — Visite à Anténor Joly, qui va devenir le directeur
du feuilleton de la *Nouvelle Époque*. Il me présente à un
éditeur, Gabriel Roux, qui me fait assez bonne mine.

Jeudi 1er juillet. — Je vais chez Girardin : il m'apprend
que la *Nouvelle Époque* est ajournée. Ce coup m'accable. Je
l'entretiens de mes deux biographies d'Auriol et de la princesse Belgiojoso, en lui demandant ce que je vais en faire,
maintenant qu'elles sont finies. Touché de commisération,
Girardin me dit de lui porter l'article d'Auriol et qu'il tâchera
de le faire passer dans la *Presse* d'ici à quelques jours. « La
vie littéraire est rude ?... me demande-t-il. — Oh oui ! »
Rentré chez moi, je me barricade et je passe la journée à
faire le feuilleton d'Auriol.

Vendredi. — Le matin, je dépense mes derniers six sous en
omnibus pour porter mon article à M. de Girardin. Je n'ai
plus le sou. Je hasarde un pied furtif chez Lengrais, à qui
je promets toujours de l'argent pour demain... Le frère
d'Arsène Houssaye vient m'avertir que le comité de lecture du
Théâtre-Français a écrit à Houssaye qu'il était prêt à ouïr
Madame de Pompadour. Surprise de ma part. Je fais répondre
à Arsène Houssaye que je serai en mesure pour le 15. Puis je
continue avec impudeur à pâturer chez Lengrais...

Samedi. — Je vais demander à l'*Artiste* un peu d'argent pour
m'en aller faire villégiature à Versailles pendant deux ou
trois jours. Le tout sous prétexte de finir *Madame de Pompadour*. Quoique soupçonneux, Arsène m'octroie quinze francs.

et je lui promets de lui montrer au retour notre drame fini.
— Le soir, je vais voir *Turcaret* au Théâtre-Français.

Dimanche. — Je fais mes paquets pour Versailles.

Lundi. — J'ai pris la poudre d'escampette, — je suis à Versailles. Me voilà dans la ville splendide, déserte. Là, il faut que je fasse mon drame, un drame en cinq actes, entends-tu ; il faut que définitivement je pose la première assise de ma carrière théâtrale. Je suis arrivé à une heure. Je me suis découvert une mansarde à quinze sous par jour. J'ai dîné. Je me suis promené en rêvant dans les jardins et puis aussi par la ville. — Enfin, pour finir ma journée, j'ai été voir jouer *Mademoiselle de Lafaille*. Le théâtre de Versailles est grand, sombre et pas beau. Je vais à des places piteuses, un franc par tête, avec des fantassins et des cavaliers. N'importe. A onze heures, je me couche : Avenue de Sceaux, 2, hôtel du Nord, chambre 13.

Mardi. — A six heures et demie, je me lève. Puis je visite le musée de tableaux et le palais dans son entier. Ah ! mon ami, quel amas de prodigiosités éblouissantes ! J'en suis encore tout émerveillé,

> Comme l'eau qu'il secoue aveugle un chien mouillé.

Je vois les portraits de la Pompadour, de Bernis, de tous les personnages de ma pièce, enfin ; et je rentre à ma chambre afin de disposer mon plan, mon scénario — pour que je puisse commencer demain à écrire le premier acte. Chaud encore des impressions flamboyantes de ma visite aux galeries du palais, les idées me viennent abondamment. Je sens la chaleur, la verve, le cœur et l'esprit revenir un peu en moi. Et puis l'air vif, l'isolement. Je me sens heureux, ardent, vivant. — Courage ! — Je dîne et fais ensuite une promenade par les environs qui me tient jusqu'à la nuit.

Mercredi. — Versailles est une ville immense et qui n'en

finit pas. Travail et rêverie au soleil, les pieds dans l'herbe. —
Vie heureuse !… Mais j'ai ma pensée où se secoue et flamboie
tout le xviii° siècle, et dans laquelle les galeries de Versailles
dansent une farandole éclatante ! — Il ne me faut rien de
plus. — En avant, mon drame, en avant !

Jeudi. — Bonne journée. Je finis mon premier acte dans
les bois, sur l'herbe, partout. — En rentrant à ma *posada*,
après dîner, je trouve une lettre excessivement pressante
d'Anténor Joly qui m'invite, si je veux gagner quelques
pièces de cent sous (*sic*) à venir le trouver *immédiatement* au
reçu de la présente. — Que fallait-il faire ? Mécontenter par
un refus ce courtier littéraire qui peut m'être utile à chaque
instant dans la pénible carrière que j'ai embrassée ? Non. —
Je pars donc immédiatement et j'arrive à onze heures du
soir. — Voilà mon drame coupé en deux et mon bonheur à
Versailles bientôt fini ! Reviendrai-je maintenant ?

Hélas ! — C'est le train de la vie.

Vendredi. — Je vais chez Anténor. Voilà ce que c'est. Un
établissement genre Mabille va se fonder, et il me charge de
faire toutes les réclames et les feuilletons ; c'est-à-dire de tourner les mêmes idées en soixante ou quatre-vingts manières.
— Je soupire, me repentant d'avoir quitté mon oasis de l'avenue de Sceaux. Mais je me mets à l'œuvre aussitôt. Anténor
Joly me garde à vue et vient quatre fois par jour chez moi.
A quatre heures il me mène voir le Château des Fleurs, nom
de ce bazar d'un nouveau modèle. — Ce n'est que le soir que je
parviens à me soustraire à sa dépendance pour aller applaudir
Alcide Tousez au théâtre du Palais-Royal. Les réclames d'Anténor et ma revue de l'*Artiste* m'ont pris tout mon temps,
pauvre homme que je suis.

Samedi. — J'ai demandé un supplément à Houssaye ; j'ai
donné de l'argent à Lengrais, dont je me suis empressé de
réintégrer le domicile, et je me suis mis au drame Pompadour.

— J'ai poussé une visite à Émile de Girardin qui m'a rendu mon feuilleton sur Auriol, le trouvant trop léger (historique) et qui continue à me promettre de faire passer le plus tôt possible ma *Bouteille vide*. Mon article intitulé *le Château des Fleurs* a paru dans le *Corsaire* en feuilleton, non signé. Je ne l'ai pas vu, c'est Anténor Joly qui me l'a dit en me promettant de l'argent pour dimanche...

Lundi. — Le milord Pil-Grimm, qui signe le Monde parisien de l'*Artiste*, et qui cherche à imiter mes tournures de phrases, est un mélange d'Arsène Houssaye et de moi. — La suite de *Manon Lescaut* provient d'un bouquin d'Amsterdam ou de La Haye, à moins qu'il ne soit de Cologne. Ceci est authentique...

Vendredi. — On m'a dit que ç'avait été hier la fête de Juillet. Je fais une revue pour l'*Artiste*. Pauvre Houssaye ! Je n'ose supporter sa vue à cause du drame Pompadour. C'est un remords vivant. Hélas !

Samedi, fin juillet. — Fin juillet, entends-tu cela ? — Tu vois quelle est mon existence parisienne, mon pauvre ami, remplie de haut et de bas. — Pour Dieu, je te supplie de ne pas l'envier : sois calme au sein de ta famille, dans la ville de Bègles, avec tes sœurs et tes fleurs ; sarcle tes plates-bandes et communie entre les bras du père D°°°. Là est le bonheur.

Mardi, 3 août. — En compulsant des bouquins, je découvre que la rue Saint-André-des-Arts a été habitée non seulement par toi, mais encore par le célèbre voleur Cartouche. Je pousse une visite à la *Revue des Deux Mondes*, histoire de causer avec Buloz et je promets de lui faire un article. L'article *Revue des Deux Mondes* et les comédies pour le Théâtre-Français sont mes deux dadas affectionnés.

Mercredi. — Je fricote quelques pages du drame Pompadour que je communique à Joël et qui le pétrifient de stupéfaction par leur échevèlement titanique et presque *Robespierrain*.

J'ai demandé des billets de théâtre aux Délassements et
les Délassements m'ont envoyé des billets. J'ai demandé des
billets de théâtre à Félix Pyat pour voir le *Chiffonnier* et
Félix Pyat m'écrit qu'il m'en enverra pour la prochaine représentation. Le même jour, allant à l'*Artiste*, j'entrevois son galbe
qui est assez convenable. Il ne me reconnaît pas, ne m'ayant
jamais vu. Je l'excuse. Excusons-le.

Vu et entendu deux actes de *Don Juan ou le Festin de Pierre*
au Théâtre-Français...

Vendredi. — Travail modéré. — Je vais voir *le Chevalier de
Maison-Rouge* au Théâtre-Historique. C'est une pièce qui aura
autant de succès que *la Reine Margot*.

. . . .

Septembre 1847. — Qu'as-tu pensé de mon silence, pauvre
vieux ? Splendeur soudaine ou misère excessive. Hélas ! ni
l'une ni l'autre. Maladie. Rien que cela, mon bonhomme.
Honnête et brave maladie. — Aujourd'hui, c'est fini.

Madame de Pompadour va son chemin. Mon article *Revue
des Deux Mondes* est terminé. Il traite de la vie et des ouvrages
de Rétif de La Bretonne.

Au moment de clore ma lettre, le père Varnoult, machi-
niste, vient de me venir voir. Il est presque directeur du
théâtre Beaumarchais, qui manque de pièces. Varnoult doit
repasser chez moi demain. Une idée triomphante a traversé
mon crâne d'homme. Je vais retaper notre *Camp de Saint-
Médard* et le servir au théâtre Beaumarchais sous le titre du
Camp de Compiègne. Évohé !

. . . .

Salvator me propose d'aller passer deux ou trois jours à
Écouen, village délicieux, à cinq lieues de Paris ; naturellement
j'accepte, et, muni de papier et de plumes à bec de fer, — j'a-
bandonne la ville de bruit et de fumée pour aller respirer

l'air pur des champs de pommes de terre. — *O rus !* (D'où est venu le mot *rustique.*)

LUNDI. — Villégiature piteuse. Il pleut à verse. Nous déjeunons et dînons passablement. Je travaille un peu, et il ne m'arrive aucune aventure avec les filles de l'auberge qui sont des garçons. Écrit sur une table vermoulue — à neuf heures du soir, — au moment de me coucher. — *O rus !* (D'où est venu le mot *rustique.*)

MARDI. — Beau temps. Je dis à Salvator d'aller se promener de son côté ; moi je vais du mien. Car je n'aime le voyage qu'autant que je l'accomplis seul. Un compagnon me gâte le paysage, m'empêche la rêverie. — Écouen a un château Renaissance de la plus grande beauté, un parc et des bois magnifiques. J'ai été aussi au Mesnil-Aubry, village situé à deux lieues de là et orné d'une église remarquable. Puis, m'égarant à travers fossés et chemins de traverse, je suis rentré justement à l'heure du dîner... J'ai oublié de te dire que Salvator a trouvé dans ces derniers temps un Américain quasi millionnaire qui l'emmène le 17 octobre à travers l'Italie, l'Allemagne et autres pays non circonvoisins. Voilà !

MERCREDI. — Suite du même. Je joue au billard avec un gendarme.

JEUDI. — Retour à Paris à six heures et demie du matin.

SAMEDI. — Frédéric Soulié est mort. En conséquence, je m'empresse d'aller chez Girardin pour lui demander la commande d'un cénotaphe ou tombeau funèbre. Il me l'octroie, disposant d'une colonne de *Variétés* en ma faveur.

. . . .

MERCREDI 30 SEPTEMBRE 1847. — Visite au journal *le Conservateur* et vue de Vergniaud, qui n'attend que mes feuilletons pour les imprimer.

Jeudi. — A neuf heures du matin, comme c'est le 31 du mois de septembre 1847, je tombe chez Girardin dans le but insidieux de lui demander le nombre de billets de banque qui me reviennent pour mon article sur Frédéric Soulié. Il me dit de me présenter le 5 au caissier de la *Presse*. C'est le jour du payement de la rédaction. Champfleury vient chez moi pour me prier de lui faire dans l'*Artiste* une réclame en faveur de la troisième pantomime qu'il va faire représenter bientôt.

Promenade au journal *le Conservateur*.

Vendredi. — Je fais une revue pour l'*Artiste*...

Mardi. — Je vais plusieurs fois à la *Presse* dans l'intention louable de demander le payement de mon article. Le caissier me regarde ahuri et me tourne le dos. Dans ma fureur, j'écris deux ou trois lignes au secrétaire de la rédaction, M. Nefftzer, pour lui demander ce que cela signifie.

Le soir, je vais avec un billet de l'*Artiste* voir *le Cheveu blond*, de Léon Gozlan, et *Pierrot posthume*, arlequinade en un acte et en vers, par Théophile Gautier.

Mercredi. — Visite à la *Presse*. Cette fois, le caissier me reçoit avec les égards dus à mon article et me compte fidèlement la faible somme de... vingt-sept francs quatre-vingt-dix centimes. Cela fait trois sous la ligne, ancien prix de l'*É-poque*. J'attendais mieux de la *Presse*. Néanmoins, j'empoche cet or peu nombreux.

Vendredi. — Je fais ma revue pour l'*Artiste*. Théophile Gautier me dicte, pour l'y enchâsser, une tirade de son *Pierrot posthume*.

Mardi 19 octobre 1847. — Réouverture du Théâtre-Français. Je me promettais des délices profondes; ô terreur! je ne trouve point de place, tout est loué. Il faut me contenter de voir la salle sans voir le spectacle. La salle est resplendissante de fraîcheur et de dorure. Quel dépit! Serai-je plus heureux

demain? Mais demain Rachel joue. Demain, point de place
encore, sans doute. Les journalistes n'ont droit qu'à leur
entrée à l'orchestre, point au parterre, ni au paradis, ni même
dans le trou du souffleur. S'il me fallait attendre quinze jours,
comprends-tu?

Mercredi. — Visite à Buloz afin de le presser de lire mon
article monumental sur *Rétif de La Bretonne*. Il me renvoie
définitivement à la fin de la semaine prochaine. Le soir, je
trouve enfin une place à la Comédie-Française, mais une place
piteuse, et dans l'orchestre des musiciens. Néanmoins je la
prends. Je vois Rachel dans *Phèdre*. Pas mal...

Du lundi 25 octobre au lundi 1ᵉʳ novembre 1847. — Une
semaine vient de s'écouler, une semaine pendant laquelle je
n'ai pas eu le cœur de poursuivre jour par jour mon journal
intime, tant il me coûte d'enregistrer de si piteux résultats
de ma carrière soi-disant littéraire. Voici en peu de mots les
événements quelque peu saillants qui ont émaillé ma déplo-
rable existence. Arsène Houssaye est revenu de la campagne
et il est tombé chez moi pour me presser de mettre la dernière
main à notre drame. Il ne me donnera de nouvel argent qu'à
l'achèvement complet de *la Marquise de Pompadour*, et en
outre il a fait luire l'espoir à ma paupière éblouie, que, sur
l'acceptation de la susdite pièce par les Français la commis-
sion des auteurs dramatiques ne refuserait pas de m'avancer
deux ou trois cents francs. Je soupire et me mets avec un
courage nouveau à notre comédie. — Espérance donc !

Quant à Buloz, il n'a pas encore lu ma *Vie de Rétif*. Patience !

Quant à la *Presse*, elle n'a plus une seule actualité à
m'offrir. Attendons !

.   .   .   .

Ici s'arrête le journal de Charles Monselet. Peut-être aura-
t-il semblé monotone. La note dominante y est une course

acharnée après l'argent : — n'est-ce pas aussi la note dominante de l'existence, et pouvait-il en être autrement de la
part d'un jeune homme de vingt ans jeté à corps perdu dans
la vie littéraire, sans autre ressource que sa plume d'écrivain ?

C'est le combat de la vie dans toute sa platitude ; c'est aussi
le cœur humain dans toute sa nudité.

Ces deux premières années de début furent pénibles, assurément ! mais, décidé à lutter avec une quasi-certitude de
vaincre et un entêtement forcené de Breton, Monselet devait
arriver bientôt à une certaine notoriété : — désormais son
histoire sera celle de ses ouvrages et de ses nombreuses
collaborations aux différents journaux que la révolution
de 1848 va faire éclore, — coquelicots et bluets au retour du
printemps.

VII

Jusqu'ici les campagnes de Charles Monselet se résument en une collaboration régulière à l'*Artiste* de 1846 à 1848 et quelques articles publiés dans l'*Époque*, le *Charivari*, le *Livre des familles*, le *Journal du Dimanche*, l'*Europe littéraire* — et dans la *Presse*.

On retrouvera dans la collection de l'*Artiste* (années 1846 et 1847) les articles publiés par Charles Monselet sous la rubrique Revue du Monde Parisien. Çà et là, quelques nouvelles, fantaisies, poésies.

Il faut retenir nombre de strophes égarées dans la gracieuse collection de ce journal :

Un article nécrologique sur Frédéric Soulié, paru dans la *Presse* (27 septembre 1847), est réuni en brochure aux notices consacrées à l'auteur de *Clotilde* par Victor Hugo, Alexandre Dumas, Jules Janin, Paul Lacroix, Antony Béraud et Charles de Matharel, voisinage des plus flatteurs pour notre débutant.

Sur ces entrefaites éclate la révolution de Février. De sa fenêtre, Charles Monselet assiste à la dernière revue que passe Louis-Philippe sur la place du Carrousel : — le 23, il voit mettre le feu aux postes des Champs-Élysées ; le 24, il entre avec le peuple dans les Tuileries envahies.

La révolution de 1848 devait amener une autre révolution dans la presse.

Émile de Girardin, en fondant le premier journal à bon marché, et spéculant sur le roman feuilleton, avait déjà inau-

guré une ère nouvelle ; à son tour, l'*Époque*, à son apparition,
avait fait un tapage énorme et bouleversé l'état des choses.
La révolution de 1848, en supprimant le cautionnement et
l'impôt sur le timbre, rendit à la presse sa liberté, liberté
à peu près sans limites, mais qui fut de courte durée.

Les sanglantes journées de Juin, qui suivirent, eurent pour
premier effet de supprimer une partie des libertés acquises,
— l'empire, en 1851, les supprima tout entières.

Mais, dans l'intervalle, que de feuilles nouvelles avaient vu
le jour, quel pas en avant avait été fait !

La ligne de copie commence à être payée régulièrement
quinze et vingt centimes : la révolution s'accentue.

A la suite de ces événements, Charles Monselet parcourt les
barricades et fait la chasse aux faits divers : il trace des *Physionomies de Paris* dans la *Presse*, dans la *Patrie* et dans
l'*Assemblée Nationale* que vient de fonder M. de Lavalette.

Le 2 mai suivant paraît l'*Avant-Garde* de Lherminier ; —
Monselet fait partie de la rédaction.

Le 24 mai, M. Auguste Vitu lance le *Pamphlet*, — journal
quotidien illustré. Autour de M. Auguste Vitu vient se grouper
toute une jeune génération d'écrivains : Théodore de Banville,
Champfleury, Paul Féval, Charles de la Landelle, Henry
Mürger, Charles Monselet, Henri Nicolle, Arthur Ponroy, etc...

Monselet écrit encore au *Journal* d'Alphonse Karr, qui
compte au nombre de ses collaborateurs : Méry. Lireux, Théophile Gautier, Louis Lurine, Tournachon et Francis Wey...

Surviennent les journées de Juin : d'une fenêtre de la rue de
Rocroy il assiste au combat du clos Saint-Lazare ; il reprend,
en outre, sa chasse aux faits divers, en compagnie de Romieu
et de Théophile Steiner — un Privat d'Anglemont en sabots.

Bientôt réapparaît Anténor Joly, que la république a
transformé :

« ... Au lendemain des journées de Juin, a raconté Charles

Monselet[1], Anténor m'avait demandé en toute hâte un récit de l'insurrection. Je pris immédiatement un cabriolet. Je fis le tour des barrières, je comptai les barricades, et je passai la nuit à écrire mon résumé, qui parut trois jours après, avec un plan gravé sur bois. On n'en trouverait pas aujourd'hui un seul exemplaire. Anténor me renvoya pour le payement à M. Bohain, qui me renvoya à un marchand de vin du coin de la rue de Trévise, lequel me paya très gracieusement...

» Je retrouvai Anténor Joly quelque temps après, à l'*Événement* où j'avais été appelé... »

Il faut enregistrer ce court passage de Charles Monselet au premier *Événement* de 1848, où il publie plusieurs chapitres intéressants.

«... L'*Événement* venait d'être fondé sous le patronage de Victor Hugo. C'était un recueil vaillant et hardi où avaient été conviés tous les écrivains qui avaient un nom, ou même simplement un espoir.

« Léon Gozlan, Méry, Théophile Gautier coudoyaient Henry Mürger, Champfleury, Théodore de Banville. Il se faisait là un joyeux tapage, un cordial échange d'idées, d'aspirations, de jugements, de traits spirituels. Anténor Joly et Polydore Millaud allaient et venaient dans la maison, toujours affairés ou faisant semblant de l'être ; l'un criant comme un sourd qu'il était, l'autre frappant le parquet de sa canne, tous deux ouvrant et fermant les portes avec bruit... » (*Petits mémoires littéraires*, Paris, 1885.)

Il fut un temps, a écrit ailleurs Charles Monselet[2], où l'on était célèbre du jour au lendemain pour un article de journal ou de revue. Que ce temps est loin de nous ! Il est vrai qu'il y avait alors moins de journaux, moins de revues et moins d'écrivains. A cette époque bienheureuse, une *scène populaire* suffisait à tirer hors de page Henri Monnier ; une

---

[1] *Figurines parisiennes*. Paris, 1854.
[2] *Mes Souvenirs littéraires*. Paris, 1888.

nouvelle de cent lignes, *le Mouchoir bleu,* faisait la réputation
d'Étienne Béquet; on se demandait pendant un mois : Avez-
vous lu l'article de Delatouche sur *la Camaraderie littéraire?*

Et les *Béotiens de Paris,* de Louis Desnoyers? Quel succès!
Cela ne dépassait pas pourtant les proportions d'un feuilleton... »

Charles Monselet dont la signature commençait à s'imposer, devait attendre du hasard sa véritable révélation.

A cette époque, le journal *la Presse* venait d'acquérir,
moyennant la somme de quatre-vingt mille francs, plus une
rente viagère de quatre mille francs faite à l'auteur, le droit de
publier les *Mémoires d'Outre-Tombe,* de Chateaubriand. Émile
de Girardin confia inopinément à Charles Monselet le soin d'é-
crire la préface de ces *Mémoires.* Cette préface eut quatre feuilletons (17, 18, 19 et 20 octobre 1848), qui furent très goûtés.

La réputation de Charles Monselet date de là.

Peu après, l'*Artiste* publie : *le Calvaire des gens de lettres*
(avril-mai 1849), longue et intéressante nomenclature des
Malfilâtre de toutes les époques.

Victor Bohain, le directeur malchanceux du Château des
Fleurs, avait aussi recommandé son jeune secrétaire à
M. Véron, qui se trouvait alors à la tête du *Constitutionnel.*
Monselet proposa au fameux docteur quelques esquisses sur
divers personnages du xviiie siècle : Véron accepta et
Charles Monselet débuta par une étude magistrale sur *Rétif de
La Bretonne* (feuilletons des 17, 18 et 19 août 1849), qui sera
le point de départ du volume publié quelques années après
(1854) sur ce curieux écrivain du siècle dernier.

La situation de notre journaliste s'améliore.

Une bonne fortune lui avait également fait rencontrer
M. Delamarre, directeur de la *Patrie:*

— J'ai lu de vous des choses charmantes, — lui dit celui-ci
— et, séance tenante, il lui commande un roman. Monselet

le prend au mot, s'enferme, se met à l'ouvrage et le 3 août 1849, la *Patrie* commence la publication des *Chemises Rouges*.

Les Chemises Rouges paraissent en trois parties ainsi espacées : du 3 août au 4 septembre 1849 — du 17 novembre au 10 décembre 1849 — du 9 avril au 14 juin 1850 — ce qui n'avait rien alors que de très naturel.

« Livre étrange, halluciné, plein de fièvre et de scepticisme, écrit avec toute la fougue de la jeunesse, » a dit Charles Bataille, rendant compte de ce roman, une fois édité.

Est-ce bien un roman ? C'est plutôt une étude approfondie de la fin du xviiie siècle et de la Révolution française ; ce sont des scènes épisodiques reliées entre elles par une mince trame.

Ce roman qui traverse les dernières années du xviiie siècle en se mêlant à tous les événements, en s'accrochant à tous les personnages fameux de cette période si tourmentée de notre histoire, est un des plus intéressants que je connaisse. La lecture convaincra les plus difficiles que l'auteur a dépensé là quatre fois plus d'imagination, de style et même d'érudition qu'on n'en trouverait dans l'œuvre complète de tel romancier à la mode. (Charles Asselineau, *Athenæum français*, 27 novembre 1852.)

Quoi qu'il en soit, *les Chemises Rouges* eurent assez de retentissement pour qu'une traduction italienne en fût donnée et que la contrefaçon belge s'en emparât aussitôt.

Son roman terminé, Monselet reprend au *Constitutionnel* (4 août 1850-19 avril 1851) la série interrompue de ses portraits du xviiie siècle, et présente tour à tour au public Mercier, Cubières, Olympe de Gouges, le Cousin Jacques, Desforges, Linguet, Gorgy... Ces études, qui seront plus tard (1857) réunies en volume sous le titre : *Oubliés et Dédaignés, figures littéraires de la fin du xviiie siècle*, classent Monselet au rang des plus fins lettrés.

On retrouve encore Charles Monselet au journal *l'Ordre*, que vient de fonder M. Chambolle (1er mars 1849), au *Messager de l'Assemblée* d'Eugène Forcade et Félix Solar (mars-mai 1851), au *Pays*, dirigé par Lamartine et Arthur de La Guéronnière (septembre-décembre 1851), à l'*Assemblée Nationale* dont Mallac est le rédacteur en chef (1852-1853); puis, bientôt après, au *Paris* et à l'*Éclair*, de M. de Villedeuil, où trônent les Goncourt, à la *Revue de Paris*, de Cormenin et Laurent-Pichat, à la *Chronique de France*, au *Voleur*, à l'*Athenæum*... à la *Presse* et à l'*Artiste* enfin, qu'il n'a jamais quitté et où il se montre de temps à autre. Où n'écrit-il pas, parbleu !

Il est même un instant rédacteur en chef d'un journal littéraire : *la Semaine Théâtrale.*

« O souvenirs d'une haute position trop peu de temps gardée ! » s'écrie Charles Monselet.

Mais laissons-lui le soin de nous conter lui-même cet épisode :

«... Cette période d'éclat remonte à l'hiver de 1851.

» Mes commanditaires étaient deux libraires, Giraud et Dagneau, les premiers éditeurs de *la Dame aux Camélias.*

» Ces jeunes présomptueux rêvaient d'avoir un organe influent, quelque chose entre la *Revue des Deux Mondes* et l'*Entr'acte*. Ils s'adressèrent à moi pour leur composer une rédaction d'élite.

» Au bout de quelques jours, je leur amenai, beaux de fierté et d'audace, Champfleury, Armand Baschet, Charles Baudelaire, Henry de la Madelène, Gérard de Nerval, André Thomas, Georges Bell, Angelo de Sorr, Théodore de Banville, Henri Nicolle, Charles Asselineau, Alfred Busquet, Fauchery, tous mes amis, en un mot.

» Les deux libraires furent éblouis.

» Une première réunion, dont le but était de chercher un titre au nouveau journal, eut lieu chez Armand Baschet, le plus millionnaire de nous, dans ses appartements de l'hôtel de Seine, rue Dauphine.

» Voici les titres qui furent proposés :

» Par Baudelaire, nature compliquée et d'un enjouement spécial : *le Hibou philosophe ;*

» Par Gérard de Nerval, doux rêveur dont les yeux avaient encore des étincelles de l'Orient : *le Coq d'Or ;*

» Par Champfleury : *la Gazette de faïence ;*

» Par Thoédore de Banville : *le Thyrse ;*

» Par Charles Asselineau : *le Romantique ;*

» Par moi : *les Propos littéraires.*

» A chacun de ces titres, les libraires se regardaient et manifestaient une inquiétude croissante.

» C'est ce qui explique comment le journal s'appela tout simplement, de par leur volonté : *la Semaine Théâtrale.*

» La *Semaine Théâtrale* fit son apparition au milieu de l'indifférence générale.

» Baudelaire y avait écrit cependant deux ou trois articles à effet, qui ont été recueillis dans ses œuvres complètes. Dans le premier, Jésus-Christ était appelé l'infâme Galiléen, et il y était beaucoup question de Tibère et du marquis de Sade.

» La *Semaine Théâtrale* n'excita quelque émoi que parmi certains auteurs dramatiques contre lesquels Champfleury avait dirigé un article intitulé : *Pétard attaché à la perruque de l'École du bon sens.*

« L'article était amusant, mais violent; on s'en prit à moi. Je me fâchai et j'écrivis dans le numéro suivant une centaine de lignes qui se terminaient de la sorte : « Ah ! cela vous con-
» trarie qu'on gêne votre petit commerce ? Parbleu ! je le
» crois bien. Et puisque vous n'aimez pas la critique qui
» s'attache aux individus, la critique Daumier qui parle du
» chapeau et des jambes, eh bien ! je vous donnerai, moi, de
» la critique polie, honnête, modérée, de la critique de discus-
» sion, de la critique de littérature, — et vous me direz
» après laquelle des deux vous préférez. »

» J'étais jeune alors... »

Cet article devait avoir pour suite, deux ans après, une vive critique de *Philiberte*, qui amena un duel entre Émile Augier et Charles Monselet.

Mais la pioche des démolisseurs a obligé notre écrivain à abandonner la place du Carrousel [1] : — cédant à ses goûts et guidé par ses instincts littéraires, Monselet s'en vient alors habiter, rue d'Angivilliers, l'hôtel d'Angivilliers qu'ont tour à tour habité Sophie Arnould et… Stendhal, — à quelques pas de la place de l'Oratoire et de la petite rue du Coq, également disparue, où Mercier de Compiègne avait installé boutique de librairie, — de cette rue du Coq où est née la caricature française.

Encore une fois les travaux de percement de la rue de Rivoli arrachent Monselet à ces ruines qu'il abandonne comme à regret : — il vient se fixer alors rue d'Argenteuil, 39, — dans cette rue d'Argenteuil qui a vu Corneille — d'où il datera la préface curieuse des *Statues et Statuettes contemporaines* — son premier livre.

La *Presse* du 2 septembre 1852 contient un nouveau chapitre de Monselet, intitulé : *Paris démoli* ; Charles Monselet préparait alors — il l'a mentionné dans la préface de *Statues et Statuettes* — une suite du *Tableau de Paris*, de Mercier, qui devait comprendre, dans l'esprit du chroniqueur, ces différentes physionomies d'un Paris des temps passés.

Moins d'un an après, on retrouve Charles Monselet, rue Croix-des-Petits-Champs, à l'hôtel de Bretagne. Comme Rétif de La Bretonne, dont il a retracé la biographie, Monselet aime le changement d'adresse. Je ne cite que pour mémoire son court passage rue de l'Éperon.

« … C'était plusieurs années avant la chute de Louis-

---

[1] Dans le journal *le Pays*. Charles Monselet a consacré deux feuilletons fort intéressants (22 et 23 août 1851). à l'ancienne place du Carrousel dont il a été l'un des derniers habitants.

Philippe, au temps des folies amoureuses du quartier Latin.
Nous étions une nichée entière installée dans un hôtel de la
rue de l'Éperon, faisant de la musique, du droit, de la peinture ; le hasard seul nous avait réunis, et, empressons-nous
de le déclarer, jamais l'idée nous vint de nous organiser en
cénacle. D'ailleurs il y en avait de fort bêtes parmi nous... »

Puis rue de la Sainte-Chapelle, n° 15 : encore, place Dauphine, — *le premier hôtel garni, à main droite, en entrant par
le Pont-Neuf*, — ainsi que porte une enveloppe de M. Champfleury, et 23, rue Sainte-Anne, dans l'ancien hôtel d'Helvétius.

Mais finissons-en avec le journaliste :

Après un séjour à Nantes d'une quinzaine de jours, en
avril 1852, et un petit voyage à Pierry, près d'Épernay, au
mois de décembre de la même année, chez le père de Xavier
Aubryet qui habitait l'ancienne maison de Jacques Cazotte,
l'auteur du *Diable amoureux* — (le prétexte de ce voyage
était une collaboration dramatique qui n'a pas abouti, ou
plutôt qui a abouti... à un dîner chez Mᵐᵉ veuve Clicquot)
— Monselet reprit le cours de ses exploits à l'*Artiste* et à
l'*Assemblée Nationale*.

Sa collaboration à l'*Assemblée Nationale* motiva son arrestation comme journaliste — l'empire était fait ; — sa collaboration à l'*Artiste* amena un duel avec Émile Augier.

«... J'ai été arrêté, en effet, sous le règne de Napoléon III,
dans l'hiver de 1853 — raconte Monselet [1]. — Pourquoi ?
Je ne l'ai jamais su, mais je m'en doute. Je faisais alors le
« Courrier de Paris » dans le feuilleton de l'*Assemblée Nationale*, qui n'était pas bien en cour. On voulait frapper les
journalistes en général ; on s'y prit un peu au hasard... »

« M. Taxile Delord — dans son *Histoire du Second Empire* —
a interprété ainsi cette arrestation :

[1] *Petits Mémoires littéraires.* Paris, 1885.

« Le gouvernement, ne voulant pas avoir l'air de frapper uniquement sur les journalistes légitimistes, mit la main sur M. Chatard et Charreau père, de l'*Estafette;* Théodore Pelloquet, du *National;* Venet, Monselet, Vergniaud, Étienne Gérard, appartenant à divers journaux. Un Polonais, M. Tanski, ancien rédacteur du *Journal des Débats*, fut également incarcéré. M. Walewski et M. de Rothschild le réclamèrent vainement; — il resta plusieurs jours en prison ainsi que M. Monselet... »

De son côté, Monselet, au lendemain de sa mise en liberté, adressa la lettre suivante au rédacteur en chef de l'*Assemblée Nationale :*

Monsieur,

Les motifs de mon arrestation ayant été diversement interprétés, — je tiens à rétablir les faits.

Je dinais tranquillement dimanche dernier, et pour la seconde fois depuis un an, chez un de mes amis, en compagnie de plusieurs personnes estimables, lorsque, vers le milieu du dessert, un commissaire de police se présenta, escorté de ses agents.

Le commissaire de police procéda, séance tenante, à une perquisition minutieuse.

Il trouva chez notre ami deux pistolets en mauvais état, un fusil sans batterie, des brochures politiques, — achetées au temps où il y avait des brochures politiques, — et une statuette de la Liberté, petit module. D'ailleurs, pas autre chose.

Lorsque des personnes, que je connais pour être parfaitement honorables, m'invitent à diner, je n'ai pas l'habitude de m'enquérir de leurs opinions, si elles sont ou ne sont pas bonapartistes. On m'a prouvé que c'était un tort.

En dépit du mince résultat de la saisie, nous fûmes conduits à la préfecture de police; nous y passâmes la nuit dans un parloir dallé.

Le lendemain matin, M. Baudrot, commissaire des délégations, me conduisit en voiture à mon domicile, afin que j'y fusse témoin des recherches qu'on voulait y faire.

Les premiers objets qui frappèrent la vue du commissaire furent

une copie de *Dernier appel des Victimes de la Terreur*, de Charles
Müller, et le portrait de Grétry.

Sur le bureau, étaient éparpillées mes épreuves de l'*Histoire du
Tribunal révolutionnaire*.

Cela n'empêcha pas M. le commissaire des délégations de se livrer
à des recherches minutieuses qui amenèrent la découverte d'une
lettre de M. de Lamartine, me remerciant d'un article publié par moi
dans la *Revue de Paris*, et d'une foule d'autres lettres autographes
signées Cuvillier-Fleury, Sainte-Beuve, Arsène Houssaye, Philarète
Chasles, etc., etc.

Ces deux heures de remue-ménage passées, je crus à ma mise en
liberté immédiate, d'autant plus que j'avais écrit le matin à M. le
préfet de police pour me réclamer de sa bienveillance très connue et
lui offrir les plus honorables cautions.

Il faut croire que la bienveillance de M. le préfet de police a été
empêchée dans cette circonstance; car, incarcéré le dimanche, je ne
suis sorti que le vendredi soir de la Conciergerie, après une instruction
de cinq minutes.

J'ai appris que les conspirateurs, mes coaccusés, avaient été également mis en liberté le même jour.

Je n'ai rien à ajouter, monsieur, à la narration de cet événement
singulier, auquel j'accorderais volontiers la qualification de mystifica-
tion, si les temps prêtaient davantage à la plaisanterie.

Recevez, monsieur le rédacteur, mes compliments empressés.

« O Thémis, qu'auriez-vous pu faire de moi ? s'est écrié
plus tard Monselet, au souvenir de cette arrestation... La
grande foudre des cieux ne bombarde pas une laitue ! comme
dit Gringoire dans *Notre-Dame de Paris*... »

Quant au duel de Monselet avec Émile Augier, l'écrivain
des *Chemises Rouges* s'en est expliqué tout au long dans ses
Premières représentations célèbres. Je tiens à lui emprunter ce
récit — confession littéraire des plus loyales — qui marque
en même temps l'ardeur et la sincérité que pouvait apporter
à remplir son mandat un critique de jadis.

«... Lors de la représentation de *Philiberte* au Gymnase,

nous écrivîmes dans une revue [1] un article où nous essayâmes
de faire passer toutes nos répulsions pour la littérature alors
si tiède de M. Émile Augier. Le futur académicien n'avait
encore composé ni *le Gendre de M. Poirier*, ni *le Mariage
d'Olympe*, deux pièces dans lesquelles son talent s'est ouvert
une voie nouvelle et qui ont nécessairement modifié notre
jugement. Après avoir débuté spirituellement dans *la Ciguë*,
il s'était arrêté tout à coup comme un danseur atteint du coup
de fouet, et il était rentré en boitant dans la coulisse. Pendant
sa maladie, en proie à d'incohérentes réminiscences, il avait
conçu une singulière comédie intitulée *Gabrielle* où se retrouvent, accouplés et hurlants, les procédés et les styles si divers
de Picard, de M. Scribe et d'Alfred de Musset. Il avait jeté là
dedans toutes sortes de choses, comme dans les vol-au-vent à
la financière : maximes, crêtes de coq, fantaisie, ris de veau,
écrevisses et brutalités. Et cela avait réussi. Chacun avait pris
dans cette œuvre ce qui lui convenait. L'Académie elle-même,
venue la dernière, et armée d'une fourchette plus grande que
les autres, en retira un prix de vertu.

» M. Émile Augier, encouragé par ce succès de marmite con-
jugale, n'hésita point. Entre la bourgeoisie qui l'appelait son
poète lyrique et la critique qui ne lui accordait qu'une sorte
de bon sens dénué d'élévation, il se décida pour la bourgeoisie. Une sœur ou tout au moins une cousine germaine de
Gabrielle parut bientôt, à laquelle il donna le nom de *Philiberte*.
Mêmes concessions, même fusion de toutes les manières.
Ce fut alors que, la littérature dramatique nous semblant
sérieusement menacée par un de ses représentants les plus
écoutés, nous tentâmes de réagir contre ce second succès
dans la mesure de notre humble autorité et de nos humbles
forces. Nous cherchâmes à expliquer combien, après les
hardies et glorieuses tentatives de Victor Hugo, d'Alexandre

[1] *L'Artiste*, n° du 15 avril 1853.

Dumas et d'Alfred de Vigny, la petite réaction de M. Émile Augier nous paraissait insignifiante et hors de propos. Nous cherchâmes tant que l'auteur de *Philiberte* trouva notre appréciation plus que sévère, et qu'il n'hésita pas à nous envoyer deux de ses amis pour nous demander compte de certains termes où les droits de la critique lui semblaient dépassés. L'un de ces amis était cet honnête et charmant poète qui devait mourir quelques mois plus tard, emportant les sympathies générales, M. Charles Reynaud.

» Nous habitions à cette époque un modeste hôtel garni ; nous étions tout à fait dans les conditions du *folliculaire* qu'on cherche de mansarde en mansarde pour lui apprendre à respecter les gloires nationales. Les mandataires de M. Augier, les plus galants hommes du monde, nous invitèrent à retirer de notre article quelques métaphores malsonnantes pour les oreilles de l'auteur de *Philiberte*, habitué dès son enfance, comme Montaigne, à de doux concerts. Il nous en coûta de refuser à ces messieurs une chose si simple au premier abord ; mais nous tâchâmes de leur faire comprendre que notre intention, en écrivant ce compte rendu, n'ayant point été évidemment d'être agréable à M. Émile Augier, nous ne pouvions nous rétracter sans courir les risques de passer pour un étourdi, ou tout au moins pour un homme de lettres désireux d'atteindre à tout prix à la fabuleuse longévité du corbeau.

» Une rencontre fut jugée nécessaire. Quoique nous éprouvions pour le duel les répugnances de tout esprit sensé et de tout cœur ouvert, nous ne crûmes pas pouvoir refuser cette satisfaction à M. Émile Augier. Il nous semblait d'ailleurs qu'il y avait derrière nous un parti de jeunes gens que l'on n'eût pas été fâché d'envelopper dans un double reproche d'injustice et d'envie. Un triste matin d'avril, au nombre de sept (M. Empis fils était là comme médecin), nous nous rendîmes dans un coin de la forêt de Saint-Germain, avec plusieurs

engins meurtriers dérobés sous des manteaux. La mise en
scène fut ce qu'elle est ordinairement dans ces circonstances,
froide et presque muette. Chacun de nous mit sciemment la vie
de l'autre au bout de son pistolet; chacun de nous tira. Le
résultat fut nul, mais ce qu'on appelle l'honneur fut satisfait.

» Il importe d'ajouter, pour ceux qui ont le courage de plai-
santer sur ces événements, qu'on ne déjeuna point, et que les
deux adversaires, inconnus jusqu'alors l'un à l'autre, ne se sont
jamais revus depuis. Qui sait si chacun d'eux ne s'était point
senti intérieurement froissé d'une résistance, poussée peut-
être à l'excès des deux côtés, mais dans tous les cas puisée aux
sources les meilleures de la conscience et de la dignité ? »

Une arrestation politique, un duel littéraire ! — c'est
plus qu'il n'en faut pour attirer les regards. Monselet a
désormais pris sa place au milieu de ses confrères. Ses écrits,
ses relations lui ont en outre valu quelque renommée : il
appartient à une nouvelle génération d'hommes de lettres
dont il est nécessaire de dire quelques mots.

VIII

Un homme ne peut être étudié seul. Le milieu dans lequel il se meut, ses penchants, ses goûts, ses aspirations et ses admirations expliquent en partie ses ouvrages.

Il ne faut pas s'y tromper : 1848 est le signal d'une révolution complète — politique, littéraire, artistique, industrielle, commerciale. Du renversement définitif de la royauté et de la création des chemins de fer date un siècle nouveau ; 1848 marque un progrès immense dans les idées, un bouleversement considérable dans les mœurs. Progrès et réformes sont dus à l'initiative d'hommes jeunes et déterminés qui vont asseoir une civilisation nouvelle.

Le peuple, en proclamant la république, érigeait surtout en doctrine le principe de *liberté générale* — mais la seule *République des lettres* devait tenir tête au temps et aux événements — tandis que la république, forme de gouvernement, devait aboutir encore une fois au gouvernement d'un seul ; les libertés acquises devaient être suivies bientôt de restrictions et de proscriptions.

« Les lettres, il est vrai, a dit M. Alfred Rambaud dans son *Histoire de la civilisation contemporaine en France*[1], les lettres n'ont pas attendu 1848 pour manifester ce caractère nouveau, car, dès 1830, elles commencent à s'inspirer de l'esprit démocratique. Elles ont contribué à préparer 1848 ; elles n'ont fait, depuis lors, qu'accentuer leurs tendances. Il

[1] Paris, A. Colin, 1889.

n'est pas une branche de la littérature, théâtre, roman, éloquence, polémique, journalisme, qui ne témoigne visiblement
de l'ascendant des classes populaires. L'architecture, la sta-
tuaire, la peinture, la musique témoignent d'un goût qui
n'est pas celui des classes anciennes dirigeantes. Les mœurs,
le langage, le costume, l'ameublement, l'aspect de Paris
et des grandes villes attestent, à leur manière, la transformation profonde qui s'est opérée dans la société française. »

En retardant de vingt années l'éclosion de cette doctrine
libérale, l'empire, réfrénant le journalisme, allait aider à la
littérature.

Déjà, celle-ci fraternisait avec l'industrie :

« Tout homme de lettres se doublait d'un homme d'affaires.
Émile de Girardin avait donné l'exemple et le ton en fondant
successivement la *Mode*, le *Journal des connaissances utiles*, le
Musée des familles et finalement la *Presse*. Balzac fondait la
Chronique de Paris, Véron la *Revue de Paris*, Lautour-Mézeray
le *Journal des enfants*.

« Louis Desnoyers, à son tour, avait fondé le *Charivari* ; il
allait fonder le *Siècle*... et la Société des gens de lettres [1]. »

La création des journaux à bon marché, l'avènement du
roman feuilleton, la liberté de la presse lui imprimaient un
essor considérable.

A l'époque qui nous occupe, la lutte entre classiques et
romantiques est terminée ; le drame a supplanté la tragédie —
Hernani l'emporte sur *Arbogaste* : Victor Hugo s'est fait une
place à côté de Corneille.

Mais bientôt s'élève une nouvelle querelle littéraire, celle
de « l'École du bon sens ».

D'une part, certains écrivains essayaient de ramener le
théâtre et le roman à des proportions plus modestes, après

[1] *Mes souvenirs littéraires.* Paris, 1888.

les hardiesses de Victor Hugo, de Dumas et d'Alfred de Vigny; — d'autre part une autre école, poussant plus avant l'étude du cœur humain, ne reculait devant aucune audace.

L'Académie française décerna un prix Montyon à la *Gabrielle* d'Émile Augier, mais le public porta aux nues *la Dame aux Camélias*, d'Alexandre Dumas fils.

Des deux côtés, des jeunes gens dans toute l'ardeur de la jeunesse, dans tout l'épanouissement de leur talent : Dumas n'avait que vingt-quatre ans quand il écrivit le roman de *la Dame aux Camélias*, Henri Mürger avait le même âge quand il composa ses *Scènes de la vie de Bohème*.

Un fossé profond séparait encore davantage ces deux écoles : ceux qu'on appelait des « bohèmes » étaient des jeunes gens arrivés de leur province en sabots, généralement sans sou ni mailles, mais qu'une véritable vocation littéraire poussait à prendre rang parmi les gens de lettres et qui essayaient alors de vivre de leur plume.

Les disciples de « l'École du bon sens » se recrutaient plutôt parmi les fils de famille : tôt mariés pour la plupart, bien rentés et pleins de correction, ils visaient davantage à plaire à la classe bourgeoise dont ils étaient issus.

Ceux-ci fréquentaient les salons et les revues ; ceux-là hantaient les cafés littéraires et descendaient même aux cabarets.

Mais la réaction tentée par « l'École du bon sens » fut de courte durée : les deux partis, guidés par le véritable bon sens d'une critique judicieuse, se rangèrent bientôt, sous une seule bannière, pour marcher au succès en commun.

Peu après l'on vit poindre le *réalisme* qu'avaient préparé Balzac et George Sand et que des écrivains comme Barbey d'Aurevilly, Gustave Flaubert, de Goncourt, Alphonse Daudet et Émile Zola pousseront à son extrême limite.

Entre ces deux époques, et à l'ombre même de ces deux écoles, un autre groupe put arriver à une célébrité secondaire, ce sont les *fantaisistes* — en tête desquels il faut citer Théophile Gautier, Gérard de Nerval, Léon Gozlan. Arsène Houssaye, Champfleury, Édouard Ourliac, Xavier Aubryet. Albéric Second, Charles Monselet, etc.

C'est au journal *l'Artiste* — autour d'Arsène Houssaye — qu'est venue se former cette brillante phalange d'écrivains.

L'*Artiste* venait de sombrer, après de glorieux débuts, quand l'auteur des *Sentiers perdus* racheta cette publication à son fondateur, Achille Ricourt, en 1843.

« Arsène Houssaye, puissamment secondé par Gérard de Nerval, Alphonse Esquiros, Théophile Gautier, Édouard Ourliac, Albéric Second, Eugène Delacroix, Diaz, Henri Lehmann, Pradier et Meissonier, ramena la vie à cette œuvre. Ce fut une période de renouveau d'imprévu et d'éclat ; ce fut toute une efflorescence de jeunesse : Henry Mürger, Champfleury. Charles Monselet, Marc Fournier. Clément de Ris, Charles Baudelaire. Paul Mantz débutaient dans l'*Artiste* par le roman, la poésie et la critique. En même temps que Gérôme, Vidal. Couture. Clésinger, Hédouin commençaient leur réputation, on voyait reparaître Descamps, Gavarni et Johannot... »

Cette période féconde dura jusqu'à l'entrée de M. Arsène Houssaye, en 1849, au Théâtre-Français, et se continua. — quelque temps encore, — sous la direction de son frère.

Bientôt l'*Artiste* fut distancé à son tour par d'autres publications. et, dès lors, périclita. Lorsque Arsène Houssaye en reprit la direction, en 1860, il battit le rappel de ses anciens collaborateurs, mais plusieurs avaient disparu : d'autres leur succédèrent : l'*Artiste* ne retrouva plus son ancienne vogue.

C'est de l'*Artiste*, où Monselet fit ses premières armes, que datent ses premières liaisons :

« Le premier nom qui se présente sous ma plume. a écrit

plus tard Monselet au souvenir de ses premiers pas à Paris [1], est celui d'Henry Mürger, de cet être aimable et doux dont le séjour sur la terre fut de si courte durée...

» J'avais vingt-deux ans et lui vingt-quatre lorsque nous nous liâmes d'une amitié que rien ne devait jamais altérer ni troubler... »

Mürger emmena Monselet à l'estaminet Belge, où il le présenta à un jeune homme, alors employé au ministère de la guerre, dans le département des cartes, mais qui avait déjà fait représenter plusieurs vaudevilles ; — c'était Théodore Barrière.

Mürger demeurait à cette époque rue Mazarine, dans un hôtel triste, « tenu par Hautemule » comme disait l'enseigne. Le philosophe Proudhon occupait dans le même hôtel une chambre au-dessus de la sienne. Dans ce quartier Latin, que fréquentait l'auteur des *Scènes de la vie de Bohème*, Henri Mürger s'était lié avec une bande de jeunes gens qui, presque tous, sont parvenus à la célébrité, et qu'on rencontrait alors, très assidus, au café Momus, rue des Prêtres-Saint-Germain-l'Auxerrois, au cabaret restaurant de Perrin, place Saint-Sulpice, ou à la brasserie Andler, rue Hautefeuille. C'était : Auguste Vitu, Champfleury, Émile Fauchery, Théodore de Banville, d'Héricault, Charles Baudelaire, Charles Barbara, Jean Wallon, Marc Trapadoux, Auguste Schanne, Gustave Courbet, Bonvin, Armand Barthet, etc...

Citer des noms, c'est citer une époque.

C'est encore dans les bureaux de l'*Artiste*, en 1846, que Charles Monselet connut Gérard de Nerval.

« ... Il y avait quelques mois seulement que je venais d'arriver à Paris... [2]. J'étudiai pendant quelque temps Gérard de

---

[1] *Petits Mémoires littéraires.* Paris, 1885.
[2] *Portraits après décès.* Paris, 1886.

Nerval sans oser lui adresser la parole. Enfin, un jour, sa timidité enhardissant la mienne — il n'y avait que nous deux dans le salon du journal — j'eus l'audace de l'inviter à dîner. Nous allâmes au restaurant. Je ne me lassai pas de l'entendre... Après le dîner, Gérard me prit sous le bras, et je commençai avec lui, dans Paris, une de ces promenades qu'il affectionnait tant...

Gérard de Nerval se montrait parfois à l'estaminet de Valois, sous les arcades du Palais-Royal.

« ... Là se donnaient rendez-vous, à peu près tous les soirs, Hippolyte Castille, Georges Bell, l'aimable Verteuil, secrétaire du Théâtre-Français, l'ex-libraire Ladvocat, Ricourt, Angelo de Sorr, un romancier farouche ; d'autres libraires encore, Furne et le petit père Souverain, Sartorius, etc. »

Une autre admiration de Charles Monselet fut Théophile Gautier.

« ... Théophile Gautier est un des hommes de lettres que j'ai le plus désiré voir, lors de mon arrivée à Paris. J'avais dévoré tous ses livres en province, et il m'apparaissait comme la plus parfaite incarnation du romantisme...

» Ce ne fut qu'au bout de quelques mois que, s'accoutumant à me voir dans les bureaux de rédaction de journaux, il me fit l'honneur de m'admettre insensiblement à son intimité...

» Plus tard, nos rencontres étaient de véritables fêtes pour moi. — Dis-moi des vers ! faisait-il en me prenant par le bras !

» Et à travers les rues, les places, les jardins, sans s'inquiéter des regards qui nous suivaient, il me menait, écoutant, discutant les rimes... »

Théophile Gautier trônait au divan Le Pelletier, à ce divan Le Pelletier qui a été au XIXᵉ siècle ce que le café Procope a été au XVIIIᵉ siècle.

» ... Je me rappelle avec plaisir ce petit hôtel[1], dans le

___

[1] *Le Petit Paris*. Paris, 1879.

style diminué du pavillon de Hanovre, avec ce jardin en avant, bordé d'une grille et à deux pas de l'Opéra.

» C'est au rez-de-chaussée de cet hôtel que, pendant une vingtaine d'années, la littérature de Paris et de partout s'est assise chaque soir… On y vint des quatre coins du romantisme. Pétrus Borel s'y rencontra avec Lassailly ; Eugène Pelletan y fit la connaissance de Préault ; les mélancolies de Chenavard y alternèrent avec les colères de Berlioz ; Théodore Toussenel, qui venait de traduire Théodore Hoffmann et Roger de Beauvoir qui venait de rimer *la Cape et l'Épée* tinrent à honneur d'augmenter cette clientèle jeune et brillante. Meissonier passait par là, on le pria d'entrer. Le lendemain, il revint avec Célestin Nanteuil, déjà célèbre par d'admirables eaux-fortes. Le marquis de Belloy et le comte de Gramont y représentèrent l'aristocratie ; Auguste Luchet y représenta le tiers état ; Henri Monnier y représenta tout ce qu'on voulut, et particulièrement la satire écrite, peinte et jouée.

» J'y ai vu dans la même soirée le tailleur Renard, le comédien Bocage, le publiciste John Lemoinne, Pierre Dupont, Amaury Duval et Choquart, le garde du corps Choquart… J'y ai vu la belle tête grise de Daumier auprès du front crépu de Privat d'Anglemont. J'y ai vu le pauvre Alfred de Musset commencer ses mélanges atroces de bière, d'eau-de-vie et d'absinthe. J'y ai entendu M. de Ruolz regretter le temps où il faisait des opéras avant de fabriquer des couverts en plaqué.

» Courbet y a exposé ses théories… Courbet venait au divan surtout pour serrer la main de ses compatriotes : Francis Wey, Armand Barthet, Clesinger, tous francs-comtois comme lui. Mais alors il ne fallait pas songer à s'approcher de cette table de famille. Quel bruit, bon Dieu ! quels éclats !… »

Au journal *la Presse* et à *l'Événement*, Monselet avait aperçu plusieurs fois Balzac ; à *l'Époque*, il connut Vacquerie et Jouvin. Il fut pendant un temps — le temps de sa collaboration

— en relations suivies avec les rédacteurs du *Pays*, avec La Tour Dumoulin, de Fresne, Balathier de Bragelonne. Au *Constitutionnel*, enfin, le docteur Véron le présenta à Sainte-Beuve, Sainte-Beuve qui devait plus tard, dans un feuilleton élogieux, consacrer sa réputation d'homme de lettres.

Je dois nommer encore, au nombre des amitiés premières de Charles Monselet :

Léon Gozlan. « ... Léon Gozlan, a écrit Monselet[1], que j'ai beaucoup connu, beaucoup aimé, et qui m'honorait d'une sympathie que je compte parmi mes meilleurs titres littéraires... »

Charles Baudelaire, avec lequel il fut constamment lié d'une amitié véritable et ininterrompue, depuis 1848 jusqu'au dernier jour du poète des *Fleurs du Mal* : « ... Mon indépendance de jugement ne lui déplaisait pas, ajoute Charles Monselet[2]. Il savait que je ne me laissais pas étonner par lui et il m'en recherchait davantage. »

André Thomas et son frère, le comédien Lafontaine, qui étaient arrivés de Bordeaux à peu près en même temps, de cette grande famille des Thomas, a dit Monselet, qui a déjà donné à la France un académicien, un musicien, un sculpteur.

« ... Le premier souvenir qui m'arrête au seuil de ces années, c'est la figure d'un ami d'enfance qui m'avait précédé de quelques mois à Paris, où il était venu, lui aussi, chercher la fortune littéraire. Plusieurs personnes se le rappellent sans doute. Il s'appelait André Thomas et était le propre frère du comédien Lafontaine, qui a fourni une si brillante carrière au Gymnase, au Vaudeville et au Théâtre-Français. Au physique, André Thomas était un grand et gros garçon de belle mine ; sa physionomie respirait la franchise. Brave nature, ouverte, expansive, cordiale !

[1] *Le Petit Paris*. Paris. 1879.
[2] Catalogue. 1871.

» Nous avions mis tous les deux nos espérances en commun. Lui s'appliquait plus particulièrement à « faire du roman ». Il en avait trois ou quatre en portefeuille qu'il plaça : *les Ouvriers de Paris* et *les Rois sans couronne*, à la *Patrie* ; *les Crimes à la mode*, au *Constitutionnel* ; et puis, un peu partout, des nouvelles assez ingénieuses : *Pompignac le Bedeau*, *Maître Cayeux*, *Sans dot*, etc. Il était soigneux, observateur, péchait un peu par le style, qui manquait d'éclat.

» André Thomas goûta aussi du théâtre, mais la coupe lui parut amère, et il la rejeta dès la première gorgée. A partir de ce jour il renonça à la littérature ; ce fut un sacrifice complet ; il rompit même peu à peu avec ses amitiés de journaliste ; enfin, il finit par piquer une tête dans l'administration. Il est mort sous-chef de bureau au ministère de l'intérieur, et décoré. Il se prétendait heureux. Peut-être l'était-il.

» Quoi qu'il en soit, j'ai voulu consacrer ces quelques lignes de souvenir à l'un de mes premiers compagnons de route. J'aimais beaucoup André Thomas ; on nous voyait toujours ensemble, notre amitié était même proverbiale dans le petit monde littéraire que nous fréquentions... »

Eugène de Mirecourt. « ... Je lui dois, entre parenthèse, de m'avoir présenté à Alfred de Musset... C'était à l'ancien café de la Régence, sur la place du Palais-Royal... »

Jules de Gères — un Bordelais — et puis Philarète Chasles, Philoxène Boyer, Charles Asselineau, Émile Solié, Eugène Briffault, Clément Caraguel, Paul Boiteau, Édouard Plouvier, Alexandre Dumas fils.

« ... Vous souvient-il, mon cher Dumas, de la première fois que nous nous sommes rencontrés[1] ? Vous habitiez alors aux Thermes de la rue de la Victoire... Alexandre Laya et Delaage avaient bien voulu me servir d'introducteurs...

[1] *De A à Z*. Paris, 1888.

» Je crois vous voir encore, mon cher Dumas.

» Vous étiez heureux autant qu'on peut l'être, et vous
l'aviez toujours été jusqu'alors. Dès l'enfance, vous aviez été
spectateur des grandes batailles romantiques ; vous aviez vu,
approché les héros de cette autre Renaissance. George Sand
vous avait embrassé ; Victor Hugo vous avait fait jouer avec
ses enfants ; Lamartine avait lu sur votre front. Vous aviez
tiré les grosses moustaches de Frédéric Soulié, et galopé à
cheval sur la fameuse canne de Balzac.

» Adolescent, vous aviez suivi votre père dans ses voyages;
vous aviez visité l'Espagne avec lui. Quels développements
pour votre intelligence si pénétrante et déjà si active ! Bien
peu parmi ceux de notre génération ont eu de tels commen-
cements.

» Enfin, vous veniez de publier un livre qui avait eu la bonne
fortune de s'imposer tout de suite au public et particulièrement aux femmes, cette *Dame aux Camélias* pour laquelle vous
ne rêviez pas encore le théâtre et qui avait eu plusieurs éditions en peu de temps. Vous étiez sur la route du succès. Jeune
et déjà célèbre, vous jetiez, dit-on, votre cœur, comme votre
esprit, aux quatre vents du ciel.

» C'était plaisir de vous voir vivre !... »

Mais citer toutes les relations de Charles Monselet serait
citer toute la littérature de cette époque. Nul n'a été en effet
plus répandu.

Le café, vers lequel entraînait un mouvement général,
et qui avait alors des faux airs d'Académie, ne l'avait pas
empêché de se montrer dans plusieurs salons : salon d'Augustin Thierry ; salon d'Émile Deschamps, d'Émile de
Girardin et d'Arsène Houssaye.

Plus tard, il devait être un des hôtes les plus assidus
du salon de Victor Hugo, qui, était en quelque sorte le péri-
style de l'Institut.

Ce serait cependant faire preuve d'ingratitude que d'oublier au nombre des meilleurs amis de Charles Monselet, ses bouquins — ses chers bouquins — auxquels il revenait sans cesse, auxquels il a consacré la plus grande partie de son temps, auxquels il doit une part de sa réputation.

« ... Ce n'est pas exagérer que d'affirmer qu'un cinquième de mon existence s'est passé à bouquiner [1].

» J'ai bouquiné dès ma plus tendre enfance, en allant à l'école ; c'était une vocation. J'ai bouquiné étant jeune homme, et j'ai quelquefois oublié un rendez-vous pour une case de volumes poudreux, déchirés.

» Je bouquine encore aujourd'hui ; et si ce n'est plus à un rendez-vous que je manque, c'est parfois à un dîner que je me fais attendre. — Je bouquinerai probablement jusqu'à la fin de mes jours.

» J'ai bouquiné partout où j'ai pu :

» A Lyon, sur la place de l'Hôtel-Dieu ; — à Bordeaux, sur les fossés des Tanneurs et les fossés Saint-Éloi ; — à Strasbourg, à la foire aux Guenilles ; — au Havre, près du Collège ; — à Londres, près de Temple-Bar ; — à Bruxelles, dans la Rotonde du Marché ; — à Turin, sous les arcades de la rue du Pô ; — à Florence, devant les Offices ; partout enfin où le hasard m'a poussé.

» Mais nulle part je n'ai bouquiné avec autant de fruit et de charme qu'à Paris... »

Entre ses amis et ses livres, tel était le milieu intelligent où Monselet avait pris pied et où il allait continuer à vivre, entouré de la sympathie et de l'estime générales. Il appartenait, en effet, à cette génération d'hommes de lettres épris de leur art, sincères, convaincus, ayant, comme il l'a dit lui-même, vendu son corps et son âme à la littérature.

[1] *Le Petit Paris.* Paris, 1879.

IX

« ... Aux oisifs qui seraient tentés plus tard — (bien plus
tard !) — de recueillir quelques traits pour ma biographie, a
écrit un jour Charles Monselet avec sa bonhomie habituelle,
je recommande ce passage de la Préface de mon premier
livre, qui ne manque pas d'une certaine crânerie :

» ... Le lecteur est prévenu qu'ayant vendu mon corps et
mon âme à la littérature, il doit s'attendre de ma part à une
série non interrompue de productions. Résolution calme, gaie
humeur, mon passeport est en règle. J'irai de la sorte jusqu'au bout. Quel sera ce bout ? Peu importe ; ma vie est là, et
avec ma vie mon bonheur. Le bonheur des écrivains est dans
leur pensée ; ils portent leur paradis dans leur tête.

» Du fond de leur pauvreté, ils peuvent encore braver les
riches et les plus riches. Ils souffrent, mais ils ne *s'ennuient*
jamais. Pour une secouée d'arbre qui leur envoie des odeurs
au visage, ils ont des délices dont l'intensité ne sera jamais
comprise par les hommes qui vont à la Bourse. Je vous le dis,
une vie de poète vaut une mort de poète. Des extases telles
que les nôtres ne peuvent s'acheter trop cher.

» Amis, soyons bons envers ceux qui n'ont pas la pensée ;
ne leur envions rien de ce qu'ils possèdent. Au fond, voyez-
vous, ils ne possèdent rien ; ce sont des castors, nous sommes
des oiseaux. Ils se construisent de petites huttes avec leur
queue qui leur sert de truelle ; nous suspendons nos nids
aux branches des chênes. Ils barbotent, qu'est-ce que cela
nous fait ? »

« Le mal est que je pense toujours de la sorte, » — ajou-
tait Charles Monselet vers la fin de son existence.

Statues et Statuettes contemporaines, tel est le titre du premier
volume de Monselet, édité à Paris en 1852, par les libraires
D. Giraud et J. Dagneau.

« Sous le titre de *Statues et Statuettes contemporaines*, a écrit
Charles Asselineau (*Athenæum français*, 27 novembre 1852),
M. Monselet a rassemblé une quinzaine d'articles biogra-
phiques et critiques imprimés déjà par différents journaux.

» La grosse pièce, le morceau capital du volume, est la
notice sur Chateaubriand imprimée en 1848 dans la *Presse*,
comme introduction aux *Mémoires d'Outre-Tombe*... Il y avait
un certain courage de la part d'un nouveau venu à s'attaquer
à une aussi imposante figure (celle-là pour sûr est une statue).
On peut dire que M. Monselet a assez bien supporté le poids
du colosse ; l'article répond à ce qu'on pouvait attendre. —
Je remarque surtout qu'aucun des points de la vie si multiple
de Chateaubriand n'y est omis : le voyageur, l'homme politique, l'écrivain, le ministre, l'historien, le journaliste et le
poète même sont successivement passés en revue et appréciés
par l'auteur. C'était une tâche difficile en face de laquelle on
ne pouvait guère se soutenir qu'appuyé sur un parti pris
d'avance. — M. Monselet a pris le parti de l'admiration.

» Parti pris à part, cette notice contient plus d'un passage
curieux et plus d'une page bien écrite. Nous extrayons, pour
donner une idée de la manière de M. Monselet, quelques lignes
du dernier paragraphe, où, après avoir rapporté les prophéties
de Chateaubriand sur l'avenir de la politique, il trace un
rapide exposé de nos dernières révolutions littéraires pour
arriver à pronostiquer l'état futur des lettres en France :

« ... Toujours une révolution purge violemment une littérature. Elle fait l'idée plus palpable et le langage plus vrai.

Il faut des hommes à grosse voix pour se faire entendre aux heures de tapage social, et des écrivains ardents en couleur pour se faire lire. La réflexion serait mal venue alors, car l'action déborde de toutes parts et le fait pèse sur l'analyse...

» Voilà que notre littérature, en moins de soixante ans, a déjà passé par les cribles successifs de trois révolutions. La première, la grande, de 1789, a donné des résultats d'une puissance incontestable et souvent effrayante. D'abord elle a fait descendre quatre à quatre aux écrivains les degrés de l'*Encyclopédie*, et elle les a logés dans la rue, où, bientôt, ahuris et chétifs, ils sont morts sans postérité. Alors ceux qui se sont levés derrière ont été de bien autres hommes. Littérateurs fauves, on ne sait d'où venus, sans tradition, jouant de la guitare sous la potence ou décrivant avec amour des scènes d'égorgement dans des châteaux, ils ont fait école neuve. Si bien qu'il y a eu pour eux lecture et succès, même aux jours les plus affreux. On s'est intéressé aux massacres sensibles de Ducray-Duminil, et l'on a fait une haute renommée à Pigault-Lebrun pour ses jovialités de mauvaise odeur.

» Ceux-là ont parlé au peuple; seulement ils lui ont mal parlé. Mais la tendance était bonne. Ils ont compris que jusqu'à présent on n'avait pas pris garde à la plus grande portion du public. De voir des livres qui ont la prétention de s'adresser à tous, écrits comme *le Bonheur* de M. Helvétius, cela leur a fait lever les épaules, et ils se sont mis à procéder d'autre façon. Malheureusement, ils ont dépassé le but : au lieu d'être simple, leur style a été bas. Ils sont entrés chez le peuple, non par la porte, mais par l'égout.

» Cette littérature grossière de la première révolution a servi du moins à répandre certaines idées vives, qui étaient encore dans l'œuf. De considérables agrandissements ont été faits sur les fiefs de l'imagination : on a abattu des murs,

percé des chemins et ouvert de nouvelles séries aux hommes
de lettres par l'adjonction d'éléments nouveaux. La plume, dès
lors, n'a plus bronché devant les sauvageries de la vie réelle.
Peu à peu Mercier a fini par voir comprendre son drame de
la Brouette du Vinaigrier. Les violeurs, les fantômes, les
abbesses ont fait invasion dans le roman. Il y a eu des aventures d'auberge, des amours dans le grenier, des hussards
déguisés en demoiselles, mille audaces mal faites, un tas de
sensibleries anglaises, — enfin une réaction d'Auvergnats
contre les auteurs marqués du xviii° siècle. Tout ce fumier,
largement épandu sur le champ littéraire, devait produire
tôt ou tard un épanouissement de hautes plantes.

» Cet épanouissement est advenu aux environs de la
deuxième révolution, — celle de juillet 1830 — qui restera
comme une date brillante dans l'histoire de l'art en général.
Le sol s'est mis à pousser des fleurs très curieuses, d'extraordinaires enlacements de lianes et quelques arbres phéno-
mènes pour lesquels on a eu besoin d'inventer une serre
romantique. Les poètes étaient tous des jeunes gens, décidés
et convaincus, la plupart exclusivement passionnés, qui mar-
chaient serrés dans leurs folies, avec l'insolence de la verve
et le courage né des circonstances politiques. Ils ont étonné
avant de plaire. Mais enfin comment ne pas se rendre à cette
littérature qui sonne si fort de la trompette et qui affiche son
talent sur tous les murs en lettres dorées? Il y avait d'ailleurs
du bon dans cette mascarade, sortie copieuse et flamboyante
des sépulcres soulevés de Rabelais, Shakespeare, Mathurin
Régnier, Goya et Sterne ; cela replaçait la littérature dans un
milieu seigneurial et brillant, à l'écart de la philosophie sur
les autels de qui s'étaient succédé précédemment de trop
nombreux sacrifices.

» La révolution de 1830 a surtout grandi le roman. — La
forme s'est purifiée, tout en gardant sa franchise, et a conquis
à elle les classes bourgeoises. Des gens solides sont arrivés,

tels que Balzac, Soulié et George Sand, qui ont fait crier la
vie dans leurs livres ; d'où est venue cette importance sociale
accordée au roman. De grands succès ont été obtenus également par des œuvres douces, en apparence vulgaires, comme
César Birotteau, l'histoire d'un parfumeur ; comme *André*,
comme *le Lion Amoureux*...

» D'autres succès, plus retentissants, mais plus passagers,
ont pu être obtenus à côté. Cela ne prouve rien. Seulement
c'est affaire de curiosité, d'actualité ou de gravelure...

» La troisième révolution est celle par où nous passons
aujourd'hui. Elle n'a pas encore donné sa formule littéraire.
Attendons. Les résultats qu'elle prépare seront importants et
mieux décisifs. Je fonde cette croyance sur la disparition
sensible des talents et des réputations secondaires qui
s'éteignent les unes après les autres, celles-ci sous leur
mercantilisme et celles-là sous l'exagération de leur force,
flammes de punch à qui vient l'eau-de-vie à manquer tout à
coup. Certainement il est impossible d'exclure les genres en
littérature et de ne pas admettre les tempéraments... Tel
romancier a raison de se vouer exclusivement à des récits
d'Espagne et de Cordoue, si sa nature l'y porte avec irrésisti-
bilité ; tel autre fait bien de ne voir qu'éléphants et tigres sur
la surface du globe, s'il sait mal décrire une brebis ou une
vache. Mais ce qui fait par malheur la fragilité de leurs con-
ceptions, c'est le manque total de *sérieux* ; on connaît maintenant leurs procédés, et tout le monde lit dans leurs cartes. —
Le sérieux ! Hoffmann ne l'a jamais perdu dans ses belles
extravagances.

» Nous ne savons pas au juste ce que sera la nouvelle
génération littéraire ; mais par les leçons que lui font les
événements et par les exemples de grandeur et de décadence
qu'elle a sous les yeux, il est permis d'espérer qu'elle se
présentera avec des qualités fortes et un sens droit.

» En littérature, la première révolution a donné la force.

La seconde révolution, la grandeur. La troisième révolution
donnera peut-être la vérité. »

» En somme, dit en terminant Asselineau, Charles Monselet me paraît un homme de beaucoup de talent et de savoir,
tourmenté d'un vif besoin de sincérité et même d'utilité : il
loue ce qu'il approuve, blâme ce qui le choque, et met dans
ses livres toutes les qualités dont il est doué. »

Après Charles Asselineau, un autre écrivain de talent —
Ernest Prarond (*De quelques écrivains nouveaux*, Paris, 1852),
a écrit à propos de ce même volume : *Statues et Statuettes
contemporaines*.

« ... M. Charles Monselet est un des écrivains les plus actifs
de la génération nouvelle... La critique, la biographie, le
roman, l'histoire, la poésie se le disputent...

» M. Monselet est un écrivain de principes plus sévères
qu'il ne semblerait... La dignité de l'homme de lettres, la
vérité, la simplicité, le sens droit le préoccupent honorable-
ment dans les écrivains qu'il prend à partie... Il s'intéresse
en homme de la génération actuelle et en homme d'avenir
à l'avenir de cette génération, et il s'efforce d'avoir foi en
elle...

» ... Son intérêt, en se détournant de l'avenir, par un con-
traste qui n'est pas une contradiction cependant, se porte
aussi sur le passé, non pas seulement sur le passé du
XVIIIe siècle et de la Révolution, mais aussi sur le passé de
dix ans, de quatre ans ; non pas seulement sur les *Oubliés et Dédaignés* de la première catégorie, mais aussi sur
ceux qui vont à l'oubli par la mort récente, M. de Jouy,
Mme Récamier, et sur ceux à qui la réputation complète
et respectueuse a manqué, comme à Lassailly. »

Les *Statues et Statuettes contemporaines* furent suivies, la
même année, d'une *Histoire anecdotique du Tribunal révolu-*

tionnaire (17 août-29 novembre 1792), — étude qui avait précédemment paru en feuilletons dans l'*Assemblée Nationale* (1851-52).

Le mot *anecdotique* explique suffisamment l'idée de l'ouvrage et le réduit à ses justes proportions. L'auteur s'intéresse plus particulièrement aux comparses de la Révolution et essaye d'attirer l'attention sur les figurants de ce grand drame, sur Théophile Mandar et sur Pepin Degrouhette, Vilain d'Aubigné, Laveaux, Coffinhal-Dubail, etc... Poursuivant toujours son œuvre de résurrection des écrivains secondaires du siècle dernier, il fait la lumière sur Jacques Cazotte, l'auteur du *Diable amoureux*. En chroniqueur consciencieux, il raconte également le vol des diamants de la couronne dans ses moindres détails : — c'est un des chapitres les plus intéressants de ce livre.

L'année suivante, Monselet écrivit encore pour le libraire Giraud la préface d'une nouvelle édition d'*Armance* — de Stendhal — édition qu'il avait conseillée et qui fut faite par ses soins. (*Armance ou Quelques scènes d'un salon de Paris.* — Paris, 1853.)

« Cette préface, a écrit plus tard l'auteur (*Catal.*, 1871), a cela de curieux et d'inusité qu'elle est un éreintement de Stendhal-Beyle... »

L'ouvrage est devenu rare en librairie et cette page de Monselet est assez ignorée pour que nous croyions devoir la reproduire ici — du moins en partie :

« Voici une des premières compositions romanesques de ce Stendhal, de qui l'on paraît vouloir s'engouer aujourd'hui. *Armance* parut en 1827, chez le libraire Urbain Canel, qui fut un des principaux libraires intéressés dans le mouvement romantique. Publiée en trois volumes in-12, comme se publiaient alors tous les romans, l'œuvre de Stendhal n'eut guère de retentissement, bien qu'elle soit remarquable à beaucoup de titres. Cela vient sans doute de ce qu'*Armance* a été écrite à

un point de vue exccessivement personnel et avec la préoccupation très visible d'échapper aux bruyantes tendances
littéraires du moment.

» Stendhal a toujours mis son orgueil, en effet, à vivre en
dehors des associations et des partis. De cet isolement conti-
nuel, il a gardé un peu de sécheresse et beaucoup d'amertume.
Malgré cela, le succès qui l'accueille aujourd'hui est d'autant
plus mérité qu'il a été plus tardif ; aussi sera-t-il plus
durable. Il est heureux que de temps à autre on force de la
sorte le public à se tourner vers ces esprits solitaires, vers
ces hommes d'inquiétude et d'analyse, qui ont dédaigné son
suffrage et malmené leur époque tout entière.

» ... *Armance* est un roman rempli de curiosités, mais
laborieux à l'excès : on dirait un coco d'Amérique creusé
avec un mauvais couteau. Les habitudes d'une certaine
société et les agitations politiques des hauts salons parisiens
sont rendues avec une intelligence très rare, mais qui perd
beaucoup de sa portée en s'enfonçant dans la minutie. Stendhal, qui s'efforce parfois de rappeler M. de Saint-Simon, ne
s'appuie ni sur des faits assez solides, ni sur des sentiments
assez précis. Tout en évitant de coudoyer le romantisme, il
ne peut échapper à la triple influence de Gœlhe, de Senan-
cour et de Benjamin Constant, dont on retrouve chez lui les
principaux procédés amalgamés avec de la glace.

» Ce qu'on ne peut contester à Stendhal, c'est un instinct
distingué qui ne l'abandonne jamais. On remarquera dans
Armance l'insistance prononcée avec laquelle il revient sur
les pièces de M. Scribe, qui lui semblent entachées de grossièreté. Une de ses autres qualités, c'est l'éclair soudain dans
l'observation.

» Mais ce qui fait la plus grande et la plus réelle supériorité de Stendhal, c'est la science complète de la vie. Plus que
beaucoup d'écrivains mieux doués que lui, il a vu, couru, et
s'est procuré mille sensations en dehors de la littérature.

Tout en restant un écrivain, et même un écrivain actif, il a eu le don de se passionner pour des choses absolument étrangères à son art, mais dont son art a profité. C'est une condition bien essentielle, celle qui consiste à oublier qu'on est un auteur pour vivre et penser comme un homme.

» Les hommes de lettres vivent trop en hommes de lettres. C'est-à-dire qu'ils ne se mêlent pas assez à la vie du peuple, des bourgeois et du monde... Il y a certainement tout à gagner à régulariser sa vie, mais il ne faut pas la monotoniser... Vous avez beau dire que Paris est le grand foyer d'où jaillit toute lumière et toute chaleur, je répondrai qu'il ne fait pas bon à vivre sans relâche dans le feu. De deux choses l'une : ou l'on s'y consume ou l'on s'y habitue. Et ces deux cas sont également funestes.

» Paris se fait bientôt étroit pour celui qui se condamne à y demeurer enfermé. La vie y emprunte des conventions, les sentiments s'y émoussent, — le langage devient plagiaire, l'activité est malsaine. On n'use pas du temps, on le vole. Paris est comme un théâtre où il y aurait continuellement représentation, aussi bien le matin que le soir, aussi bien le jour que la nuit. Et pas de coulisses ! pas d'entr'actes ! toujours la musique ! toujours le public devant vous !

» Dans de telles conditions, il est presque impossible à un auteur de s'approprier la vie des autres. On voudrait en vain essayer de suppléer à tout par l'*intuition*, mais l'intuition est la dernière des qualités pratiques ; et pour un romancier la seconde vue ne vaut pas la première. En résidant à Paris perpétuellement, on en arrive à ne pouvoir plus faire de livres qu'avec les autres livres. On peut devenir un excellent critique de théâtre ou un chroniqueur agréable ; on peut avoir beaucoup d'esprit et d'ingéniosité ; mais l'ampleur, mais l'énergie, mais le pathétique, mais l'amour honnête, mais le *sublime*, en un mot, vous ne l'avez pas, vous ne pouvez pas l'avoir.

» A Paris on a la fièvre, on n'a pas la passion.

» ... Un homme de lettres doit toujours être préoccupé du désir de renouveler ses idées et son vocabulaire. Pour cela il faut qu'il change souvent d'air et de milieu ; il faut qu'il voie la province, l'étranger, — qu'il change ses habitudes, qu'il contrarie ses instincts, qu'il soit quelquefois brutal envers lui-même, téméraire, et qu'il ne fuie pas l'imprévu...

» ... Un homme qui a partagé avec Stendhal cette supériorité, c'est Balzac, tour à tour imprimeur, antiquaire, propriétaire ; avide de toute science : chimie, alchimie, droit, politique, commerce, etc. ; dévoré par le goût des voyages, explorant à fond toutes les villes de France, amoureux à l'Isola Belle, poussant jusqu'en Russie, voyant partout le meilleur monde. Mais Balzac domine Stendhal de toute la hauteur de sa bonne foi...

» ... Ordinairement le caractère donne la clef du talent. Le caractère de Stendhal était narquois, tourmenté, gourmé, menteur. Il avait de grandes prétentions à l'art, à la passion et à l'esprit. Ses livres d'art fourmillent de paradoxes. Sa passion, telle du moins qu'il l'a dévoilée dans ses romans, chagrine ou répugne. Il semble que le Julien Sorel de *le Rouge et le Noir*, par exemple, soit une de ces créations où il entre beaucoup de la vie et du sang de l'auteur ; c'est la mauvaise jeunesse de Rousseau recommencée...

» L'esprit de Stendhal a un tour particulier ; ce n'est plus français, ce n'est pas encore italien... Il fait songer au verre d'eau où chacun, à l'aide d'un microscope, distingue un monde d'insectes. Mais l'esprit au microscope, c'est le pire esprit, surtout dans un pays qui s'honore de Voltaire, de Rivarol, de Chamfort. Et la première condition de l'esprit, c'est d'être saisissant.

» De même que le caractère donne la clef du talent, de même aussi la physionomie donne la clef du caractère : Stendhal était loin d'être beau ; il avait cette tournure épaisse et vulgaire du bourgeois qui poursuit un négoce insipide. De sa

lutte contre son physique est née une partie de son âcreté, de
son amour-propre maladif. Il portait un corset; sa littérature
aussi.

» L'enthousiasme compte assez de moutons chez nous pour
que j'aie le droit de me montrer sévère envers un homme de
cette valeur. Qui dit critique, dit rigueur. La Harpe, Fréron
et Geoffroy ont été rigoureux envers les écrivains les plus
renommés de leur temps. Ils ont bien fait, on a fini par les
estimer et les comprendre... C'est d'ailleurs au milieu du
succès qu'il y a devoir pour la critique à intervenir. Pour
Stendhal inconnu, j'eusse mendié l'obole des lecteurs; —
pour Stendhal célèbre, j'évoque la discussion.

» Esprit taquin, gentilhomme sans blason, renégat de sa
famille et de sa patrie jusqu'à prendre tous les noms et à
vouloir se faire passer pour Italien sur la pierre sacrée du
tombeau, dilettante par volonté, diplomate avec un visage de
droguiste, écrivain de corruption hésitante et de demi-cou-
rage, bienveillant chaque fois seulement que la bienveillance
donne raison à sa vanité, toujours hors de sa place parce qu'il
ne veut pas de place, amant sournois de la renommée qu'il
attend au coin d'une rue, Stendhal, puisqu'il veut qu'on le
nomme ainsi, demeurera en effet un homme de mérite et de
beaucoup de mérite ; mais je doute qu'il rencontre la sympathie, que d'ailleurs il s'est orgueilleusement appliqué à ne
jamais solliciter. »

« On voit que, dans ce temps-là, je n'y allais pas de main
morte ! » a ajouté plus tard Charles Monselet au bas de ce
dernier alinéa. (*Catalogue*. Paris, 1871.)

De cette sévérité dans la critique, le critique lui-même
devait s'expliquer quelques années plus tard.

Charles Monselet venait enfin de publier dans la *Revue de
Paris* (septembre 1853), sous le titre de *Bibliothèque galante*,

un catalogue assez minutieux de tous les ouvrages légers du
XVIIIᵉ siècle, quand, à la suite de la préface d'*Armance*, parut
en librairie la bio-bibliographie de Rétif de La Bretonne, qui
acheva de le classer parmi les bibliophiles en renom et les
lettrés les plus délicats.

« Voici bien la figure la plus étrange qui se soit jamais pré-
sentée sur le seuil d'une littérature ! s'écrie l'auteur au début
de son livre. Pourtant, n'ayons pas peur. Entrons hardiment
dans la vie et dans les œuvres de ce romancier aux bras nus,
qui fut la dernière expression littéraire du XVIIIᵉ siècle.

» Rétif de La Bretonne était inévitable. De même que les
folies parfumées du Parc-aux-Cerfs, les scandales de Mᵐᵉ de
Pompadour et les joyeux éclats de rire de la grisette qui
lui succéda, devaient aboutir à la Révolution ; ainsi les petits romans roses et dorés de Crébillon fils, de Duclos, de
La Morlière et de tant d'autres, conduisent par une pente
sensible aux gros livres terreux de Rétif de La Bretonne,
imprimés avec des têtes de clou.

» Du jour où ce fut le peuple qui se prit à lire, il fallut au
peuple des ouvrages de haute saveur. Le roman eut ses Père
Duchesne, mais ses Père Duchesne de bonne foi. Or, Rétif
de La Bretonne, c'est le peuple-auteur. La France savante et
lettrée, la France de l'Institut, la France qui n'a pas cessé de
porter du linge blanc sous sa carmagnole, cette France-là n'a
jamais eu pour lui que surprise ou dédain. Il n'y a que la
France ignorante, la France des boutiques et des mansardes,
qui ait lu, qui ait acheté et qui ait fait vivre Rétif de La Bretonne et sa littérature ; puis aussi la province et l'étranger, qui
repoussent si souvent ce que nous admirons et qui se pas-
sionnent plus encore pour ce qui nous répugne. Voilà ceux
qui ne lui ont pas ri au nez, qui ne lui ont pas craché au
visage, qui ne lui ont pas dit : « Diogène littéraire, rentre
dans ta niche ! » S'ils ont eu tort ou raison, c'est ce que nous

allons voir. Auparavant, hâtons-nous de détruire en partie ce
préjugé fatal qui consiste pour beaucoup de personnes à regarder l'auteur des *Contemporaines* comme un écrivain exclusivement infâme, perdu, horrible, souillé, impossible à lire,
comme un romancier lépreux dont le nom salit la mémoire,
dont les livres salissent le cœur. Rétif de La Bretonne a pu
avoir ses heures d'égarement comme Pétrone, comme Mathurin Régnier, comme Mirabeau ; mais en revanche, comme
Jean-Jacques, il a eu de longues heures de mélancolie et de
douleur expiatoire. S'il en eût été autrement, jamais cette
cendre n'eût été remuée par nous. Mais Rétif de La Bretonne
est mieux qu'une curiosité, qu'une difformité littéraire ; — ce
n'est pas un homme de talent, mais c'est presque un homme
de génie. »

Cette étude sur Rétif de La Bretonne valut de toutes parts
de nombreux éloges à son auteur : distinguons, au milieu d'articles de journaux, comptes rendus, feuilletons, tous unanimes
dans la louange, une lettre de Champfleury :

12 décembre 1853.

Mon cher Monselet,

Votre *Rétif de La Bretonne* est un livre excellent que j'ai dévoré
d'un coup, et qui m'a donné une fièvre de courage héroïque. Cette
biographie peut pousser à de grandes choses ; le ton en est excellent
et je vous trouve dégagé de l'*esprit* de vos premières publications.

Entre autres petites querelles, j'aurais voulu vous voir analyser et
consacrer un chapitre à ses réformes. Cela est important à ajouter à
une seconde édition. Je n'ai pas le temps de revoir mes notes et je ne
sais où elles sont, mais rien que ses idées d'*orthografe*, etc.. sont
amusantes à exposer mais pas trop longuement.

La bibliographie est bien faite, utile et précieuse.

J'ai encore à vous signaler qu'il eût été peut-être curieux de montrer
la critique contemporaine, la grande, vis-à-vis du livre de Rétif.
Grimm l'a pas mal attaqué, et Grimm, c'est Diderot ou son influence.

En regard de Grimm vous pouviez mettre au contraire les admirations
de Lavater; mais je sens qu'il faudrait un nouveau volume. Et comme
celui-ci réussira, je vous engage à le doubler.

Je reçois une lettre de Malassis qui contient ces lignes : « Vous
pouvez dire à Monselet que j'ai des livres extravagants du XVIIIe siècle.
Il s'adonne à la bibliophilie et menace de se faire nommer bibliothécaire. »

Merci, mon cher Monselet, de ce bel exemplaire en hollande, que
je tâcherai de faire habiller du manteau qu'il mérite.

Tout à vous,

CHAMPFLEURY.

Déjà, d'autre part, après la publication des feuilletons du
Constitutionnel consacrés à Rétif, en 1849, les petits-fils et le
gendre de Rétif de La Bretonne s'étaient tout à coup révélés
en adressant leurs plus vifs remerciements au signataire de
ces articles (Charles Monselet a inséré cette lettre dans son
volume); — durant l'impression du livre, mon père reçut
encore de nouvelles lettres des petits-fils de Rétif, Augé et
Victor Vignon, et d'un neveu, L. Rétif de La Bretonne, avec
lesquels il entra en relations et qui lui fournirent tous les
renseignements qu'ils possédaient sur leur grand-parent.

9 octobre 1853.

Monsieur,

M. Augé, mon parent, frère de Victor Vignon, petit-fils de Rétif de
La Bretonne, m'ayant fait part de l'article du journal *le Pays* du 6 août
dernier, annonçant la prochaine publication d'un volume de votre
composition sur les ouvrages de mon oncle Rétif de La Bretonne, je
me suis présenté hier chez MM. Alvarès afin de recueillir quelques renseignements que les liens du sang, l'impartialité et la juste susceptibi-
lité de famille sont en droit de réclamer; j'ai reçu l'assurance de ces
messieurs que vos intentions étaient de revenir sur les erreurs des
feuilletons du *Constitutionnel* des 17, 18 et 19 août 1849, erreurs que
j'aurais certes signalées avec moins de vivacité si j'avais eu l'honneur
de connaître vos louables intentions à l'égard de l'écrivain auquel
j'appartiens à la fois par la pensée et l'originalité d'esprit, car, je dois
vous l'avouer, j'ai eu vingt fois la pensée d'entreprendre l'œuvre de
vos laborieuses méditations; l'énormité de cette tâche et l'intelligence

qu'elle exige me faisant défaut, j'ai dû reculer à la peine : heureux
monsieur Monselet, si vous la menez à bien ; pour ma part, je vous en
serais bien reconnaissant, car voyez-vous,

> Je ne sais pas faire le jésuite,
> Un chat pour moi sera toujours un chat :
> J'aime le vrai, déteste l'hypocrite,
> L'impertinent, le flatteur et l'ingrat.
> J'ai mes défauts, plus qu'un autre peut-être...
> Mais n'eus jamais un cœur vindicatif.
> Sans prier Dieu je sais qu'il est mon maître,
> Voilà pourquoi l'on me nomma Rétif...

De La Bretonne, nom d'une ferme construite en silex, cimentée de
chaux, et couverte de chaume, y fut ajouté par l'écrivain mien parent
dont il est question ; non seulement pour distinguer la localité d'origine, mais aussi dans le but de prouver aux grands de la terre que le
titre d'habitation appartient à tout le monde, tandis qu'il n'en est
pas de même de la noblesse du cœur.

Si, comme me le font croire MM. Alvarès, vous êtes désireux de
faire ma connaissance, comme je le suis moi-même de faire la vôtre,
je suis prêt à aller à vous, à moins que vous ne préfériez m'honorer de
votre visite. Je suis ordinairement chez moi après six heures du soir :
deux mots jetés à la poste, et je me tiendrai à votre disposition ;
même, s'il en est besoin, je m'empresserai de vous fournir tous les
documens qui seront à même de vous éclairer s'il en est toutefois
temps encore.

J'ai l'honneur d'être avec une considération distinguée, votre serviteur.

L. RÉTIF DE LA BRETONNE.

L. Rétif de La Bretonne, Barrière du Roule, bâtiment de l'Octroi, Paris.

Ménilmontant, 13 octobre 1853.

Monsieur,

Comment vous exprimer toute ma reconnaissance pour le travail
que vous voulez entreprendre en faveur de mon grand-père et de ses
nombreux ouvrages. Cet acte méritoire d'un homme de lettres aussi
estimable, monsieur, honore le courageux écrivain dont vous ravivez
la mémoire en présentant au public un aperçu de ses principaux
ouvrages, lesquels, certes, ne sont pas sans intérêt. Je désire de tout

mon cœur pouvoir vous procurer les renseignements qui pourraient vous être utiles; c'est pourquoi j'accepte de grand cœur l'honneur que vous voulez bien me faire en vous rendant auprès de moi pour nous entendre à ce sujet. Je crois que la journée du dimanche nous conviendrait mieux pour être ensemble le temps qui pourrait nous être nécessaire. Ainsi, je me mets tout à votre disposition pour dimanche prochain, à l'heure qui vous sera la plus convenable, ne devant pas sortir de la journée.

C'est dans cette attente, monsieur, que je vous prie de croire à la sincère affection,

> De votre tout dévoué serviteur,
>
> AUGÉ,
>
> Petit-fils de M. Rétif de La Bretonne.

Ma demeure est à Ménilmontant, rue des Amandiers, 62.

En 1856, M. Boyer, curé de Sacy, lieu de naissance de Rétif, adressa à l'éditeur Alvarès une notice très détaillée et qui diffère sensiblement de la relation de Monselet; mais les renseignements de l'abbé Boyer n'ont de valeur qu'en ce qui concerne la vie de Rétif à Sacy : le reste fourmille d'erreurs qu'on rencontre partout ailleurs et que Charles Monselet s'était efforcé de relever.

Il est néanmoins curieux de voir Rétif entre les mains d'un prêtre qui s'applique à le suivre et à l'analyser. La personne de M. *Nicolas* est bien faite, avouons-le, pour surprendre et effrayer un brave ecclésiastique, renverser ses théories et confondre ses idées. Cependant l'abbé ne peut s'empêcher de confesser une partie de son admiration pour l'œuvre de Rétif, tout en prononçant l'anathème contre l'homme : « Rétif, dit-il, ne fait qu'effleurer les sujets qu'il traite; cependant il a quelquefois un style agréable, énergique, rapide, mais ordinairement il met sous les yeux de ses lecteurs des tableaux qui blessent la pudeur, ou le bon goût, ou les convenances... » Entre les mains d'un théologien plus élevé, Rétif n'eût pas manqué de recevoir une volée de bois vert autrement terrible :

la critique de l'abbé Boyer revêt en somme des formes adoucies
où il est facile de faire la part de l'exagération et du parti
pris.

Voici le seul passage à retenir de cette relation ; il est relatif
aux débuts de Rétif de La Bretonne :

« ... La délicatesse de la santé du jeune Rétif le rendant
peu propre aux travaux de la campagne, ses parents résolurent
de l'envoyer à l'école afin de le mettre à même de remplir plus
tard quelque emploi. Ils le placèrent donc chez son frère
aîné, curé de Courgis, prêtre pieux et désintéressé, mais qui
malheureusement avait été imbu, sous l'épiscopat de Mgr de
Caylus, des erreurs du jansénisme. Cet ecclésiastique qui avait
fait de brillantes études, et qui pendant trois ans avait pro-
fessé la philosophie au séminaire d'Auxerre, lui donna les
premières leçons de grammaire française et latine. Ce fut le
seul maître qu'ait jamais eu Nicolas.

» Rétif montra de prime abord une ardeur instinctive de
savoir, une pétulance excessive de caractère, et une humeur
indisciplinable. Cependant il donnait une partie des nuits à
l'étude et dévorait indifféremment tous les ouvrages qui lui
tombaient sous la main. Revenant de temps à autre à Sacy,
on le voyait dès l'âge le plus tendre composer de petits
romans que ses frères et ses camarades écoutaient avec beaucoup d'intérêt et d'attention. Son tempérament se développa
de bonne heure : c'était un alliage de vices et de manies
bizarres. Fou de plaisir, ne se trouvant bien qu'au milieu de
l'agitation et du bruit, ses parents furent obligés, lorsqu'il
n'avait encore que quinze ans, de l'éloigner de chez eux pour
mettre fin à des intrigues qui auraient pu avoir des suites
fâcheuses pour l'honneur d'une famille estimée et respectable.

» Placé comme apprenti chez un imprimeur d'Auxerre, il
chercha à séduire la femme de son patron, et fut pour cet acte
honteux et criminel chassé de l'atelier. Alors il revint dans
son village. Son père, qui était un homme vertueux et extrê-

mement sévère, le relégua dans une mansarde de sa maison appartenant aujourd'hui à son neveu, sans qu'elle ait presque subi de changement, et c'est là où Rétif fit son premier ouvrage : *l'École de la jeunesse.*

» Né avec une imagination ardente, n'aimant ni le calme ni la paix, inconstant dans ses goûts et ses idées, recherchant les aventures et les voyages pour satisfaire ses penchants, et puis fatigué de la rigueur avec laquelle il était traité, privé de ces soins et de ces caresses de la famille qui adoucissent l'âme et rafraîchissent le cœur, Rétif résolut de se rendre à Paris, piqué sans doute par la tarentule de l'indépendance et de l'ambition... »

A partir de là, l'abbé s'égare à la suite de Rétif dans le dédale de cette existence ; peut-être hésite-t-il après tout, au seuil de certains endroits, à retrousser sa soutane pour le suivre.

A son tour, M. Victor Vignon, un des petits-fils de Rétif de La Bretonne, apporta quelque temps après un supplément de notes auxquelles il joignit quelques *desiderata* pour une nouvelle édition de l'ouvrage de Monselet. Mais cette seconde édition est encore à paraître, et l'on peut s'étonner qu'avec tous les éléments nouveaux qu'il avait réunis, l'auteur n'ait pas complété son premier travail. Aujourd'hui que la lumière est complètement faite sur Rétif de La Bretonne et que la postérité a rendu justice à cet écrivain qu'elle apprécie à sa juste valeur, la publication de ces notes n'a peut-être plus la même utilité : leur importance d'ailleurs nous empêche de leur accorder la moindre place dans ce volume ; cela nous entraînerait en outre trop loin de notre sujet, auquel nous nous hâtons de revenir.

... Sur ces entrefaites, Monselet crut avoir acquis assez de notoriété pour pouvoir décemment se montrer à Bordeaux — en enfant prodigue... d'esprit — et, au commencement

d'avril 1854, il reprenait joyeusement le chemin du retour,
emportant dans ses poches quelques exemplaires d'un nouveau petit volume, les *Aveux d'un Pamphlétaire*, que le libraire
Victor Lecou venait de faire paraître.

C'est à l'estaminet de Paris, dans la société du baron Taylor,
de Barbara, de Wallon, que Monselet avait connu le libraire
Lecou. Les *Aveux d'un Pamphlétaire* avaient paru d'abord sous
le titre de : *le Chevalier de La Morlière*, dont ils sont l'histoire,
dans le feuilleton du journal *Paris* (octobre 1853). La composition du journal servit même à faire ce livre, qui fut publié
à un très petit nombre d'exemplaires.

Les *Aveux d'un Pamphlétaire* sont précédés d'une lettre du
tombeau adressée à l'auteur du volume intitulé : *Oubliés et
Dédaignés*. Cette lettre débute ainsi :

Puisque vous voulez bien quelquefois, monsieur, vous occuper de
ceux dont personne ne s'occupe plus, par exemple de certains auteurs
du dernier siècle qui ont eu le sort des vieilles lunes, — qui ont brillé,
qui se sont éteints et qui ont été oubliés comme les vieilles lunes; —
puisque, de temps à autre, votre caprice est de faire revivre, pour
une heure, les enfants prodigues et perdus de la littérature, mais pour
qui la postérité n'a point tué de veau gras; pourquoi ne parleriez-
vous pas un peu de moi, qui ai été un des plus originaux et des plus
amusants, de moi, chevalier de La Morlière, mousquetaire de Sa
Majesté et auteur d'*Angola?*

Je n'ai pas été célèbre, si vous voulez, mais j'ai été fameux autant
que qui que ce soit à Paris, autant que Metra le nouvelliste, ou
Volange le bouffon...

En réponse à cette lettre, Monselet crut devoir mieux faire :
il ressuscita non seulement *le Chevalier de La Morlière*, mais
encore son intime ami, *le Chevalier de Mouhy*, l'auteur de *la
Mouche*.

Durant son séjour à Bordeaux, Monselet, qui pouvait avoir
acquis quelque réputation, mais n'avait pas encore rencontré
dame Fortune, continua à travailler sans relâche, adressant des

articles à la *Presse*, au *Voleur*, à l'*Athenæum*, préparant son
roman de *la Franc-Maçonnerie des Femmes*, dont la première
partie se passe à Arcachon, — corrigeant les épreuves de
Monsieur de Cupidon que le libraire Lecou publia pendant son
absence, et surveillant la composition de ses premières poésies que Gounouilhou imprima en caractères *lie de vin* pour
mieux répondre au titre : *les Vignes du Seigneur*.

C'est de cette époque que date encore un petit livre sans
signature — *Bordeaux-Artiste* — monographie de Bordeaux et
des Bordelais en 1854 et qui abonde en révélations piquantes
sur les célébrités bordelaises de tout genre.

Le séjour de Mouselet à Bordeaux se prolongea jusqu'à la fin
de la saison. Rappelé à cor et à cri par ses amis, par ses éditeurs, par ses confrères, Charles revint à Paris en septembre,
non sans avoir fait un dernier crochet par la ville de Nantes.

Angelo de Sorr, qui venait de fonder le *Satan*, l'attendait
au seuil du journal. Le libraire Dagneau lui présenta les
épreuves à corriger des *Figurines Parisiennes*, qu'il allait
éditer dans sa Bibliothèque mignonne à cinquante centimes;
— enfin Gustave Havard lançait au même moment dans la cir-
culation une magnifique édition des *Métamorphoses du jour*
— de Grandville — où le nom de Mouselet venait s'ajouter,
pour le texte, à ceux d'Albéric Second, Louis Lurine, Clément
Caraguel, Taxile Delord, Henri de Beaulieu, Louis Huart et
Julien Lemer, — tous les collaborateurs de l'*Artiste*.

Après six mois d'absence, Charles Monselet faisait une
brillante rentrée dans sa bonne ville de Paris.

X

« ... *Monsieur de Cupidon,* — a écrit Aurélien Scholl dans le journal *Satan* (12 octobre 1854), — c'est la jeunesse littéraire de l'auteur, les premières fleurs qu'il a cueillies, les premiers élans de sa jeune imagination. Depuis ce temps, il a fardé tous ses personnages, il a taillé les buissons, il a échenillé les substantifs de leurs épithètes inutiles, et il en est résulté une certaine perfection...

» *Un beau brin de fille* et *Une tête de femme dans un moulin* sont deux chefs-d'œuvre. C'est court, mais c'est bien vu, bien senti, c'est parfait.

» Ajoutez à cela une élégance de style irréprochable, une grande originalité naturelle, beaucoup d'idées et encore plus d'esprit, et je ne sais quel charme épandu sur le tout, vous aurez le livre de M. Charles Monselet. »

Monsieur de Cupidon est un des titres littéraires de Monselet : — le livre fit rapidement son chemin et bientôt on ne désigna plus son auteur que sous ce sobriquet.

« ... J'ai tâché de faire l'œuvre coquette et avenante, explique lui-même Monselet dans un avant-propos : l'action est coupée par des récits, comme dans *Gil Blas* et les *Mille et une Nuits.* Est-ce à dire que je désire voir revenir cette mode littéraire ? Non ; j'ai voulu seulement utiliser un procédé tombé en oubli depuis quelque temps. C'est un ancien joli cadre, que j'ai redoré de mon mieux, et qui par ses roses en groupe, par ses rubans sculptés, m'a semblé convenir particulièrement à l'œil

distrait des lectrices ; — car ai-je besoin de dire que cet ouvrage est presque exclusivement destiné aux femmes ? Il n'y
est guère question que de galanteries ; cela ne pouvait pas
être autrement dans un roman intitulé : *Monsieur de Cupidon*.

» Ce livre est surtout un livre de bonne humeur. Il se res-
sent des époques jeunes et heureuses auxquelles il a été composé en partie.

» Je ne défends pas la *manière* et la légèreté de plusieurs
chapitres ; mais, pour peu que l'on veuille admettre un instant la métempsycose, j'ose espérer que l'on voudra bien
m'excuser si quelquefois je me souviens trop d'avoir été
Voiture et Louvet de Couvray. »

Monselet — rendu au journalisme — publie dans la *Revue
de Paris* (1er avril 1855) une notice importante sur Édouard
Ourliac, qu'il préparait depuis quelque temps.

« En ce temps-là — a-t-il raconté plus tard dans une de ses
Chroniques — l'idée m'était venue de faire une étude biographique et bibliographique sur le romancier Édouard Ourliac,
mort à trente-cinq ans, en pleine floraison de talent.

» Je savais que des liens d'amitié avaient existé entre
Ourliac et Louis Veuillot.

» Ce dernier n'avait pas été étranger à la conversion de
l'auteur de *la Confession de Nazarille*; il l'avait conduit chez
les jésuites de la rue des Postes et fortement recommandé. Il
avait fait plus : il l'avait fait admettre dans la rédaction de
l'*Univers*, où il lui avait confié la Revue littéraire et dramatique.

» Édouard Ourliac ne sortit de l'*Univers* que pour entrer
à la maison des Frères de Saint-Jean-de-Dieu, rue Plumet
(aujourd'hui rue Oudinot), où il expira le 31 juillet 1848.

» On comprend que je ne pouvais me dispenser d'aller
demander quelques renseignements à M. Veuillot.

» Je lui écrivis donc pour solliciter un rendez-vous, qu'il s'empressa de m'accorder.

» Sa lettre, que je viens de retrouver, est écrite d'une haute et belle écriture, et fermée d'un cachet de cire où l'on voit une croix surmontée du mot : *Credo*.

» Elle est ainsi conçue :

Paris, 3 février 1854.

Monsieur,

J'ai eu en effet l'honneur d'être l'ami de M. Ourliac, mais seulement dans les dernières années de sa vie. En d'autres temps, M. Gérard de Nerval et M. Houssaye l'ont mieux connu. Si vous voulez prendre la peine de passer chez moi samedi (demain) ou lundi prochain, de trois heures à six, vous me trouverez tout à votre service pour le peu que je sais.

Agréez, monsieur, mes salutations très empressées.

LOUIS VEUILLOT,
44, rue du Bac.

A M. Charles Monselet.

» On remarquera dans cette lettre — ou plutôt dans ce billet — une certaine tendance à me prémunir contre l'abondance de renseignements à laquelle je pouvais m'attendre. En me renvoyant obligeamment à Gérard de Nerval et à Arsène Houssaye, qui, selon lui, l'avaient *mieux connu en d'autres temps*, il établissait nettement une distinction entre les deux moitiés de la vie d'Ourliac, la première mondaine, la seconde religieuse. M. Louis Veuillot entendait ne m'éclairer que sur la seconde. Je ne lui en demandais d'ailleurs pas davantage. J'avais suffisamment de documents sur la première.

» A cette époque, on ne connaissait pas encore les *reporters :* je fus accueilli sans défiance par M. Louis Veuillot. Je vis en lui un homme moins laid qu'on me l'avait annoncé (on me trouvera sans doute bien coulant sur le chapitre de la laideur), revêtu d'une robe de chambre noire, simple sans affectation de simplicité. Pendant une demi-heure, nous causâmes d'Édouard Ourliac et de ses rares qualités littéraires, si bien appréciées de Balzac ; mais, en résumé, j'appris peu de chose et pas plus qu'il ne voulait.

» Est-ce à ces courts rapports qu'il faut attribuer la mansuétude relative avec laquelle il m'a traité plus tard dans ses *Odeurs de Paris ?* »

Cette notice sur Édouard Ourliac parut, en 1858, en tête d'une nouvelle édition des *Garnaches*, une des meilleures œuvres de ce romancier, étude de la vie intime en province[1] : Charles Monselet l'a replacée ensuite dans ses *Portraits après décès* — à côté des biographies de Gérard de Nerval et Henry Mürger — deux autres admirations de l'auteur.

Il faut relever encore dans la *Revue de Paris* l'histoire du Grand-Théâtre de Bordeaux (1er octobre 1855) qu'on retrouve à quelques années de distance dans le premier volume de voyages de Monselet (*De Montmartre à Séville*, Paris, 1865).

Enfin, le 3 octobre 1855, commence dans la *Presse* la publication de *la Franc-Maçonnerie des Femmes*, un nouveau roman de l'auteur des *Chemises Rouges*. L'éditeur de Potter profite du succès du feuilleton pour éditer coup sur coup les deux ouvrages, tandis que Bruxelles s'en empare encore une fois (Collection Méline, Cans et Cie).

C'est de la même année que date une étude importante de Monselet sur Grimod de La Reynière, « le plus gourmand des lettrés et le plus lettré des gourmands, et qui appartient à cette série d'auteurs dont nous avons entrepris d'épousseter la mémoire ».

Nous arrivons ainsi à l'année 1856, qui est, dans l'existence de l'écrivain dont nous nous occupons, à la fois un point d'arrivée et un point de départ.

Point d'arrivée en ce sens que la première partie de la

[1] Edouard Ourliac, *les Garnaches*. Paris, 1858.

carrière de Monselet est parcourue ; il lui a fallu dix ans de
labeur, de persistance, d'acharnement, pour vaincre les difficultés du début et parvenir, à la pointe de la plume, à prendre
un rang honorable parmi les écrivains nouveaux.

Point de départ, si l'on considère la brillante période de
succès et de renommée qui s'ouvre devant le journaliste en
pleine maturité de talent.

M. Jules de Marthold, dans le supplément du *Figaro* du
26 mai 1888, a, en quelques lignes, spirituellement dessiné
cette époque de transition :

« ... En l'an de grâce 1856, le prince impérial naissait aux
Tuileries, *le Mari de la Dame des chœurs* était représenté à
Compiègne, Joseph Kelm chantait *le Sire de Framboisy*, le duc
de Morny partait comme ambassadeur en Russie où il devait
étonner les sujets d'Alexandre II par le faste de ses trente-
deux marmites, le Rhône et la Loire désolaient le Midi, la
Comédie-Française jouait *Comme il vous plaira*, de Shakespeare et George Sand et *Une Chaîne*, de Scribe seul, le Palais-
Royal donnait *la Sarabande*, d'Henri Meilhac, l'Académie
immortalisait MM. de Falloux et Biot, MM. Edmond et Jules
de Goncourt faisaient paraître *les Actrices* chez Dentu, Victor
Hugo donnait les *Contemplations* et Dollingen, s'essoufflant
à tomber le *Figaro*, — hebdomadaire alors — publiait la
Gazette de Paris.

» De son gentil brin de plume, alerte et légère, Monselet,
dans toute la verdeur de sa verve, dessina pour ce journal
trois à quatre cents portraits de contemporains, notices littéraires qui lui suscitèrent plus d'un ennemi, comme bien on
pense, l'épiderme d'amour-propre étant plus délicat, plus
sensible et plus irritable qu'épiderme du monde.

» Un éditeur se trouva, cependant, Poulet-Malassis, ami de
l'esprit et du risque, qui, malicieux, se plut à réunir ces
profils en album.

» Tout d'abord, le volume devait porter la macabre étiquette de *Fosse commune*, mais c'est avec l'appellation plus souriante de *Lorgnette littéraire* que, finalement, il parut en 1857.

» Un tout petit livre, cette *Lorgnette littéraire, Dictionnaire des grands et des petits auteurs de mon temps*, mais petit livre qui a toutes chances de rester et qui, peut-être bien, est le meilleur ouvrage de son auteur, lequel, cependant, en compte d'exquis en son bagage, tels que *les Oubliés et les Dédaignés*, tels que *les Tréteaux*, tels que *Monsieur de Cupidon...* »

Le libraire Poulet-Malassis, dont il est question, était littérateur lui-même, élève de l'École des chartes, et avait commencé par être le camarade de ceux dont il devait devenir l'éditeur :

Avant d'éditer la *Lorgnette*, il avait déjà réuni en deux volumes, sous ce titre : *les Oubliés et les Dédaignés*, les résurrections littéraires que Monselet avait tentées çà et là avec succès.

Ces *oubliés*, aujourd'hui moins *dédaignés* pour la plupart, s'appelaient : Mercier, Dorat-Cubières, le cousin Jacques, Desforges, Linguet, Olympe de Gouges, Dorvigny, Gorgy, La Morency, Plancher-Valcour, Baculard-d'Arnaud, Grimod de La Reynière.

Monselet les présenta aux lecteurs en une courte préface, dont nous extrayons les passages principaux :

« On est généralement fixé et d'accord aujourd'hui sur le rôle philosophique du xviiie siècle. Nous n'avons donc pas pu songer à en éclairer des côtés nouveaux. Notre intention unique a été de chercher, en dehors de l'Académie et de l'Encyclopédie, le trait d'union qui rattache la littérature d'autrefois à celle de maintenant. Nous n'avions pas à suivre la filiation des talents supérieurs; mais dans un ordre modeste et comme complément à la grande histoire, l'étude de certaines intelligences effacées, égarées ou isolées, nous a paru assez intéressante pour que nous ayons cru devoir y consacrer ce volume...

» Un ouvrage par lequel nous avons préludé à ces exhumations, et qui est consacré tout entier à l'examen des deux cents volumes de Rétif de La Bretonne, nous a prouvé qu'il n'était pas impossible de vaincre certaines préventions du public et de défaire en partie ses opinions. Les œuvres, jadis tant conspuées, du romancier des halles, sont aujourd'hui en haute valeur, dans les ventes publiques. Il y a évidemment, sinon réaction, du moins curiosité. Nous n'avons pu nous empêcher de tirer de ces symptômes un encouragement.

» Il nous a semblé, en outre, que le mouvement d'attention que nous voulions essayer de diriger sur ces écrivains, tombés en disgrâce, avait son équivalent dans le mouvement de vogue qui s'est déterminé, depuis trente ans, en faveur d'un assez grand nombre d'artistes français du xviiie siècle, longtemps négligés, tels que Jeaurat, Chardin, Lépicié, Moreau le Jeune, Debucourt...

» Chemin faisant, nous avons redressé les erreurs des biographies officielles. Aux documents que les faiseurs de dictionnaires se passent de main en main, avec une sérénité imperturbable, nous avons préféré les notes de famille, les souvenirs des contemporains, les correspondances. A défaut de ces témoignages, nous avons demandé la physionomie d'un homme à son œuvre, et l'œuvre nous a souvent donné plus que la biographie... »

Mais deux volumes ne suffisent pas certainement pour faire connaître tous les *oubliés* et tous les *dédaignés* de la fin du xviiie siècle.

« Nous aurions dû montrer encore, ajoute Charles Monselet à la dernière page de son livre, bien d'autres talents secondaires que nous avons étudiés et dont les œuvres garnissent

les rayons de notre bibliothèque. Nos notes sont prêtes. Est-ce
à dire que nous ne les publierons pas un jour ou l'autre? Les
humbles destinées de ce livre en décideront... »

Le livre réussit pleinement, mais la destinée, à son tour,
entraîna son auteur plus avant qu'il n'eût voulu dans le
domaine du petit journal et de la fantaisie. Monselet, de
temps à autre, essayait bien encore de jeter un regard furtif
sur le passé, mais le présent plus impérieux le dominait et
le conduisait malgré lui.

Faut-il regretter ce que l'auteur aurait pu écrire quand on
a sous les yeux ce qu'il a écrit, et que ce bagage littéraire,
comprend, au lieu d'un, plusieurs genres où il excelle?

Cependant, le succès aidant, Malassis imprima à la suite la
Lorgnette littéraire. Monselet s'appliquait, cette fois, à tracer
de courtes biographies de ses contemporains, de ses confrères.

En guise de préface, il écrivait ceci :

« ... Aucun homme de lettres ne se fera sauter la cervelle à
cause de ce que j'aurai dit de lui. Je n'ai pas la prétention de
croire mes jugements infaillibles...

» ... Les petits volumes du genre de celui-ci se recommen-
cent tous les dix ou vingt ans ; ils n'ont et ne peuvent avoir
rien de définitif.

» Est-ce à dire qu'ils soient complètement inutiles ; je ne
le pense pas : ils indiquent, et quelquefois même ils détermi-
nent, en dépit de la volonté souvent très arbitraire de leur
auteur, un courant d'idées et de sentiments qu'il importe
d'observer.

» Ces livres doivent toujours être un peu en avance sur
leur temps; au risque de paraître inspirés par un juvénile
esprit de coterie, ils doivent s'arrêter sur les écrivains de
demain, plutôt que sur les écrivains d'hier. Un peu de pro-
phétie ne messied pas dans un ouvrage qui n'a que l'éphémère
valeur d'un calendrier littéraire.

» Aussi serait-on mal venu à chercher ici les noms de Guizot, de Michelet, d'Alexandre Dumas, de Lamartine et de quelques universitaires sur lesquels les jugements semblent épuisés. J'ai fui le point de vue élevé, j'ai ajourné l'appréciation enthousiaste ou sévère. Ce n'est qu'un recensement à vol d'oisillon.

» On criera peut-être à la personnalité; on essayera de dire que j'ai parfois collé mon œil aux fentes de la vie privée. Bah ! mes révélations ne sont pas bien terribles... »

Arrivé à la lettre M de son *Dictionnaire* — et ne voulant pas avoir l'air d'esquiver une difficulté — Monselet, à la suite de son nom, repoussa l'appréciation ou la critique et s'expliqua très sincèrement en ces termes :

« ... Il y a dix ans que je fais de la critique, mais toujours incidemment; la plus large part de ma vie est donnée à la production. Dans ces heures de critique, il m'est arrivé de blesser certaines personnes, tantôt involontairement. volontairement d'autres fois. J'avais, pour me soutenir dans cet exercice, plusieurs idées générales que j'ai encore, et que j'ai essayé d'exprimer en maintes circonstances. Aujourd'hui, je les résumerai, — pour n'y plus revenir.

» Selon moi, ce qu'un jeune écrivain doit d'abord se hâter de faire dès ses débuts, c'est d'exprimer son opinion nette et franche sur les hommes importants de son époque. Plus tard. il ne le pourrait plus. Plus tard, les amitiés, les convenances et les intérêts l'entourent d'un réseau difficile à déchirer.

» La vérité ne nous est jamais venue que par les jeunes gens. Ce premier coup d'œil surpris et hardi que l'on jette sur les personnages de son siècle, au sortir du collège, ce premier coup d'œil trompe rarement. A cet âge-là, les admirations ont des larmes, les antipathies ont de belles colères; les indifférences même ont leur signification. Que les jeunes gens nous crient donc la vérité dans leurs premières pages ! que

leurs paroles n'aient pas peur! que cet âge soit sans pitié,
enfin! Et s'il est vrai que la vérité compromette de nos
jours, — eh bien! qu'ils se compromettent!

» Ils auront tout le reste de leur vie pour revenir sur leur
accès de courage, pour accepter les transactions et pactiser
avec les médiocrités... Mais ils n'auront qu'une fois vingt ans
et vingt-cinq ans pour parler à cœur ouvert et à front levé,
comme des imprudents, comme des dupes, comme des niais,
comme des hommes honnêtes!...

» La jeunesse, c'est l'élan!

» Vers trente ans, on commence à faire comme Fontenelle,
on referme ses mains pleines de vérités... C'est la seconde
phase de la vie, tout aussi logique que la première. Les relations forcées arrivent et se groupent autour de l'écrivain de
trente ans... Je ne demande point de feuilletonistes spartiates,
d'aristarques en bronze. Je veux seulement que l'on profite
de sa jeunesse pour avoir l'honnêteté littéraire. Or l'honnêteté
littéraire, c'est la franchise...

» ... C'est pourquoi les jeunes gens ont et auront toujours
le privilège de la vérité, de la vérité écoutée... Ils sont sou-
riants, contents, enivrés; ils n'ont pas la conscience des
regrets qu'ils s'apprêtent et des obstacles qu'ils accumulent
devant leur avenir. Qu'ils se laissent donc aller — jusqu'à
trente ans — au courant de leurs impressions; qu'ils ne
craignent pas de pousser trop loin l'expression de leur blâme
ou de leur louange; mieux vaut dépasser le but que de ne le
point atteindre. Il est toujours temps d'être sage; il n'est pas
toujours temps d'être fort.

» Hélas! j'ai eu trente ans, hier. »

La *Lorgnette littéraire* fit du bruit — beaucoup de bruit, —
surtout au cours de sa publication dans la *Gazette de Paris*;
l'auteur et l'éditeur crurent même devoir retrancher du
volume un certain nombre de notices.

En 1870, le libraire René Pincebourde réunit en un complément vingt-quatre nouveaux portraits, publiés par la *Petite Revue*, en 1865.

Pour en revenir à Charles Monselet, deux journaux, sur ces entrefaites, le réclamèrent avec instances : *le Monde illustré*, que M. Bourdilliat allait fonder, en concurrence à l'*Illustration*, et un petit journal hebdomadaire, nouveau-né — qui avait pour rédacteur en chef M. de Villemessant, — j'ai nommé le *Figaro*.

A ce moment, la *Presse* publiait, un an à peine après *la Franc-Maçonnerie des Femmes* — un nouveau roman de M. de Cupidon : *les Ruines de Paris* (octobre 1857).

Au *Monde illustré*, dont le premier numéro parut le 18 avril 1857, Monselet rendit compte des premières représentations, et cela pendant trente ans, sans interruption (1857-1887) : ceci vaut bien qu'on le remarque.

Pour le *Figaro*, il lâcha toute bride à sa fantaisie et, pendant plusieurs années, écrivit de nombreux articles qui le classèrent bien vite au premier rang parmi les collaborateurs de ce journal, qui devait si rapidement gagner une telle importance.

« ... En ce temps-là, — a raconté M. Pierre Véron (*la Petite Presse illustrée* (n° du 23 février 1886), — le journalisme de fantaisie avait pris soudain une importance exceptionnelle.

» C'était après le coup d'État.

» Défense avait été faite brusquement à la France de s'occuper de ses affaires. Il fallait un dérivatif. Ce fut la presse fantaisiste qui l'apporta.

» Le *Figaro* avait surgi... On se jeta avec avidité sur la feuille humoristique qui venait faire diversion aux torpeurs environnantes.

» Il y eut vraiment là une éclosion, on pourrait dire une explosion d'esprit merveilleuse.

» Monselet fut parmi les plus explosifs.

» Elle est étonnante à relire, cette collection d'articles, à la verve incisive, à la piquante originalité, dont s'amusa tout un pays pendant plusieurs années.

» Monselet tenait certainement le premier rang dans ces trouveurs de boutades étranges.

» Dame ! cela ne ressemblait guère au journalisme nouveau que nous a fait le reportage depuis quelque temps.

» Il ne suffisait pas d'avoir de bonnes jambes et de courir aux renseignements pour intéresser le public. Il fallait payer esprit comptant.

» Ce fut une charmante chose que cet *article de genre* qu'on a injustement délaissé et auquel on est en train de revenir peu à peu. Il avait assez d'étendue pour former un tout bien équilibré ; il n'était pas assez long pour que la satiété survînt.

» C'était un régal qui ne pouvait pas donner d'indigestion.

» Le nom de Charles Monselet restera inséparable de ce genre dans lequel il brilla d'un si vif éclat... »

De son côté, M. Félix Ribeyre, dans son *Histoire des grands journaux de France* (Paris, 1863), a écrit les lignes suivantes :

» ... 1857, Aurélien Scholl entre au *Figaro* avec tout son
» bagage d'esprit, de réelle originalité et de mordante raille-
» rie ; il y est bientôt suivi de Jules Noriac et de Charles Mon-
» selet, — Charles Monselet, le roi du petit journal ! — Ah !
» tant pis, je ne me dédis pas et je sais bien que cela va
» encore retarder son entrée à la *Revue des Deux Mondes* ; mais
» qu'y faire, et puis-je vraiment dire autre chose de ce
» spirituel fantaisiste ? »

Charles Monselet quitta donc la *Gazette de Paris* à laquelle on l'enlevait, et aussi le *Diogène*, le *Rabelais*, auxquels il collabora un instant, pour entrer au *Figaro*. Son premier article parut le jour même où Noriac commençait la publication du *101ᵉ Régiment*, un succès !

L'ancien *Figaro*, publié sous la Restauration et dirigé par H. de Latouche et Nestor Roqueplan, avait été « un journal frondeur, batailleur, antiromantique, dépensant beaucoup d'esprit et de malice... ».

Le nouveau *Figaro*, fondé par M. de Villemessant, parut le 2 avril 1854 : ce fut, dès le premier jour, un journal de combat, ainsi que l'avait été son aîné.

Hebdomadaire d'abord, puis bi-hebdomadaire, le *Figaro* ne devint quotidien qu'en 1866.

Que d'esprit et de talent dépensés en menue monnaie dans les colonnes de ce journal ! Que de belles pages avidement parcourues, envolées et oubliées ! et quel beau livre d'or on écrirait, quel tableau d'honneur on dresserait avec ces noms aujourd'hui disparus : Villemot, Jouvin, Lespès, de Pène, Albéric Second, Edmond About, Alfred Delvau, etc... Avoir marqué sa place parmi ceux-là ne sera pas un des moindres titres littéraires de Charles Monselet, et l'avenir devra compter avec le journalisme — voire même le petit journalisme — du xixᵉ siècle.

XI

« Lors de l'hiver de 1857-1858, un de mes amis, M. Saint-Léon, me proposa de fonder un journal gastronomique [1]. J'y songeais depuis longtemps ; l'époque me semblait favorable ; j'acquiesçai à la proposition de mon ami.

« En conséquence, le dimanche 21 février 1858 vit naître le premier numéro du *Gourmet*, — journal des intérêts gastronomiques, — paraissant tous les huit jours. Il contenait une liste de rédacteurs gras : Albéric Second, Guichardet, Amédée Rolland, Gustave Bourdin, — et d'autres simplement dodus. On y donnait une mosaïque de menus les plus variés, des recettes très détaillées. Les faits divers avaient pour titres ; *L'eau à la bouche, Les coudes sur la table, Derrière les fagots*. Le compte rendu des théâtres, *au point de vue digestif*, était rédigé par Louis Goudall... »

Cette nouvelle et brusque transformation de Charles Monselet est faite pour surprendre : — on ne rencontre pas tous les jours un poète qui pique une tête dans une poissonnière !

L'explication qui me semble ici nécessaire — nous irons la cueillir dans la préface de *Gastronomie*, le volume le plus important que l'écrivain ait accordé aux questions de la table :

« A Madame X***,

» On m'a trahi auprès de vous, madame. Vous m'aviez pris jusqu'à présent pour un homme de lettres comme les autres,

[1] Charles Monselet, *Gastronomie*. Paris. 1874. Charpentier.

exclusivement occupé de livres, ayant pour unique souci de parfaire un chapitre ou de mener à bien un feuilleton. Quelqu'un vous a dit à l'oreille que j'avais encore d'autres occupations et d'autres préoccupations ; que sous le littérateur il y avait un gastronome, et que mon cabinet de travail communiquait directement avec ma cuisine. Voilà ce qu'on vous a dit, n'est-ce pas ?

» Eh bien ! l'on vous a dit la vérité, madame. Je n'en rougis pas, au contraire ; le côté le plus sensible de mon amour-propre en est agréablement chatouillé. Je porte un tendre intérêt aux choses de la nutrition. Sans faire précisément, selon une expression commune, — un dieu de mon ventre — ni même un demi-dieu, je tiens cependant à en faire un personnage. En cela, j'obéis à une vocation incontestable. Dès ma jeunesse, j'ai trouvé place en moi pour deux poésies : celle de l'âme et celle des sens ; je n'ai pas voulu chasser l'une au bénéfice de l'autre ; j'ai préféré travailler à leur conciliation, à leur bonne harmonie, et quelquefois j'ai pu croire que j'y avais réussi.

» Certes, je me flatte d'aimer et de comprendre la nature, autant que mes confrères les faiseurs d'églogues. Je l'ai décrite, je l'ai chantée. Ouvrez mes livres, vous y rencontrerez un nombre suffisant de fleurs, d'oiseaux, de haies, d'aubépines, de ruisseaux jaseurs. La rêverie ne m'est point étrangère, la rêverie sur le gazon, éclairé des pâles rayons de la lune ; — mais il me plaît aussi d'arrêter mes regards sur les splendeurs d'une table magnifiquement servie. Je raffole de la promenade en nacelle ; mais, au bout d'une heure, il est rare qu'une furtive idée de friture ne se mêle pas à mes impressions.

» Vous le voyez, madame, je vais au-devant de votre curiosité ; je me confesse à vous librement. Oui, je suis tourmenté de l'ambition de laisser un nom invoqué à l'heure des repas. Quelques travaux dirigés dans ce sens, quelques publications encouragées par des hommes spéciaux, ont déjà témoigné de

ma ferveur et de mon zèle. A défaut du renom poétique, si difficile à conquérir, je me contenterai avec reconnaissance d'un peu de gloire culinaire.

» Les casseroles ont aussi leur airain. »

Cette première confession, Monselet devait la renouveler longtemps après — en vers, cette fois (*Encore un !* Paris, 1885).

Lorsque j'étais un écolier,
Noircissant déjà du papier
Comme un précoce mercenaire,
Je rencontrais à chaque instant
Un jeune enfant vêtu de blanc
Qui me ressemblait comme un frère.

Il avait un bedon naissant,
Un sourire réjouissant,
Une bouche fraiche et vermeille ;
Il portait un nez retroussé,
Un peu large et déjà rosé,
Et sur la tête une corbeille.

Comme j'allais avoir quinze ans,
Et que mes chansons au printemps
Retentissaient par la bruyère,
Je vis, un frais panier au flanc,
Un jeune homme vêtu de blanc
Qui me ressemblait comme un frère.

Son air était malicieux ;
Il me traita de songe-creux
Et persifla ma chansonnette ;
Puis, sur un signe de la main,
M'entrainant au fond du chemin,
Il me donna de sa galette.

Me poussant vers le cabaret
Il me versa du vin clairet,
Et me fit troquer toute joie
Contre un plat bien assaisonné,
Un poisson dûment citronné,
Ou contre un lourd pâté de foie.

> Lorsque je voulais travailler,
> Il arrivait pour me railler ;
> Et moquant Byron ou Sénèque,
> Il laissait une vague odeur
> De mayonnaise ou de chou-fleur
> Jusque dans ma bibliothèque...

La création du journal *le Gourmet* avait été précédée de quelques essais gastronomiques qui tendraient assez à prouver le dire du poète.

En 1853, dans le journal *Paris* (n° du 24 novembre), un article virulent sur la cuisine se termine ainsi :

«... La cuisine attend sa révolution, voire même sa terreur.

» Il faut qu'elle se renouvelle et se transforme comme toutes les choses ; c'est l'inévitable loi. Elle traversera peut-être un bain d'eau marie, n'importe ! j'ai foi dans ses destinées. La cuisine ne peut périr... »

En 1854, le poète publie *les Vignes du Seigneur*, où il chante le Médoc et ses grands crus, et qui débute par une *Ode à l'ivresse*.

Bientôt après paraît l'étude sur Grimod de La Reynière dont il faut mettre en relief le passage suivant :

«... Remarquons avec inquiétude que, si la race des gastronomes est loin de s'éteindre, que si la dynastie des cuisiniers célèbres se perpétue heureusement parmi nous, en dépit ou peut-être à cause des casse-têtes politiques, remarquons, dis-je, qu'il n'en est pas de même des auteurs spéciaux, des auteurs ès sensualisme, dont les enseignements nous font défaut depuis un certain nombre d'années. De toutes les plumes sérieuses qui font jouer un rôle important au papier, aucune n'a consenti à se vouer au développement de cette science que nous appellerons la science universelle. A quoi cela tient-il ?

» Nous ne pensons pas que ce soit un amour-propre mal entendu qui éloigne de ces matières nos hommes de lettres actuels... Tous les jours les poètes ne chantent-ils pas le vin.

cet élément indispensable et radieux de nos dîners? Si l'on
croit, par hasard, qu'il n'y a ni gloire ni profit à ce métier de
professeur de chère-lie, qu'on lise l'histoire de Grimod de La
Reynière, et l'on sera grandement détrompé... »

De là à prendre la place vacante, il n'y avait qu'un pas. —
Monselet n'hésita pas à le franchir : — le *Gourmet* était fondé
et l'écrivain y préludait par une *Invitation à la table* ainsi
formulée :

« Toute passion raisonnée et dirigée devient un art ; or,
plus que toute autre passion, la gastronomie est susceptible
de raisonnement et de direction.

» Qu'on y réfléchisse bien : les heures charmantes de notre vie
se relient toutes, par un trait d'union plus ou moins sensible,
à quelque souvenir de table... »

Quelques semaines plus tard, Charles Monselet écrivait sa
première *Lettre à Émilie sur la Gastronomie* dont le début est
encore une explication, — soupirée sur un mode mineur :

« Cela devait finir ainsi, madame, — et pour ma part, je n'en ai
aucun regret. Quel plus heureux dénoûment à un amour brisé
que celui qui s'opère par la grâce de ces quatre merveilleuses
paroles : *Le dîner est servi*.

» Hélas ! oui, madame, le dîner est servi et bien servi. Vous
rappelez-vous ces après-midi passés auprès de vous à la campagne, et comme je maudissais la cloche qui nous rappelait
dans la salle à manger ? — Aujourd'hui, je reviens de la foire
aux jambons ; il y avait d'admirables sujets.

» C'est en avril que je vous ai connue pour la première fois ;
tous les arbres étaient en fleurs comme à présent, moitié neige,
moitié roses ; les buissons s'essayaient à la verdure ; mais que
de maigreur encore, que de frissons, quel soleil indécis et
clignotant ! Et cependant on sentait circuler partout le mystérieux attrait des juvénilités. — Avril est de retour ; je

retrouve toutes mes sensations, visibles comme des margue-
rites sous l'herbe rare ; mais d'autres sensations viennent s'y
joindre : « Semer céleri, cardons et choux de Milan ; étêter
» les premiers pois ; rechausser les fèves semées en février ;
» œilletonner les artichauts. »

» Il n'entre aucune raillerie dans ce que je vous dis là,
madame. Je ne plaisante jamais sur l'amour, non plus que sur
les biens de la terre. — Quant à ma nouvelle incarnation, je
ne m'en fais pas un mérite. La gastronomie était en moi ;
après avoir sommeillé pendant quelque temps, elle se
réveille — et elle éclate.

» J'ai changé de poésie, ou plutôt j'ai conquis un rythme de
plus. Les splendeurs de la nutrition ont désormais en moi un
nouveau barde. Incomplet autrefois, mon esprit s'est agrandi
en même temps que mon estomac. J'aime la vie maintenant,
en raison des moyens qui la prolongent. On ne saurait d'ailleurs trop honorer son corps ; et c'est rendre hommage à
l'essence divine qui le compose, que l'entourer des soins les
plus délicats. Machine merveilleuse, rien ne doit être négligé
pour l'entretien de ses rouages. Un gourmet est un être
agréable au ciel.

» Ah ! Émilie, je vous ai bien aimée ! — Mais j'aime bien
maintenant les caisses d'ortolans et le vin de Château-
Palmer !... »

Abrégeons cette explication un peu longue, mais qui s'im-
posait pour affirmer le talent culinaire de l'auteur, c'est-
à-dire, entendons-nous bien, sa sincérité, sa conviction, sa
compétence écrite dans l'art de la cuisine — qui n'est pas à
tout prendre un art inférieur et qui a eu ses poètes.

Retirez les grands mots de gourmet et de gastronome, et
aussi l'épithète de cuisinier, et vous aurez cette définition
simple d'un Monselet — nouvelle manière : un esprit délicat
s'attachant par leurs petits côtés aux choses de la table, et

offrant, comme Grimod de La Reynière, « l'heureux accord
d'un talent aimable et d'un vaste estomac ». Mais on ne peut
cependant pas biffer d'un trait de plume tous les écrits de
Charles Monselet — et ils sont nombreux — sur ce chapitre
de la table : — récits, biographies, fantaisies, poésies — non
plus qu'on ne peut nier leur attrait ni leur mérite.

Le *Gourmet* — pour en revenir au *Gourmet* — fit parler de
lui : les rédacteurs ne lui manquèrent pas et plusieurs articles
furent remarqués. Bientôt, éprouvant le besoin de pendre
la crémaillère, Monselet réunit ses amis, à la façon de son
illustre devancier, dans un dîner au Grand-Hôtel, qui eut
plein succès.

Malgré tout cela, malgré les admirations et les collaborations, les abonnés firent défaut, ce qui devait amener fatalement la chute du *Gourmet*. Le 1ᵉʳ août 1858, son vingt-qua-
trième et dernier numéro était mis en vente : la collection
en est devenue rare aujourd'hui — et chère.

Encouragé cependant dans cette voie, Charles Monselet
publia peu après un volume : *la Cuisinière poétique* (1859),
toujours avec le concours des fidèles collaborateurs du *Gourmet*, c'est-à-dire : Méry, Alexandre Dumas, Théodore de Banville, Théophile Gautier, Émile Deschamps, Clément Caraguel, Auguste Barthet, Émile Solié, Xavier Aubryet, Aurélien
Scholl, Charles Bataille, etc...

« Les collaborateurs de *la Cuisinière poétique* ne sont pas,
on le voit, des cuisiniers ordinaires, et les recettes qu'ils ont
publiées sous la direction du chef Monselet sont loin d'être
banales, a dit M. Georges Vicaire dans sa récente *Bibliographie
Gastronomique*[1]. Ce petit ouvrage, où fourmillent les anecdotes
les plus spirituelles en même temps que les plus culinaires,
est en prose et en vers. Alexandre Dumas y donne la manière
de faire rôtir un poulet; Duranty, celle de traiter les boudins

[1] *Paris, Rouquette*, 1890.

de Lille, et, tandis que Méry chante, en alexandrins, les
apprêts savants de la bouillabaisse chère aux Marseillais,
Monselet disserte avec l'esprit le plus fin et le plus délicat
sur les avantages et l'utilité de la gastronomie. »

Monselet n'en continuait pas moins, entre temps, avec
succès, la campagne commencée au *Figaro*. Les libraires Hetzel et Lévy, qui venaient d'imprimer *la Cuisinière poétique*,
comprirent également dans leur collection, aujourd'hui
recherchée, les premières fantaisies du journaliste. *Le Musée
secret de Paris* (1859), tel est le titre de ce petit volume dans
lequel on retrouve la plupart des articles de genre qui placèrent Monselet à l'avant-garde des écrivains du *Figaro : les
Bordelais, la Boîte aux lettres, Ballades parisiennes, le Poème
du créancier, les Trois monologues du mari, le Propriétaire*, etc.

De son côté, Poulet-Malassis éditait luxueusement *les Tréteaux de Charles Monselet* (1859), un des livres aujourd'hui
les plus vantés de l'auteur et qui renferme, dans ce genre
léger où l'on veut qu'il ait tenu le premier rang, incontestablement le meilleur de son œuvre. Rappelons seulement,
pour mémoire, *l'Académie, la Bibliothèque, le Siège de la Revue
des Deux Mondes, les deux Dumas, la Distribution des prix du
Concours*, — des petits chefs-d'œuvre, a-t-on dit.

C'est à cette époque que se place un incident de l'existence
de Charles Monselet, que lui-même a pris soin d'ailleurs de
conter par le menu (*Petits Mémoires littéraires*, Paris, 1885).

Malgré ses trente ans sonnés et bien sonnés, le critique du
Monde illustré avait peine à tromper ses lecteurs sur la qualité des pièces dont il était chargé de rendre compte. Ce n'était
plus le critique indépendant des débuts, qu'une pièce, même
médiocre, mettait hors de lui, mais la malice se faisait jour
quand même à travers ses causeries hebdomadaires : — on
eût dit qu'il trempait dans son écritoire les flèches de M. de
Cupidon. Théodore Barrière se trouva un jour atteint par une

de ces pointes légères : il s'ensuivit malheureusement une rencontre.

« ... J'ai échangé en effet un coup d'épée avec Théodore Barrière — laissons raconter Monselet — à la suite d'une altercation survenue à une première représentation à l'ancienne Gaîté du boulevard du Temple. Tout a été dit sur le caractère de Barrière ; je n'y reviendrai pas. Il croyait avoir à se plaindre de la sévérité d'un compte rendu que j'avais fait d'une de ses pièces les moins réussies, *la Maison du Pont Notre-Dame,* et il prétendait m'interdire mon droit de critique à l'avenir.

» Dès les premiers mots, la querelle avait pris un tour tel que le choix des armes devait revenir sans conteste à Théodore Barrière. Il constitua sur-le-champ ses témoins, qui étaient MM. Léon Sari et Cochinat. Moi, je courus dès le lendemain matin chez mes amis Albert de Lassalle et Lherminier. Ainsi que je l'avais prévu, l'arme réclamée fut l'épée de combat, et le lieu de la rencontre fut fixé au bois de Meudon. J'employai le reste de ma journée à une visite prolongée au bon Grisier et à son prévôt Barrier, lesquels ne me dissimulèrent pas que ma force à l'escrime était au-dessous de la moyenne.

» A dix heures et demie, le lendemain matin, par le plus beau temps du monde, Théodore Barrière et moi, nous mettions habit bas dans une jolie clairière de Meudon, à deux pas de la maison de campagne de M. Charles Edmond. Des gendarmes survinrent, qui nous enjoignirent d'avoir à cesser toutes hostilités ; ils promettaient de ne pas dresser procès-verbal si, de notre côté, nous nous engagions à ne pas donner suite à nos projets de combat. Nous promîmes tout ce qu'ils voulurent, en les envoyant au diable.

» Certains d'être filés, nous revînmes à Paris, où nous prîmes deux voitures, qui nous transportèrent à Nogent-sur-Marne. Un canot nous aborda à l'île de Beauté, où M. Léon

Sari connaissait un terrain tout à fait propice. Toutes ces allées et venues avaient pris pas mal de temps ; mais nous avions l'horreur d'une rentrée ridicule.

» Le soleil manifestait déjà l'intention de se coucher ; on tira les places au sort ; je ne fus pas avantagé. Hâtons-nous de dire que je reçus une blessure à la main. Il ne fut pas le moindrement question d'un rapprochement entre Barrière et moi ; chacun de nous avait le dépit d'avoir perdu à si mauvaise et si inutile besogne cette magnifique journée d'été. Après les saluts, on regagna, avec ses témoins, le chemin de fer. Toutefois, tous les deux nous emportions un peu plus d'estime l'un pour l'autre.

» La réconciliation, retardée par tous les hasards de la vie parisienne, n'eut lieu que quatre ans après, à Bade : elle fut sincère et durable.

» J'allais oublier de dire que cette aventure eut son dénouement naturel devant la police correctionnelle. M⁰ Desmarest parla pour Barrière ; l'élégant Carraby s'était chargé de ma défense. J'en eus pour 200 francs d'amende, sur le délit de coups et blessures ; Théodore Barrière en fut quitte à 100 francs seulement, pour cause de duel. Les témoins ne furent pas inquiétés.

» Voilà les détails rigoureusement exacts de cette équipée de jeunesse. On trouvera le reste dans tous les journaux du temps ; il y est question, entre autres choses, d'une paire de bretelles et d'un déjeuner fantaisiste. Je ne vous engage pas à tout accepter aveuglément : dans le plus mince duel, quoi qu'on raille, il y a toujours la part de l'inconnu ou de la fatalité... »

Ce fut la dernière aventure du critique qui définitivement s'amenda et finit même par se désintéresser singulièrement de cette question de conscience littéraire qu'il avait si fort prônée au début, mais que les circonstances matérielles de l'existence rendaient de plus en plus délicate : — il y perdit un peu d'autorité, mais y gagna par contre une renommée de bienveillance et de courtoisie des plus flatteuses.

Peut-être Charles Monselet obéissait-il aussi aux conseils paternels ; — M. Monselet père écrivait en effet de Nantes, à la date du 19 octobre 1860 :

> ... Je t'engage, mon bon ami, à adoucir le plus qu'il te sera possible l'amertume de ta critique. Alceste nous l'a dit :
>
> Si l'on peut pardonner l'essor d'un mauvais livre,
> Ce n'est qu'aux malheureux qui composent pour vivre.
>
> Eh bien! le théâtre a besoin de nouveautés bonnes ou mauvaises ; en produisant beaucoup, il est impossible d'avoir toujours de l'esprit, et la littérature du boulevard doit être à la portée du public qui l'entend. Donne à ce public *le Misanthrope* et *la Métromanie*, autant lui parler grec ; donc la critique ne doit pas prendre et traiter au sérieux cette littérature de contrebande...

Monselet en vint à se détacher peu à peu des choses du théâtre : la vérité est qu'ayant abdiqué son indépendance, il ne se croyait plus désormais aussi enchaîné par le devoir. Il en avait d'ailleurs tant vu déjà de ces pièces de théâtre qu'il retrouvait, à quelques variantes près, toujours les mêmes : aussi, en dehors des véritables manifestations littéraires, le critique commençait à préférer à ces représentations son bien-être personnel qu'il trouvait, en digne fils d'Épicure, dans une lente digestion d'un repas commencé... à l'heure où la toile se lève.

Il savait, malgré cela, apaiser sa conscience et sauvegarder sa dignité par une courte et tardive apparition au milieu de ses confrères. Souvent aussi un fidèle secrétaire lui rendait compte des moindres incidents de la salle et de l'humeur ou de la disposition du public vis-à-vis de l'ouvrage représenté.

C'est alors qu'on commença à reprocher à Monselet de n'entrer que rarement dans une salle de spectacle et de

rendre compte des pièces sans les voir. Et lui, s'excusant par
ce mot célèbre de Lireux qu'il ne faisait que rééditer :

« J'aurais peur de me laisser influencer ! »

« J'emploie bien mieux — disait-il encore — à rendre
compte d'une pièce le temps que je perdrais à la voir ! »

Eugène de Mirecourt, dans sa petite biographie de Charles
Monselet (1867), a expliqué très exactement la façon d'agir du
critique :

« ... Après la première représentation d'une pièce, Monselet
lit avec une attention scrupuleuse tous les comptes rendus
des autres journaux. Il examine la face et le revers, regarde
le noir et le blanc, pèse le pour et le contre, l'éloge et le
blâme, et arrive droit à l'impartialité... Du reste, il n'est pas
le premier qui exploite le système... »

Et puis l'expérience, la compte-t-on pour rien en ce cas ? Le
nombre des ouvrages que Charles Monselet avait vu représenter, le nombre plus effrayant des brochures qu'il avait
dévorées, en faisaient un critique d'un jugement sûr et prompt
à l'analyse ; sa plume habile à démêler la trame d'une intrigue
ou à résumer un imbroglio, savait également faire la part de
l'originalité ou indiquer la source d'une fécondité surpre-
nante. Qu'il effleurât d'un style léger un sujet sur lequel il
ne convenait pas de s'appesantir, ou, que d'une main ferme,
il portât le fer dans la plaie, ses critiques, dans leur brièveté,
leur clarté et leur élégance, restaient toujours des modèles
de bon ton.

Mais abandonnons le critique qui, aussi bien que le gastronome, nous semble suffisamment réhabilité.

Notre écrivain promptement rétabli, et bientôt remis

> ... D'une alarme aussi chaude

n'en poursuit que de plus belle le cours de ses travaux.

« ... Voilà décidément Charles sur la véritable route du
succès, écrit Eugène de Mirecourt.

» Il y marche de pied ferme, en droite ligne et sans tré-
bucher dans aucune ornière. Les journaux et le public l'ac-
ceptent pour ce qu'il est, nous voulons dire pour un littérateur distingué, remarquable surtout par son esprit et son
enjouement. »

1861. — Charles Monselet rentre au *Figaro*, un instant
déserté, et l'éditeur Sartorius s'empresse de réunir en volume
ces spirituelles fantaisies, saupoudrées de malice et d'humour,
qui sont en train de faire la fortune littéraire de leur auteur :
Le Capitaine Monistrol, le *Petit Journal en province*, les
Suiveurs, *Voyage de deux débiteurs au pays de la probité*, le
Congrès des statues, la *Dernière pensée de Barbastoul*, *Lettre à
Manon-Lescaut*, *Comme quoi l'homme de lettres Bourgoin renonça
définitivement à écrire des chefs-d'œuvre*, etc., composent en
effet ce livre intitulé : *Théâtre du Figaro*.

A partir de cette époque jusqu'en 1870, il est bien peu de
journaux où Monselet ne donne quelque chronique, sans
compter ses livres qui se succèdent sans interruption ; c'est
certainement un des journalistes parisiens le plus en vogue,
et contraint par cela même à une incessante production.

Francisque Sarcey, dans le *XIXe Siècle* (22 mai 1888) a
rapporté l'anecdote suivante à ce sujet :

« ... Un jour, Monselet me disait, non sans une pointe de
mélancolie : « On me traite de paresseux, et vous aussi, vous
» croyez à ma paresse légendaire. La vérité est que j'ai à
» moi tout seul écrit plus que Voltaire et Diderot, et qu'on
» emplirait une bibliothèque avec mes articles... »

XII

Il est un livre d'Arnould Frémy — *la Révolution du journalisme* — qui, pour dater de 1865, n'en est pas moins,
aujourd'hui plus que jamais, d'une remarquable actualité.

Voici ce qu'on y rencontre, par exemple, page 253 :

« ... O vous qui lisez les journaux chaque matin, qui y
trouvez pour vos habitudes et votre esprit un élément quotidien dont vous ne sauriez plus, de votre propre aveu,
vous passer, apprenez une chose qui va sans doute bien
vous étonner et aussi vous chagriner un peu, nous l'espérons
du moins : c'est qu'à fort peu d'exceptions près, les journaux
ne nourrissent pas les hommes qui les font.

» C'est bien le plus beau métier de *meurt-de-faim* que la
muse de l'imprévoyance et de la déception ait jamais inventé
pour peupler un certain coin du monde civilisé de victimes
déguisées, du reste, et qui ont bien soin, — on ne peut trop
insister sur ce détail, — de ne jamais laisser percer leurs
déceptions ni leurs amertumes... »

A rapprocher de ces lignes d'Arnould Frémy la confession
suivante de M. Joseph Montet — universitaire lui aussi —
dans le journal *la Paix* du 23 mai 1888 :

« ... Il y a sur le rendement du travail littéraire une légende
flatteuse, mais erronée, qu'il faut détruire. Le public s'imagine volontiers que les écrivains sont des paresseux privilé-
giés, à qui il suffit de fumer quelques cigarettes entre une
main de papier et une écritoire pour *gagner de l'argent gros*

comme eux. La réalité est moins gaie. A part les génies trans-
cendants, au char desquels la fortune domptée vient docilement s'atteler d'elle-même, à part aussi les industriels de
basse catégorie qui font du roman à la grosse ou à la toise,
sur commande et au goût de la platitude qui les paye, les
gens de lettres n'ont pas la vie si aisée. Il n'y a pas longtemps
que le métier nourrit vraiment son homme. Et encore, à
l'heure qu'il est, ceux qu'il nourrit bien sont rares. Quelques
accidents, maladie, charge de famille imprévue, chômage,
c'est la gêne aujourd'hui et peut-être demain la misère... »

Ceci pour en arriver à cela :

Il est certain que Charles Monselet aura été, de l'aveu même
de ses contemporains, un des premiers chroniqueurs de son
époque, et cela pendant vingt ans au moins, sans avoir jamais
pu parvenir à autre chose qu'à gagner modestement sa vie.

« ... Et pourtant on se représenterait difficilement aujour-
d'hui la vogue prodigieuse de Monselet, entre 1860 et la chute
de l'empire, dans les heures bienheureuses où Vallès sculptait
ses *Réfractaires* en pleine misère humaine, où Rochefort
creusait le fourneau de sa mine, où les de Goncourt risquaient
Germinie Lacerteux et brossaient *Manette Salomon*, où Auguste
Villemot imprimait à ses chroniques volantes la grande allure
des *Mémoires* du cardinal de Retz et de Saint-Simon, où
Veuillot, le prosateur d'airain, exhalait ses *Odeurs de Paris*, »
— a écrit M. René Maury dans la *Revue littéraire* de juin-
juillet 1888 :

« ... Monselet! le facetteur, le sertisseur de mots par excellence, le suprême *arbiter elegantiarum* de la plume! Pas un
trait, pas une saillie, pas une anecdote ne portaient, si réussis qu'ils fussent, sans l'estampille ou l'endos de Monselet; le
public ne goûtait que sa marque. « Être classique, » son rêve
ininterrompu! Il l'était dès ce moment, à son insu... »

Or, le *Figaro* de 1861 — encore bi-hebdomadaire — payait

ses articles si réussis à raison de trente-cinq centimes la ligne
— et l'on reprochait à M. de Villemessant d'avoir ridiculement
haussé les prix ! C'est au contraire un des actes les plus
humains et les plus à sa louange que cette justice rendue à
ses rédacteurs qui firent au début la fortune de son journal.

Voici une lettre qu'écrivit un jour à mon père le fondateur
du *Figaro* :

Chambord, vendredi.

Mon cher Monselet,

Il n'est pas possible de faire un article plus gai, plus spirituel, que
celui de *Ma femme m'ennuie*. Votre mot de la fin est une trouvaille.
Ne pouvant lutter avec vous, et désirant cependant finir par un mot
à succès, voici le mien :

Présentez-vous à la caisse : on vous comptera cinquante francs à
titre de gratification.

Comment trouvez-vous mon mot ?

Poignée de mains,

H. DE VILLEMESSANT.

Cinquante francs de gratification ! Eh bien, de Villemessant
faisait très bien les choses.

N'oublions pas que le *Constitutionnel* ne payait encore à
cette époque que quatre sous la ligne à ses feuilletonistes,
et l'on comprendra peut-être alors pourquoi Monselet déserta
les grands journaux pour aller chercher fortune dans les
petits.

Fortune ! quelle dérision.

Le *Monde illustré* avait engagé mon père également à raison
de trente-cinq centimes la ligne, mais un jour l'*Illustration*
ayant essayé à prix d'or d'enlever le critique dramatique de
son concurrent, Paul Dalloz paya cinquante centimes la ligne
de copie à son rédacteur qui resta sans hésiter.

Les événements malheureux de 1870 reportèrent, malheureusement aussi, le taux de la ligne à trente-cinq centimes.

Tout cela pour prouver que Monselet, au meilleur temps de sa vogue, gagnait des appointements relativement modestes.

Quant à ce que lui rapportèrent ses livres, parlons-en : J'ai entre les mains presque tous les traités échangés entre mon père et ses éditeurs. Son premier volume, *Statues et Statuettes*, fut publié aux conditions suivantes : « ... Pour prix de la propriété de la première édition, à mille exemplaires, nous vous donnerons *cent francs* après la vente des cinq cents premiers exemplaires et *cent francs* après la vente du mille... » Or, en tout, il ne s'en est jamais vendu six cents exemplaires, et je crois même que c'est par politesse qu'on paya cinq louis à l'auteur. Il est vrai qu'aujourd'hui les *Statues et Statuettes* coûtent couramment dix francs.

Il en a été presque de même pour tous les ouvrages de Charles Monselet : Lévy, Dentu, Tresse... etc., ont acheté chacun des livres de l'auteur pour une somme variant de trois cents à cinq cents francs.

Il ne faut donc reprocher à Charles Monselet ni sa gêne finale, — dont il faudrait faire un reproche semblable à bien d'autres de la même époque qui ont donné au journalisme le plus clair de leur talent, ni son indépendance de plume, ni surtout l'indépendance de son esprit qui lui faisait considérer son métier — a dit Sainte-Beuve — comme un but, non comme un moyen.

La vie de Monselet est, au contraire, un exemple de travail.

« Il naquit pauvre, il vécut pauvre tout en gagnant beaucoup d'argent et il est mort pauvre, a pu dire avec raison un de ses biographes. La faute en est à la réalité de l'existence et à la brutalité de la profession, non à l'homme.

» ... Il n'en est pas moins fâcheux que l'État n'ait pas pu lui confier, pour y passer en paix ses derniers jours, quelqu'une de ces modestes retraites, tout justement faites, semble-t-il,

pour ces vieux travailleurs de la pensée, blanchis sous le
harnais et qui ont bien droit à une vieillesse tranquille pour
tous les efforts, pour le labeur incessant de leur jeunesse
et de leur âge mûr. Croit-on que Monselet n'aurait pas été
aussi bon bibliothécaire qu'un autre ? — Hélas ! il se produisait bien, de temps à autre, des vacances, mais chaque
fois il y avait quelque danseur à caser. » (Emmanuel Arène,
la République française, n° du 20 mai 1888.)

Voici encore une digression — nécessaire cependant — à
laquelle je me suis laissé entraîner et qui m'a éloigné une
fois de plus de mon modèle : j'y reviens en hâte.

L'imprimerie Vallée, située 15, rue Bréda, où s'imprimait,
entre autres journaux, le *Monde illustré*, avait, à l'époque,
donné quelque mouvement à ce quartier, qui possédait déjà
une physionomie toute particulière empruntée aux artistes et
à la jeunesse qui l'habitaient.

La brasserie des Martyrs, le café de La Rochefoucauld, le
café Jean Goujon étaient autant de rendez-vous du Tout-
Paris littéraire ; j'entends par là une génération nouvelle de
jeunes talents. Le café avait gardé de son influence : les aînés
y allaient par habitude et les jeunes par religion.

De cette époque date aussi la célébrité de Dinochau. Ce
cabaretier, fameux pour avoir traité dans une salle de six
pieds carrés tout ce que la littérature, le pinceau ou le théâtre
comptait alors de pratiquants, — déployait son enseigne
au coin de la rue de Navarin et de la rue Bréda, — vis-à-vis
l'imprimerie. Monselet y était entré un jour après avoir corrigé les épreuves d'un de ses articles, à la suite de Nadar et
de Mürger : on les suivit, on y revint, bientôt on y accourut.
Notre écrivain — en passe de célébrité — semblait tout
désigné pour devenir l'idole de ce nouveau temple-*bar* : sa
divinité trouva en effet, dans cet Olympe du mouillage, une

apothéose facile à laquelle ne le prédisposait que trop
déjà sa renommée naissante de gastronome autant que sa
physionomie de Silène réjoui.

M. de Cupidon faillit perdre toutefois un peu de son pres-
tige à laisser ainsi trempér le bout de ses ailes dans un
demi-setier.

Dans le *Petit Journal* du 4 mars 1872, Charles Monselet a
fixé la physionomie de Dinochau :

« C'est à Venise, dans les premiers jours du mois de
décembre dernier — écrit-il — que j'appris par un journal
la mort de Dinochau.

» Dinochau — au nom prédestiné — était ce marchand de
vin traiteur, connu de la moitié de Paris, et dont la boutique s'ouvrait sur le mont Bréda, à l'angle de la rue de
Navarin.

» Une joyeuse boutique, achalandée principalement par les
gens de lettres et les artistes du quartier, — et même de tous
les quartiers, — qui venaient s'asseoir à sa table d'hôte.

» Qui est-ce qui n'a pas passé plus ou moins par la table
d'hôte de Dinochau ? J'y ai vu Pierre Dupont et Émile de La
Bédollière, Jules Noriac et Champfleury, Villemessant et
Gustave Bourdin, Arsène Houssaye et Courbet, Edmond About
et Charles Hugo, les frères de Goncourt et les frères Lionnet,
cent autres, plus encore.

» La fondation en remontait à Nadar et à Mürger.

» Dinochau était un excellent homme, aux yeux à fleur de
tête, actif, d'une brusquerie cordiale, attrapant l'esprit à la
volée. Il avait reçu un commencement d'instruction au
prytanée de Ménars, ce qui lui permettait de se mêler à la
conversation de ses clients, — permission dont il usait
largement.

» Mais son goût dominant, sa prétention la plus haute, c'était
le violon. — Il avait acheté je ne sais où un Guarnerius dont

il raclait avec des dispositions réelles. Dans ses jours de bonne
humeur, lorsque les vins fins avaient circulé à sa satisfaction,
il allait chercher dans une armoire la boîte où reposait le
mystérieux instrument.

» — Allons, bon ! murmuraient quelques-uns d'entre nous ;
voilà l'heure du *Vinaigrius !*

» Et, pendant des heures entières, Dinochau régalait les
oreilles de ses habitués, ou, pour mieux dire, c'était lui-
même qu'il régalait, car il s'enivrait littéralement de sa
musique.

» Tel était l'homme dont j'apprenais tout à coup la mort en
voyage. Comment Dinochau était-il mort ? pourquoi était-il
mort ? de quel droit ?

» Le jour où cette nouvelle vint me surprendre et m'abasour-
dir, je suis resté tout l'après-midi sur la place Saint-Marc,
ne pensant absolument qu'à la place Bréda.

» Ni les bruits de la foule allant et venant, ni les accords de
la musique militaire, ni les splendeurs du soleil baignant et
dorant le coin du palais des Doges, n'ont pu m'arracher à
cette préoccupation.

» Et malgré les ponts de Venise, les campaniles de Venise,
les merveilles de Venise, je me suis surpris à m'écrier :
« Ah ! je suis toujours un enfant de Paris, un écrivain de
» Paris, un flâneur de Paris ! »

» Est-ce un bien ? Est-ce un mal ?

» Dois-je regretter, bon cabaretier, les soirées souvent
prolongées que j'ai passées à ta table d'hôte ?

» Sans doute, j'aurais pu avoir des habitudes plus nobles,
j'aurais pu donner un peu plus de mon temps aux salons, me
créer ce qu'on appelle « de belles relations » et me préparer
de la sorte un avenir mieux équilibré.

» Goethe s'est chargé de me justifier, il y a longtemps déjà.
dans ses *Épigrammes vénitiennes,* écrites en 1790. Voici ce
qu'il y dit en s'apostrophant lui-même :

» N'as-tu donc pas vu la bonne société ? Tes livres ne
» nous montrent que du peuple et des baladins, et pis encore.
» — J'ai vu la bonne société, c'est celle qui ne donne pas
» matière au plus petit poème. »

» Et après avoir laissé tomber cette phrase solennelle, ce
grand Gœthe était retourné sur le quai des Esclavons, pour y
admirer les bonds d'une petite danseuse de corde nommée
Bettina.

» C'est ce qui fait que je m'excuse d'avoir laissé prendre un
peu trop de ma vie au cabaret de Dinochau.

» Ainsi s'en allait ma pensée, place Saint-Marc, un jour de
décembre.

» Et toute la nuit qui suivit ce jour, pendant mon som-
meil, j'ai entendu le violon de Dinochau !... Ce violon endiablé
me rapportait ma jeunesse, mes amitiés, mes gaietés inoffen-
sives, mes chansons intéressantes, mes espérances couleur de
rose, tout ce temps perdu qui constitue le bon temps !

» Le violon ne s'est tu qu'au matin... »

... Tandis que les grands journaux, tenus sous la férule
d'une censure tyrannique, risquaient de sombrer corps et
biens, les petites feuilles satiriques, humoristiques, crois-
saient et multipliaient à l'envi : — c'était le triomphe de la
caricature et du mot de la fin. Monselet, sollicité de part
et d'autre, écrit partout à la fois. Pour toute feuille nouvelle
son nom semble une garantie de succès : il est le *Lambert*
de la littérature qu'on s'arrache à tous les festins. Aussi
retrouve-t-on principalement sa signature dans le premier
numéro — ce premier numéro toujours si vivant, si coloré,
si riche : Premier numéro du *Boulevard*, d'Étienne Carjat
(1ᵉʳ décembre 1861) et aussi du *Nain jaune*, d'Aurélien
Scholl (16 mai 1863). Parfois l'existence de ces feuilles est
tellement éphémère que l'article Monselet reste à l'état de
mythe, comme dans la *Silhouette*, de Jules Noriac, qui n'a

que quelques numéros (11 décembre 1859-5 février 1860).
Bref, c'est un éparpillement de nouvelles et de fantaisies
jetées à tous les vents de la petite presse.

Charles Monselet traverse encore un instant les bureaux
du *Journal de Paris*, de Jules Mahias (octobre 1859), collabore à cette publication d'Arsène Houssaye : *Paris qui s'en
va et Paris qui vient* (1859-1860) et reparaît enfin à l'*Artiste*
qui renaît de ses cendres (1860).

Les almanachs sont à la mode, Monselet écrit aussi dans
les almanachs (*Almanach du Monde Parisien* pour 1862, de
Fernand Desnoyers). Afin de justifier davantage un des titres
de sa réputation, il ressuscite même à son tour l'*Almanach
des Gourmands* (Paris, 1862), de Grimod de La Reynière, avec
le concours de Léon Gozlan, Fernand Desnoyers, Antoine
Gandon, Armand Barthet, Édouard Fournier, Bernard Lopez,
Pierre Véron, Amédée Rolland, Jules de Goncourt, Achille
Arnaud, Charles Jobey, Charles Coligny, Jules de Dax, etc.

« ... L'*Almanach des Gourmands* — écrit l'auteur, dans un
avant-propos — est une de ces publications impérissables en
France ; elles peuvent avoir des temps d'arrêt, motivés par
les bouleversements politiques, mais elles reparaissent toujours à la surface des époques calmées. On m'a engagé à
reprendre un titre et à continuer un ouvrage désormais
célèbre ; sans l'appui de mes confrères les plus accrédités
auprès du lecteur, j'aurais décliné une responsabilité si
haute. Mais du moment que leur collaboration m'était
assurée, il ne m'appartenait plus de priver le public de leurs
savantes ou charmantes élucubrations. »

L'*Almanach des Gourmands* réussit du moins à faire adopter
Charles Monselet comme un gourmet, ses différentes tentatives culinaires l'ayant singularisé aux yeux de la génération nouvelle, car Monselet compte déjà parmi les aînés :
Membre du comité de la Société des gens de lettres, son nom

a forcé l'attention et lui a gagné la sympathie ; l'homme de lettres arrivé a remplacé le débutant.

Vingt ans ont déjà passé en effet depuis les débuts de notre écrivain, et voici qu'une autre génération se lève, que des noms nouveaux se produisent, que le réalisme triomphe. Paris lui-même, le Paris si brillant du second empire, ne ressemble en rien avec ses élargissements et ses embellissements au vieux Paris dont Monselet a décrit les ruines. Quelques années ont suffi pour cette métamorphose : il semble qu'un siècle se soit écoulé.

« ... Monselet a vu la fin d'une génération et eut part au retentissement de l'autre, a écrit M. Paul de Molènes (*la Liberté*, n° du 22 mai 1888), — sans que son talent en ait été influencé. — Bien plus, son style, docilement, s'est toujours maintenu dans le courant le plus moderne, sans rien perdre pour cela du caractère spécial qui le rapprochait des écrivains d'un autre âge... Il avait fréquenté avec Alfred de Musset, noctambulé avec Gérard de Nerval et je crois bien que ses admirations les plus sincères le reportaient vers ce temps-là ; mais Monselet, il faut bien le dire, ne prit jamais part à aucun mouvement d'école, et la note qu'il a donnée dans les lettres a toujours été exclusivement personnelle... »

De l'hôtel de Bretagne, rue Croix-des-Petits-Champs, où nous avons laissé notre écrivain en 1854, quel chemin parcouru ! Charles Monselet a déserté son cher Carrousel, bouleversé de fond en comble, transformé, méconnaissable, pour venir, après bien des détours, demeurer bourgeoisement rue du Faubourg-Poissonnière, 145. Marié à une femme simple et bonne dont l'existence aura été un long dévouement, bientôt père de famille et d'une nombreuse famille, l'homme prend rang dans la société et finit par se plier au rôle qui lui incombe. A son tour, M. Monselet, père de l'écrivain, retiré des affaires, est venu s'installer à Paris, dans le quartier des

Ternes : — le frère de Charles, marié également, consulte
avec intérêt les cours de la Bourse.

Il ne nous reste plus qu'à suivre le littérateur pas à pas —
à travers livres et journaux — dans cette dernière partie de
sa carrière : petit voyage au pays du succès où il ne pleut
que des bravos, où l'on ne récolte que des lauriers.

Sur ces entrefaites paraît, à la Librairie Nouvelle de Michel
Lévy, *les Galanteries du xviiie siècle*.

« ... Nul plus que Monselet n'a fouillé les arcanes secrets de
ce bizarre, terrible et voluptueux xviiie siècle : — il a assisté
au petit lever de la Pompadour ; il a pirouetté dans l'anti-
chambre de la Dubarry ; il a secoué le plus négligemment
du monde le tabac d'Espagne sur son jabot en point d'Angleterre ; — c'est un roué — fort heureusement innocent,
comme l'agneau pascal, des chatoyantes obscénités dont il se
fait l'historien... » Charles Bataille, *Diogène* (n° du 22 février
1857).

Monselet emprunte à ce siècle de roses et de poudre à
la maréchale ses petits romans licencieux et ses almanachs
grivois — bibliothèque galante dont il dresse un minutieux
catalogue détaillé et annoté.

« ... L'époque que nous avons choisie, écrit-il, est la fin du
xviiie siècle, d'abord parce que c'est celle que nous avons le
plus étudiée, ensuite parce que c'est celle qui offre l'amas le
plus considérable de livres bizarres et presque ignorés
aujourd'hui. Nous nous sommes borné aux romans, genre de
production voué fatalement à tous les caprices de la mode ;
et surtout aux romans anonymes, qui, écrits en dehors de
bien des conventions, — souvent aussi des bienséances, —
décèlent, plus que tous les autres, les courants d'idée d'un
siècle. Toute cette période enragée de volupté et d'esprit, comprise entre *Angola, histoire indienne* et *Aline et Valcour, roman*

écrit à la Bastille, nous avons tâché de la faire revivre dans la plupart de ses œuvres satiriques et clandestines, mais possibles.

» Il ne faut jamais que la manifestation imprimée d'un homme, quelle qu'elle soit, se perde entièrement... Ce n'est que tout autant qu'un roman est obscur ou rare que nous l'admettons dans notre bibliothèque. »

Mais voilà, d'autre part, qu'au moment où chacun va s'écriant : la Presse se meurt, la Presse est morte ! le banquier Moïse Millaud crée un nouveau type de journal quotidien à cinq centimes : *le Petit Journal,* qui obtient du premier coup un succès prodigieux ; — ceci en 1863.

Dès lors, toute la France se réveille chaque matin en lisant la Chronique de Timothée Trimm : c'est cet infatigable Léo Lespès qui exécute ce tour de force d'une causerie par jour — et cela pendant six ans — de 1863 à 1869.

« ... Ce Timothée Trimm — a écrit Monselet (*Mes Souvenirs littéraires*, Paris, 1888), est un des hommes de notre temps, qui ont bu le plus immodérément à la coupe de la popularité. Il n'a pas été célèbre, il a été fameux, — mais il l'a été autant que qui que ce soit au monde, fameux autant que Robinson Crusoë, autant que Polichinelle, autant que Marlborough, autant que Voltaire. Il a eu son heure d'éclat et de bruit qui a duré huit ou dix ans... Timothée Trimm, les cheveux ébouriffés, court, trapu, les jambes d'un basset dissimulées dans un vaste pantalon à la houzarde, vêtu d'un paletot-sac, chaussé de bottes pointues accusant la prétention au petit pied, avec quelque chose dans la physionomie d'un Balzac inférieur ; en résumé, l'élégance d'un marchand de contremarques...

» ... Un article par jour ! Dans l'origine, cela parut insensé, énorme, monstrueux. On n'avait jamais assisté à un tel tour de force... Et pendant quelques années le peuple ne jura que par Timothée Trimm ; ce fut un engouement, un fanatisme ; on s'empressa sur les pas de Timothée Trimm, autant pour le voir

que pour le lire, car, ainsi que je l'ai dit, à tous ses mérites,
il joignait le physique et le costume d'un Fontanarose. Un
article par jour ! cela supposait pour le peuple un phénomène
d'imagination, un puits de science, un colosse d'esprit, un
foudre d'éloquence. Un article par jour ! cela résumait aux
yeux éblouis des fruitiers et des cochers de fiacre Homère,
Chateaubriand et Eugène de Pradel. Aussi la renommée de
Timothée Trimm ne connut-elle plus de bornes ; il n'y a pas
eu d'acteur plus applaudi dans un théâtre, de gymnaste plus
acclamé dans un cirque. C'était bien là l'idée que le peuple
se faisait d'un homme de lettres chez qui il aime à retrouver
quelque chose de l'écrivain public... »

La vogue du *Petit Journal*, qui ne fut jamais dépassée,
balança bientôt la vogue des plus grands journaux : son tirage
atteint rapidement le chiffre de 200 000 exemplaires, considéré
jusque-là comme fantastique.

C'étaient les théories d'Émile de Girardin mises en pratique,
et l'on s'étonne de ne pas trouver tout d'abord à la tête de
cette opération ce fameux financier de lettres.

Mais quelle révolution causée dans la presse par ce petit
carré de papier ! Les prix payés aux rédacteurs de cette feuille
sont aussi fabuleux que le chiffre de tirage : on parle de vingt-
quatre mille francs par an à Léo Lespès pour son article quotidien ; M. de Villemessant se trouvait bien distancé, mais
l'annonce et la réclame commençaient aussi à se faire jour à
travers les lignes, jusqu'en première page.

Le romancier Ponson du Terrail survint par là-dessus avec
l'histoire de *Rocambole*, inaugurant un nouveau genre de
roman feuilleton qui, continué plus tard par Gaboriau, de
Montépin, du Boisgobey, Richebourg, et autres, assoit la
triomphante fortune de ce petit journal.

D'autres chroniqueurs entrèrent au *Petit Journal* à la suite
de Léo Lespès, entre autres Alfred Assollant, Pierre Véron.

Victor Cochinat.., etc. Charles Monselet ne fut pas des
derniers appelés : dès le mois de janvier 1864, on le voit franchir le seuil de cette petite maison de Frascati. qui fut le
premier hôtel du *Petit Journal* : il devient bientôt un des
collaborateurs assidus de la nouvelle feuille en même temps
qu'il est un des favoris de Millaud.

La même année 1864 voit naître le *Journal illustré*. tenu
sur les fonts baptismaux par le *Petit Journal* et le *Journal
de Paris* : c'est le premier journal hebdomadaire illustré à
bon marché (dix centimes le numéro), dont la vogue dure
encore et à laquelle notre journaliste a contribué pour sa
part, au début[1]. Mais cette vogue fut un instant balancée
par la création du *Nouvel Illustré* (24 avril 1866). quotidien
illustré à cinq centimes. Monselet y entreprend la causerie
quotidienne, causerie faite surtout de broutilles, d'anas et de
nouvelles à la main, qu'il poursuit durant un an sans être
pour cela à court d'haleine.

Tout cela n'empêche pas Charles Monselet de produire coup
sur coup deux volumes où se retrouvent le meilleur de son
talent, le plus clair de son esprit : — d'abord *Fréron ou l'Illustre
critique; Sa vie, ses écrits, sa correspondance*, etc. (Paris, 1864).
qui rattache une fois encore l'auteur à ce xviii° siècle auquel
il revient sans cesse par goût et par plaisir autant que par
admiration et qui répand à son tour sur son historiographe
un peu de cette poudre d'or, de ce vernis régence qui sied à
merveille à M. de Cupidon: — ensuite *les Femmes qui font des
scènes*, livre plein de modernités, fait d'études et d'observa-
tions, physionomies prises sur le vif et rendues avec éclat.
Autant dans *Fréron* Monselet fait preuve de sérieuse érudi-

---

[1] Entre-temps. Monselet se trouve sollicité par un aimable confrère.
M. Adrien Marx. pour écrire la préface d'un charmant petit volume. illustré par Gustave Doré (!) *Histoires d'une minute* (Paris. 1864. Dentu). A ces
histoires d'une minute. Ch Monselet accorde une minute... de préface.   A. M.

tion, autant dans *les Femmes qui font des scènes* montre-t-il de gaîté et de finesse, s'abandonnant librement à la fantaisie et à la malice. En paraissant à la même époque, ces deux livres dédoublent, mieux que la plume ne pourrait le faire, le caractère de leur auteur qui cache un littérateur de race sous les apparences d'un amuseur de qualité.

Voici comment débute Charles Monselet à propos de Fréron :

« Je me trouvais à Quimper au mois de mai dernier ; c'est là que le souvenir de Fréron vint me frapper tout à coup. Fréron est né à Quimper, en effet ; cela ne doit pas surprendre : il ne fallait rien moins qu'un Breton pour la tâche de résistance que représente *l'Année littéraire*. Depuis longtemps, je m'étais proposé d'étudier cet homme, autour de qui s'est fait tant de bruit et se sont agitées tant de passions ; ce projet me revint naturellement à l'esprit. Le deuxième jour de mon arrivée, je me rendis à la bibliothèque de Quimper et j'y demandai, sans croire beaucoup au succès de ma demande, les œuvres d'Élie-Catherine Fréron. Je savais l'indifférence de certaines villes de province pour leurs enfants. Eh bien, à ma surprise et à ma satisfaction, l'aide-bibliothécaire me conduisit devant une dizaine de rayons où s'étalait, en très convenable état et à hauteur de main, la collection complète des trois cents volumes environ de *l'Année littéraire*.

» Une fois à ce râtelier, j'y pris goût. J'étais comme bien des gens, je n'avais lu de Fréron que quelques numéros isolés. L'ensemble de son recueil, difficile à rencontrer, et la commodité où je me voyais de le consulter, gagnèrent pendant huit jours un habitué de plus à la bibliothèque de Quimper, qui dut m'en être reconnaissante. J'aime ces bibliothèques de province, calmes et propres comme des dortoirs de couvent, toutes parfumées de la bonne odeur des boiseries et des reliures, à peine hantées par quatre ou cinq lecteurs silen-

cieux. Chaque matin, je m'installais dans celle-ci, par un clair
soleil, seul à une table longue, à côté d'une écritoire en liège,
ayant devant moi plusieurs tomes de mon auteur. D'abord
un peu distrait, je m'enfonçais insensiblement dans les
cercles de son enfer, m'arrêtant devant chaque damné, touchant du doigt et réveillant des rancunes seulement assoupies.
Je n'avais eu jusqu'alors qu'une pitié instinctive, presque
secrète, pour Fréron, pour ce vaincu du xviii⁰ siècle. En
feuilletant son immense répertoire, j'arrivai peu à peu à la
sympathie. Qu'on ne se s'étonne donc pas si ces pages, com-
mencées en Bretagne et finies à Paris, ont parfois les allures
d'un plaidoyer. Jamais homme n'eut tant besoin d'être défendu.
Jamais écrivain ne mérita mieux de l'être. »

La presse fit un grand éloge de Fréron, qui cependant ne
trouva pas grâce aux yeux de la critique tout entière, mais
sur qui rejaillit toutefois une certaine faveur.

On cria aussi au paradoxe. Plus récemment, M. Henri
Fouquier a écrit, sous le pseudonyme de Nestor, les lignes
suivantes à ce sujet (*Gil Blas*, n° du 23 mai 1888) :

« ... La grande thèse d'érudition de Monselet, peut-on dire,
fut son Fréron... Une fois lancé à défendre Fréron, Monselet
ne manque pas d'aller jusqu'à attaquer vivement le « roi »
Voltaire. Ceci fut l'occasion de polémiques assez chaudes.
Monselet n'avait cependant pas tout à fait tort. Son compatriote Fréron, qui rédigea pendant sept ans *l'Année littéraire*, quelque chose comme la *Revue des Deux Mondes* de ce
temps-là, n'était pas l'idiot et le misérable que disait Voltaire.
Celui-ci, dans sa lutte contre Fréron, où il eut, d'ailleurs, des
traits exquis, dépassa la mesure au moins autant que son
adversaire, le mettant à la scène dans une comédie plus violente qu'agréable à lire. Incontestablement Fréron était courageux et indépendant... L'apologie de Monselet a donc
quelque raison d'être, et elle n'est pas, comme on le disait,

quand elle parut, un simple paradoxe. Mais que nous importe, d'ailleurs ! Voltaire, envers chacun de ses adversaires, — et on sait s'ils furent nombreux, — eut tort, ou du moins eut des torts. Il avait vraiment mauvais caractère, irritable, agressif... Mais Voltaire, d'une façon générale, avait raison contre ses ennemis et a eu raison d'eux. On peut donc aborder sans trop de passion des débats rétrospectifs comme celui auquel Monselet donna beaucoup de soin et on peut même y être un peu partial en faveur de l'oublié et du dédaigné dont il prit la mémoire en tutelle sans être accusé pour cela de faire œuvre de parti et de manquer de respect à Voltaire... »

Quant aux *Femmes qui font des scènes*, c'est un des volumes les plus répandus de Charles Monselet et aussi des plus reproduits.

Citer *la Rosière, la Bague, Ma femme m'ennuie, les Inventeurs, les Vétérans de Cythère, le Turc et le Grenadier, le Dîner du lancier, les Réputations de cinq minutes, le Chicard, l'Épître au roi de Prusse, le Répertoire d'un farceur*... etc., c'est citer le volume en entier et rappeler les plus francs succès de l'auteur dans un genre où il a marqué et qu'il a en quelque sorte créé.

A quelque temps de là paraît sous ce titre : *le Plaisir et l'Amour* — une nouvelle édition des poésies de Charles Monselet (Paris, 1865), augmentée des nombreuses pièces ou piécettes que le poète a composées depuis son premier recueil : *les Vignes du Seigneur*.

Je passe sous silence une parodie des *Chansons des rues et des bois*, de Victor Hugo, publiée vers le même temps, sans nom d'auteur, — insignifiante, c'est-à-dire inoffensive — pour en arriver à ce feuilleton retentissant que Sainte-Beuve a consacré à Monselet dans ses *Nouveaux Lundis* (*Constitutionnel*, 24 avril 1865) et dont ce volume de poésies était le prétexte.

Un feuilleton tout entier de Sainte-Beuve sur Charles

Monselet! Eh oui. Pour en comprendre en effet l'importance, il faut se reporter, — a écrit plus tard notre chroniqueur — à l'époque où les *Nouveaux Lundis* paraissaient périodiquement dans le *Constitutionnel*, et se rappeler le retentissement exceptionnel de ces morceaux de haute critique.

« Avoir un article de Sainte-Beuve était un des plus grands triomphes qu'un littérateur pût rêver. C'était pour quelques-uns d'entre nous comme la récompense de toute une carrière ; on recherchait d'autant plus ses articles qu'il ne les prodiguait pas à tout venant. J'ai connu des gens (Mme Louise Colet entre autres) qui étaient venus habiter dans son voisinage, exprès pour être plus à portée de le guetter et de surprendre sa bienveillance. Mais personne moins que Sainte-Beuve ne cédait à l'importunité ou à la séduction... »

Il est impossible néanmoins de reproduire ici ce feuilleton dans toute sa longueur — je n'en retiens que les grandes lignes, reportant le lecteur pour le surplus au tome X des *Nouveaux Lundis* (p. 70).

Edmond Texier a fait un joli portrait, *l'Homme répandu :* Charles Monselet est pour moi la figure vivante du littérateur qui se disperse, je ne lui en fais pas un reproche. Combien de fois ouvrant un petit journal, le lisant d'abord machinalement, je me suis laissé intéresser à la page où glissait mon œil ! J'ai continué, l'intérêt a redoublé, j'ai regardé la signature : le piquant article, vers ou prose, scène de mœurs, esquisse populaire, réalité prise sur le fait, gaieté légère où brille une larme, était signé Charles Monselet. Je m'y suis accoutumé et j'ai depuis longtemps écrit le nom de l'auteur sur mes tablettes (dût le mot le faire rire), je l'ai noté pour un sujet futur, un jour où je serai las du sérieux, où je relèverai de quelque gros ou grave article, au lende-main de considérations sur les destinées du monde ou d'une disser-tation sur l'*Iliade*. Je viens m'exécuter sans trop d'effort et payer ma dette envers celui qui m'a donné souvent du plaisir.

Après avoir ainsi portraituré son modèle :

« Personnage d'une quarantaine d'années, portant lunettes,

bonne mine, mâle encolure, tête posée avec aplomb, menton
ras et double, lèvre fine, ferme, prompte à la malice... » Sainte-
Beuve loue la veine poétique de Charles Monselet, son émo-
tion contenue — puis poursuit de la sorte :

... Je ne saurais me flatter de le suivre partout, de l'étudier avec
méthode et de l'embrasser, comme on dit, tout entier. Ce ne serait
pas chose aisée. Je ne ferai donc pas le tour de l'auteur ; j'irai à travers
ses trente ou quarante petits et moyens volumes (il n'en a guère
moins) comme à travers champs...

Érudit et bibliographe, chassant sur la piste de Charles Nodier, il
s'est de bonne heure attaché à de certains noms secondaires, à des
écrivains plus cités que connus ; en ce genre, le rare, le clandestin,
l'amusent, le tentent...

Il faut bien aussi que je fasse mon métier de critique grave, d'écrivain de grand journal, et que je ne donne pas raison en tout, que je
ne paraisse pas rendre les armes à mon auteur d'aujourd'hui, à ce
premier d'entre les petits journalistes, ainsi que je l'ai entendu qua-
lifier. M. Monselet a donc voulu réhabiliter Fréron : il n'est pas le
premier qui l'ait tenté ; je me rappelle, il y a bien des années, avoir
entendu là-dessus, à l'Athénée, une leçon de notre ami Jules Janin,
qui fit précisément la même tentative. Je résistai alors, je résiste
encore...

Je dirai à M. Monselet que son plaidoyer m'a intéressé, m'a instruit,
mais ne m'a point convaincu...

Pardon ! mais pour tous les autres oubliés et dédaignés, je suis
d'accord avec M. Monselet...

Grimod de La Reynière, le gourmand rubicond, généreux, l'amphitryon prodigue des gens de lettres, avant 89, et qui n'est mort qu'en
1838. M. Monselet l'a traité avec amour, j'allais dire avec appétit, en
homme qui aurait voulu être de ces fameux soupers de 1783, dans
cette maison du coin des Champs-Elysées (aujourd'hui le cercle Impérial), avec les Trudaine, André Chénier, Fontanes, et même le délicat
M. Joubert... On ne le saurait pas d'ailleurs, on devinerait vite, à la
manière dont M. Monselet parle de Grimod, qu'il est lui-même de la
confrérie des amateurs de la table et de la fine chère... Il faut voir
comme il en parle. Je ne ferai pas la petite bouche, je ne dirai pas
que c'est chez lui un faible, — c'est un de ses talents.

Il y aurait maintenant à envisager M. Monselet par un autre aspect
(car il a cinq ou six aspects et plus, bien des faces ou facettes), à

le montrer auteur de saynètes, de figurines, de statuettes, de petits
tableautins, de croquis « pas plus grands que l'ongle », de parodies et
de malices de toutes sortes, dans les petits journaux où il écrit depuis
quinze ans et où il s'est disséminé. Un jour, les Monselet futurs y
feront leur choix. Ces tableaux de genre à la Lantara, à la Saint-Aubin
gagnent à vieillir. C'est plus prosaïque que Baudelaire, c'est moins
cherché aussi...

Arrêtons-nous nous-même, de peur d'être bien long sur un auteur
court et de paraître pesant à propos d'un esprit léger. Monselet a une
qualité précieuse : il est dans la veine française, mot dont on abuse et
qui est vrai pour lui. Il a du bon esprit d'autrefois, de ce qu'avait
Colnet, celui qui a fait une si jolie scène de la Harpe à table, dévot et
gourmand. Piquant et naturel avec grâce, il a la gaieté de bon aloi ;
sa façon d'écrire est nette, vive et claire. Il n'a jamais été dupe, dans
sa vie, ni de la couleur ni de l'emphase... Il jette au vent d'heureux
dons, de l'imagination, de la fantaisie, de l'esprit sans jargon, de la
malice souvent fort leste, mais sans fiel ; il y joint du sens, un fonds
de raison, un avis à lui et bien ferme. Il a une vertu du moins, il
aime son métier, et il le considère comme un but, non comme un
moyen...

Ces lignes tombées de haut consacrèrent définitivement le
talent de Charles Monselet et mirent le sceau à sa réputation ;
— c'est cet article de Sainte-Beuve qui décida en partie de la
décoration de l'homme de lettres, objet d'éloges aussi flatteurs. Pourtant le 14 août 1865 on lui préféra Xavier Aubryet.
son ami. Mais, l'année suivante, le ruban de la Légion d'honneur vint enfin récompenser l'écrivain de ses longs efforts et
de ses nombreux travaux : Monselet se trouvait décoré en la
brillante compagnie de Taine, Gustave Flaubert et Paul
Mantz.

XIII

Il est un Monselet dont nous n'avons pas encore dit le
moindre mot : c'est le Monselet qui s'est avisé de chausser les
souliers de Sterne pour aller de Montmartre à Séville, et
rayonner en tous sens, en Italie, en Suisse, en Allemagne, en
Belgique, en Hollande, en Angleterre, en Espagne et aussi par
toute la France, de Paris à Paris ; — c'est ce voyageur, sinon
en pantoufles, du moins en souliers à boucles d'argent ; — tel
M. de Cupidon en vacances.

Et ce serait dommage de passer sous silence ce côté heureux
de l'écrivain, car c'est dans ses voyages que perce surtout sa
bonne humeur, que son esprit se donne libre cours.

Monselet, voyageant, ne fait qu'appliquer après tout la
théorie développée par lui dans sa préface sur Stendhal :

« Un homme de lettres doit toujours être préoccupé du
désir de renouveler ses idées et son vocabulaire. Pour cela il
faut qu'il change souvent d'air et de milieu, il faut qu'il voie
la province, l'étranger, qu'il change ses habitudes, qu'il
contrarie ses instincts, qu'il soit quelquefois brutal envers
lui-même, téméraire, et qu'il ne fuie pas l'imprévu... »

Ainsi faisait Balzac, ainsi Alexandre Dumas, Alfred de
Musset, Théophile Gautier, etc.

Ne vous attendez pas, par exemple, à des descriptions :

« On m'a parfois reproché de *manquer de paysage*. — écrit-il
à ce sujet, — et d'être, à de certains égards, une nature trop
exclusivement citadine. J'avoue que, malgré moi, la civilisa-

tion me poursuit sans cesse et partout. En outre, j'ai une
manière de voir aussi absolue que naïve. Pour M. Jourdain,
tout ce qui n'était pas des vers était de la prose, et tout ce qui
n'était pas de la prose était des vers ; pour moi, tout ce qui
n'est pas la campagne est la ville, et tout ce qui n'est pas la
ville est la campagne.

» Ensuite, tout se ressemble à mes yeux. C'est-à-dire que,
selon moi, il n'y a au monde qu'une forêt, qu'une prairie,
qu'un fleuve, qu'une grande route, qu'une chaumière, qu'un
buisson. Appelez cela Fontainebleau, Compiègne, les Ardennes.
Cela est toujours la même chose. Qui me dira si c'est la Seine
ou la Saône, ce cours d'eau qui baigne tant de coquettes maisons, tant d'îles touffues ? J'ai beau me déplacer, toujours le
même ruban de queue se déroule devant moi, avec les mêmes
buissons blancs de poussière, et les mêmes moutons conduits
par le même chien. »

Simple paradoxe : Monselet est un observateur des plus
attentifs et des plus scrupuleux ; jugez-en plutôt.

« ... J'aime la diligence ; je la préfère au chemin de fer,
parce qu'elle me met en communication plus intime avec le
paysage, parce qu'elle me fait vivre un instant de la vie de
ceux qui passent, et enfin parce qu'elle va plus vite.

» Plus vite, oui, vraiment ; c'est du moins ce qu'il me semble,
à moi qui n'ai qu'une idée confuse des distances et qui crois
avoir fait beaucoup de chemin quand les chevaux ont bien
piaffé, les roues bien sonné, les vitres bien tremblé, le postillon bien juré.

» Bien juré, postillon ! — Bien rugi, lion ! — Je l'entends
encore, sur la route de Dinan à Saint-Brieuc, faisant claquer
son fouet, dont la corde capricieuse et agile menaçait mon œil
à chaque instant, car j'étais sur la banquette.

» Voici la chanson du postillon, telle que je l'ai notée pendant les relais : « Hue !... ktt, ktt, ktt, ktt..., hue, Péchard !...

» haï donc!... Oôôô... Hé! toi, vas-tu te ranger là-bas!...
» Cré vingt dieux!... Hue, Jean-Marie! tchok, tchok, tchok.

» Là, là, là... hue, carcan!... Qué qu'il a donc aujourd'hui?...
» Hue! hue! Caporal de bon Dieu! ktt, ktt, ktt, ktt... Y aura
» de l'eau, ben sûr..., hue! »

» Une fois j'ai essayé de me jeter en travers de ce mono-
logue, et je n'ai pas été récompensé de ma tentative. —
« Serons-nous arrivés dans une heure à Lamballe? » lui ai-je
demandé.

» Il ne m'a pas répondu et il a frappé plus fort ses bêtes :
mais au bout de cinq minutes il a grommelé : « — Ah ! ben
» oui, dans une heure! Vous avez ben le temps encore de
» gratter vos puces! »

C'est surtout en voyage que Monselet applique ses procédés
ordinaires de résurrection : il va droit aux humbles et aux
oubliés, il demande à la pierre son passé, dédaigne les voies
larges et neuves et s'enfonce dans les faubourgs, s'arrête aux
vieilles enseignes, s'enquiert de tout mystère et reconstruit
par bribes une époque disparue où il retrouve tout un monde
de connaissance ; — ainsi, nous l'avons vu passer huit jours à
la bibliothèque de Quimper et en sortir triomphalement armé
de pied en cap pour défendre Fréron.

A Lyon, il écrit l'histoire de Jérôme Coton, dernier chapitre d'une histoire oubliée et qui n'a jamais été faite : l'histoire du mélodrame ; ou bien encore il retrace la physionomie
de Mourguet, l'inventeur de Guignol.

« Un de mes étonnements, en arrivant à Paris, écrit Monselet, fut de voir dans les Champs-Élysées la plupart des
baraques de Polichinelle décorées du nom de *Guignol*. Je
n'avais pas été préparé à cette confusion ou à cette transformation de type, et j'en conçus beaucoup d'inquiétude. Machinalement, je prenais la route de l'Arsenal pour me renseigner
auprès de Nodier, lorsque je me rappelai que Nodier était mort.

» Il s'écoula donc quelque temps avant que je susse ce que c'était que Guignol...

» Enfin un hasard, je ne sais plus lequel, m'amena à cette découverte : que Guignol était une marionnette originaire de Lyon, moderne, ne ressemblant à aucune autre, ni par le langage ni par le costume, l'incarnation grotesque de l'ouvrier en soieries appelé *canut*.

» L'homme qui, dans un temps aussi troublé que le nôtre et aussi dévoré de soucis industriels, a la puissance de créer une marionnette et de l'imposer à son époque, cet homme-là me paraît aussi fort que Prométhée. Songez-y donc : une marionnette, une marionnette nouvelle ! au xixe siècle...

» ... Cet homme s'est trouvé cependant... Il s'appelait Mourguet; il était enfant du peuple, colporteur, marchand de chansons.... »

En passant, Charles Monselet venge Landerneau, Quimper-Corentin ou Carpentras de leur renom comique.

« Des villes comiques comme cela !... — s'écrie-t-il, — donnez-m'en beaucoup !... »

Il a écrit encore sur Bordeaux la valeur d'un volume et refait l'historique le plus fidèle de son Grand-Théâtre.

Le hasard — ou tout autre guide — le conduisant à Lille, il ressuscite son poète populaire François Cottignies, dit Brûle-Majon : à Boulogne-sur-Mer, c'est Frédéric Sauvage, l'inventeur de l'hélice ; à Sens, le sculpteur Jean Cousin ; à Rouen, le cordonnier Adrien Pasquier, qu'il met tour à tour en lumière, — cet Adrien Pasquier qui a consacré toute sa vie à écrire un *Dictionnaire historique et critique des hommes illustres de la Normandie.*

Traversant Strasbourg enfin, Charles Monselet a chanté Gambrinus, le roi de la bière.

C'est un flâneur incomparable, curieux, attentif aux moindres choses, mais sans cesse tourmenté, inquiet, l'esprit hanté

d'une vague paresse, préoccupé malheureusement de la copie
à faire, de l'article à terminer.

« Je ne voyage pas — disait-il un jour — je vais travailler
ailleurs, voilà tout !... »

Mais quelle joie lorsque sa flânerie naturelle, l'entraînant
tout à coup loin des flèches et des dômes, le pousse instincti-
vement et l'amène dans quelque ruelle étroite où se tiennent
d'ordinaire les libraires, les bouquinistes, les étalagistes !
Quelles délices lorsque, furetant et fouillant, il découvre,
comme dans la rue Gourmande, à Toulouse — sous un lot de
vieilles grammaires?... « une perle, un bijou, une rareté entre
les raretés » — l'*Imitation*, de l'édition Cazin, avec la
figure de Marillier, c'est-à-dire un petit livre pour lequel
les amateurs donnent habituellement carte blanche aux
libraires-commissionnaires ! »

C'est principalement à Bruxelles et à Londres que Charles
Monselet retrouve ses chers bouquins — et ses amis les bouquinistes ; — à Londres, où, dans une petite rue, parallèle au
Strand, étroite et obscure, se tiennent les librairies équi-
voques, les marchands d'estampes coloriées ; — à Bruxelles.
qui nous envoie à pleins tombereaux des volumes de galanteries pour lesquels il n'y a plus de frontières.

« ... C'est une vieille tradition dans la Belgique, et par
extension dans tous les Pays-Bas, qu'on y peut imprimer tout
ce qui n'est pas autorisé en France. Les presses du xviiie siècle
en font foi. Pays de liberté illimitée, même de licence...

» ... Un des premiers promoteurs de ce mouvement galant
a été l'éditeur Poulet-Malassis, qui, vers 1863, alla planter sa
tente à Bruxelles et inaugura une série de productions clandestines qui avaient pour excuse une typographie irréprochable, et des notes explicatives très malicieuses et surtout
très littéraires. C'est de cette époque que date la publication

du *Parnasse satirique du* XIX*ᵉ siècle* et du *Théâtre de la rue de
la Santé (Erotikon Theatron)...* »

L'Italie a également attiré notre écrivain ; il y revient tant
et plus, décrivant ses propres aventures, ses dîners, ses rencontres : il semble entendre alors l'abbé Galiani contant ses
voyages à la marquise d'Épinay.

Voici une jolie page — qui peut être considérée comme une
préface — où l'auteur a résumé sa manière de voyager et
expliqué les raisons qui le poussent à rendre compte de ses
moindres pas :

« ... Allons au hasard ; c'est la meilleure manière de voir et
de s'instruire ; errons à travers l'inconnu ; que tout devienne
pour moi conquête et révélation. Sterne et Henri Heine n'ont
jamais voyagé autrement ; ils s'arrêtaient sur les ponts, sous
les auvents des boutiques ; ils restaient bouche béante devant
une enseigne, une cage, une fenêtre, une robe enflée par le
vent. Ils oubliaient l'histoire, qui ne les oubliera pas, eux. Ils
étaient personnels, rien que personnels, tantôt avec un abandon réel et une grâce ignorante d'elle-même, d'autres fois
avec un ardent vouloir d'esprit ; et par là ils ont bien effrayé
les innocents flâneurs à leur suite, les naïfs chasseurs d'imprévu. Pour ma part, leur souvenir m'arrête court toutes les
fois qu'oubliant le lecteur, invisible et solennelle pluralité !
je me sens prêt à laisser *flotter les rênes* sur les pacifiques
coursiers de ma rêverie. Personnel ! et de quel droit ? par
quel titre ? Essayez donc de causer avec un sansonnet ou de
vous attendrir sur un marchand de tartelettes, avant d'avoir
écrit le *Voyage sentimental !* Osez parler de la couleur de vos
pantoufles et de vos souffrances d'amour sans avoir signé
l'*Intermezzo* et les *Aveux d'un poète !*

» Ah ! j'ai fréquemment et bien méchamment regretté, je
m'en accuse, que ces deux charmants esprits (à qui il a
manqué si peu de chose pour être de tendres âmes) fussent

venus au monde avant moi. Combien ils me gênent dans
le peu que j'ai à dire ! Combien ils me semblent se railler
à l'avance de ce que je vais tracer dans ma bonne foi et mon
désir de bien penser ! Ils hochent la tête tous les deux, en
» ayant l'air de s'écrier : « Ce n'est pas neuf ! nous avons écrit
» la même chose il y a dix ans, il y a vingt ans, il y a cent ans ! »

» Eh bien ! tant pis, à la fin ! Sterne et Henri Heine ne
m'empêcheront pas de me promener et d'écrire à la française,
— tout Anglais et tout Allemand qu'ils soient ? Qu'est-ce que
je fais, après tout ? Je suis sur mon domaine, tandis que ces
deux étrangers ne doivent peut-être qu'à leur transplantation
en France l'agréable et vif parfum de leur génie. Qui ne sait
que les orgueilleuses vignes du Johannisberg proviennent des
ceps de notre Bourgogne ?

» Et puis, tout bien considéré, je ne peux pas être autre
chose que personnel. De quelle façon m'y prendrais-je pour
être autrement ? Un pays, une ville veulent être habités au
moins quelques mois durant, avant de livrer le secret de leurs
habitudes, de leurs mœurs, de leur physionomie sociale.
Volney réside trois ans en Égypte et en Syrie, avant d'écrire
les Ruines. Moi, je passe, je regarde et je m'en vais. — Il est
impossible assurément que ce procédé soit le meilleur, mais
est-ce à dire pour cela que je doive me taire absolument ?
Tant de braves gens voyagent de la sorte, avec la même rapi-
dité et le même manque de loisir ? Pourquoi ne trouveraient-
ils pas dans le livre d'un littérateur aussi pressé qu'eux l'écho
de leurs impressions fugitives ? »

L'Espagne enfin, — où Monselet a marqué ses pas à la
manière d'un révérend échappé de quelque couvent de l'Estra-
madure, — l'Espagne a provoqué aussi toute son admiration.

Ah ! l'admirable lettre datée du pays de Figaro et adressée
à M. de Villemessant. Par-ci, par-là, l'aimable touriste
mêle au récit de quelque joyeuse aventure un court et tou-

chant souvenir, — lignes ensoleillées où circule l'ombre d'un
sentiment, — larme qui brille à travers les cils.

« ... J'ai toujours eu un tendre pour les vins d'Espagne —
écrit-il. — Est-ce parce que la littérature romantique les a
célébrés à lyre que veux-tu ? Peut-être bien. Je me souviens,
à ce sujet, qu'il y a douze ans environ, Henri Mürger et moi,
la tête pleine des poèmes amoureux et insolents d'Alfred de
Musset, nous achetâmes un soir, chez un épicier, une bouteille de xérès, que nous allâmes boire triomphalement tous
deux dans une chambre d'hôtel garni, rue Mazarine. M. Pierre-
Joseph Proudhon, à cette époque, occupait, dans le même
hôtel, une chambre au-dessus de celle de Mürger. Ce fut d'une
façon toute tapageuse que nous décoiffâmes notre flacon.
Mürger m'appelait don Paëz et je l'appelais don Etur.

» Les réminiscences cavalières nous arrivaient en foule ;
nous portâmes la santé de Juana d'Orvedo, en invoquant tous
les saints de la Castille. Peu s'en fallut qu'à propos de cette
dame nous n'en vinssions aux mains ; il cherchait un poi-
gnard, et moi je voulais renverser la bougie d'un coup de
poing. Sur notre tête, on entendait les pas réguliers de
M. Proudhon, comme une moralité vivante. Nous fîmes
mutuellement de vains efforts pour rouler sous la table. Le
xérès, qui avait coûté deux francs cinquante centimes, était
atroce. Nous en fûmes très incommodés.

» Hélas ! l'heure du vrai xérès — du xérès de la Fonterra
— devait sonner pour moi seul ! et aussi l'heure du *valde-
peñas*, de l'*amontillado*, de l'*abocado* ! Vins éclatant, vins
de pourpre et d'or, philtres oubliés par les enchanteurs
d'Orient, j'ai demandé à vos aromes quelques-uns de ces
châteaux dont l'Espagne a le monopole ! »

Et de Séville comme de Rome, Monselet est revenu à son
point de départ, à Montmartre, — Montmartre, c'est-à-dire
Paris, qu'il avoue naïvement et sincèrement aimer : Paris,

auquel il a consacré plus d'une heure de délicieuse flânerie entre deux chapitres de roman ; Paris, qu'il a décrit dans ses coins les plus pittoresques, — feuillets légers arrachés à l'histoire de la grande ville pour prendre place en marge des grands mémoires de notre temps.

Les récits de voyage de cet agréable et spirituel conteur sont tout entiers contenus en deux volumes : *De Montmartre à Séville* et les *Promenades d'un homme de lettres*.

Ainsi voyageant, ainsi écrivant, Charles Monselet continue à produire sans interruption ; M. Pierre Véron a tenu à rendre cette justice à l'un de ses confrères (*Petite Presse illustrée*, n° du 23 février 1886) :

« ... La destinée de Monselet a été une perpétuelle anti-thèse.

» La nature l'avait fait passionnément paresseux. Sa profession l'a condamné à un labeur ininterrompu.

» C'est effrayant ce qu'a produit celui dont le rêve était de flâner toujours et partout, l'hiver sous le soleil de Nice, l'été sur les quais de Paris en compagnie de ses chers bouquins.

» Car Monselet est aussi un bibliophile de premier ordre, dénicheur d'éditions rarissimes et de pièces curieuses.

» Aussi s'est-il toujours réjoui de sa collaboration au *Moniteur* et au *Monde illustré*, qui lui fournit de fréquents prétextes pour venir passer sa petite revue des parapets.

» Il a déniché des merveilles dans ces explorations hebdomadaires. »

Charles Monselet a publié à la librairie de Michel Lévy un livre dont le titre — *les Années de gaîté* — reflète singulièrement cette époque qui précède 1870, — années de gaîté, en effet, et même d'ivresse pour la France, tout à la joie et qui s'endort au milieu des plaisirs sans songer que le réveil sera terrible ; années de succès pour l'auteur en particulier qui boit avec délices à cette coupe enchantée qu'on appelle la vogue.

De 1866 à 1870 paraît l'*Almanach des rues et des bois* pour
1866 et 1867 — publication anonyme, mais due à la collaboration de Charles Monselet et Richard Lesclide, — puis, régulièrement, chaque année, l'*Almanach Gourmand* — collection
curieuse, aujourd'hui recherchée, de nouvelles plaisantes ;
toutes, cela va sans dire, empruntant leurs sujets à la gastronomie.

En suivant notre écrivain à la piste — et sur toutes les
pistes — on le retrouve à la *Petite Revue* de René Pincebourde
où il publie un complément à la *Lorgnette littéraire* :

« Il paraît que ce petit livre a fait son chemin — écrit-il —
puisqu'il s'est vendu. — Il paraît qu'il veut le faire encore,
puisqu'on le réimprime. Laissons faire. Mais précisément
parce qu'il a eu quelque succès, je n'y veux rien changer.
C'est de la superstition et peut-être du courage. J'y ajoute
seulement les noms nouveaux qui se sont produits depuis
quelques années.

» Depuis quelques années, la mort a fauché dans ce volume.
Fallait-il pour cela supprimer des plaisanteries? Je partage
les idées riantes des anciens sur la mort, que je considère
comme un spectre aimable, comme la fée libératrice. Mots
railleurs, épigrammes sans violence, continuez donc à vol-
tiger sur ces mémoires reposées ! Tels les coquelicots se
balancent sur le gazon des cimetières. »

A la *Vie Parisienne* — fondée par Marcelin, en 1863, et qui
eut une si brillante période, Charles Monselet signe par intervalles du pseudonyme *Dom* quelques articles de genre : à
l'*Étendard*, dont Auguste Vitu est le rédacteur en chef,
Monselet rédige le feuilleton dramatique (1868-1869) sans
préjudice de ses comptes rendus du *Monde illustré*. Par intervalles encore, Monselet collabore au *Journal illustré*, d'Henry
de Montaut, à la *Petite Presse*, de Balathier-Bragelonne
(1870) et même à la *Gazette des courses !*

Enfin le 6 novembre 1869, le *Moniteur universel* commence la publication du *Canif de Damiens*, — le meilleur, sans contredit, des romans de l'auteur, où il met en scène ce personnage bizarre, demi-fou, qui tenta d'assassiner Louis XV : — c'est encore le prétexte pour Monselet d'une longue et intéressante promenade à travers le XVIIIᵉ siècle — toujours ! — qui prend fin au supplice de Damiens, rapporté scrupuleusement dans toute son horreur.

Ainsi que Monselet se pose de journal en journal, de même il court de librairie en librairie (ils sont plus de vingt libraires à posséder ses œuvres complètes, et c'est un des côtés très caractéristiques de l'auteur que cet éparpillement de tout son bagage).

Achille Faure édite en 1866 les *Portraits après décès* où l'on retrouve quelques-unes des biographies parues dans *Statues et Statuettes*, à côté de nouveaux portraits, tels que ceux d'Édouard Ourliac, d'Anténor Joly, d'Henry Mürger, enlevé prématurément en 1861, de Gérard de Nerval, trouvé pendu un matin dans la rue de la Vieille-Lanterne, d'André de Goy...

Les *Premières Représentations célèbres*, à la même librairie (1867) contiennent les feuilletons dramatiques les plus importants du critique du *Monde illustré*, de 1857 à 1864.

Dans l'intervalle, Poulet-Malassis venait d'éditer à Bruxelles les *Quatre Métamorphoses*, de Népomucène Lemercier, dans des conditions particulières de luxe qui font qu'aujourd'hui l'on paye couramment vingt-cinq francs ce petit volume, devenu rarissime. Les *Quatre Métamorphoses* sont précédées d'une étude par Charles Monselet, extraite des *Galanteries du XVIIIᵉ siècle*.

En 1867 paraît encore, chez l'éditeur Le Chevalier : *Acteurs et Actrices*, physionomies parisiennes appartenant au monde théâtral et dessinées par Monselet avec beaucoup de vérité.

« Au moment d'abandonner ce petit livre à son destin —
écrit l'auteur — je ne peux m'empêcher de songer à l'un de
mes confrères qui l'aurait écrit bien mieux que moi s'il vivait
encore, à Darthenay, l'homme-théâtre par excellence. »

Et voilà encore un ressuscité, qui ne s'attendait guère,
celui-là, à cet excès d'honneur.

Son portrait est d'ailleurs tracé d'une façon fort plaisante
en même temps que l'époque où il a vécu :

« ... D'où vient que je revois fréquemment cette figure
humble et bonne ? Lorsqu'il nous quitta, il y a plusieurs années
(quelle vilaine pluie il faisait à son enterrement !), il avait *brillé*
sous la Restauration. Le libraire Ladvocat le considérait, et
la *Contemporaine* lui *décochait* quelques sourires.

» Darthenay ne vécut que pour le théâtre; il connut tous les
genres, s'assit à toutes les places, fréquenta tous les direc-
teurs : le baron Cès Caupenne, qui portait une douillette, et
Antony Béraud, qui portait un habit bleu et des éperons;
Ancelot, qui était de l'Académie, et Bouffé, qui était du
Caveau...

» Il fut de tous les triomphes et de toutes les chutes, de
toutes les pluies de bouquets et de toutes les averses de
pommes cuites. Il vit des pièces plus fabuleuses que les
chimères et des auteurs plus extraordinaires que les griffons.
Il coudoya René Perrin, Draparnaud, Charles Hubert. Il vécut
dans l'intimité d'artistes météores dont il n'est pas plus
question aujourd'hui que des solendguses et des garagians,
de Victor, qui balança la réputation de Talma, et de
Mᵐᵉ Gougibus, qui précéda Mᵐᵉ Dorval. La petite Fonbonne
l'appelait « mon bon ami » et il eut l'heur inespéré de
recoller au célèbre Edmond son nez impérial, qui était
tombé par terre.

» Il vit Hyppolite Bonnelier jouer *Orosmane*. Il entendit
siffler *la Nuit vénitienne* d'Alfred de Musset à l'Odéon, et applaudir *les Badouillards* de Siraudin au théâtre de la Porte-

Saint-Antoine. Il assistait à la première représentation
d'*Amazampo ou la Découverte du quinquina*, par M. Monti-
gny. Il était à *Jean de Bourgogne*, de M. Galoppe d'Onquaire,
aux *Atrides*, d'Arthur Ponroy, à *la Peste noire*, du vicomte
d'Arlincourt, et au *Carrosse du Saint-Sacrement*, de M. Prosper Mérimée.

» Et il rendit compte de toutes ces choses honnêtement,
sagement, benoîtement, sensément. Certes, oui, c'était à lui,
à Darthenay, qu'il appartenait d'écrire *Acteurs et Actrices*. Il
aurait apporté à ce léger travail son goût, sa mémoire, sa
certitude, sa bienveillance. Au moins ai-je voulu placer son
nom et son souvenir en tête de ces pages, qu'ils protégeront
peut-être. »

En 1868 — mais ceci relève autant du commerce que de
la littérature — Monselet célèbre en vers les *Potages Foyeux*.
Ces sonnets, au nombre de douze, réunis en une petite pla-
quette illustrée, constituent aujourd'hui une véritable rareté
bibliographique.

« Bien qu'ils aient été tirés à un nombre considérable — des
milliers d'exemplaires — ces douze sonnets ainsi réunis sont
devenus aujourd'hui presque introuvables, » — a écrit
M. Georges Vicaire, dans sa *Bibliographie gastronomique* que
j'ai déjà eu l'occasion de citer.

Enfin le libraire René Pincebourde tire à un nombre
restreint d'exemplaires et dans des conditions toutes spéciales
les Créanciers, recueil de pièces facétieuses, en prose et en
vers, qualifié par l'auteur d'*Œuvre de rengeance*, et orné
d'une *cruelle* eau-forte d'Émile Benassit.

Paraît également vers la même époque (1870) à la librairie
de Ferdinand Sartorius : *Jeanne et sa suite*, d'Angelo de Sorr,
volume précédé d'une notice de Charles Monselet.

Alors survient l'année terrible — alors sonne l'heure

fatale de l'échéance — de la déchéance aussi : — plus de gaîté, toute joie cesse pour faire place aussitôt au deuil, à la douleur. A peine les flons-flons de l'opérette font-ils entendre à nos oreilles leur dernier bourdonnement, que le clairon jette son appel strident, que le canon tonne, que la lourde botte du vainqueur pèse sur notre sol envahi.

Voici que la réalité se dresse tout à coup, effroyable, sombre tragédie, drame sanglant qui a nom la guerre.

> .... Soit ! encore une fois ! — Soit ! encore la lutte !
> La guerre, formidable voix !
> La mitraille qui plaide et le fer qui discute !
> Eh bien ! donc, encore une fois !
> Oh ! quel récit plus tard ! il faudra qu'on l'entende,
> L'œil hagard, le front pâlissant.....
> Mais par où commencer cette sombre légende.
> Qui roule un océan de sang ?
>
> (CHARLES MONSELET, *la Petite Presse*, 6 octobre 1870.)

.   .   .   .

Cette page de notre histoire — page douloureuse qu'on voudrait effacer — change en un instant la face des choses, bouleverse nos institutions, réforme nos mœurs, transforme nos idées.

Tout mouvement s'arrête : poésie, beaux-arts, littérature, subissent au moins un temps d'arrêt. La plume, le pinceau, l'ébauchoir n'ont plus rien à faire où règnent le sabre et le fusil... Passons !

XIV

« ... En littérature, la première révolution a donné la force,
la seconde révolution, la grandeur, la troisième révolution
donnera peut-être la vérité... »

En écrivant, vingt ans auparavant, ces lignes qui terminent
son étude sur Chateaubriand, Monselet ne croyait pas si
bien prédire : mais de même que les lettres n'avaient attendu
ni 89 ni 48 pour manifester leur caractère nouveau, de même
71 ne fut qu'un résultat. Encore une fois la révolution politique n'avait été que le contre-coup de la révolution littéraire.

Au lendemain de la guerre, Monselet écrivait encore à
ce sujet les lignes suivantes (*Petit Moniteur universel*, n° du
1er mars 1871, imprimé à Bordeaux) :

« ... La littérature a une lourde part de complicité et de
responsabilité dans cet écroulement subit d'un monde miné
depuis longtemps ; — j'entends la littérature de ces quinze
dernières années, celle qui, des demi-sommets, avait fini par
rouler jusque dans les bas-fonds, et par y demeurer.

» Ne perdons pas notre temps en récriminations inutiles. Le
mal est fait; n'accusons personne, afin de n'avoir pas à accuser
tout le monde. On convient qu'on a cédé à un vertige, qu'on a
été emporté, aveuglé. Cet aveu est déjà un pas vers le rachat.
Il ne faut pas en rester là, il faut continuer dans l'effort. Nous
savons comment nous sommes tombés, voyons comment
nous nous relèverons. Cherchons à indiquer et à préparer les

voies nouvelles. Le salut de l'avenir est dans une rupture absolue avec le passé...

» ... La littérature, à force de vouloir analyser la société, en était venue à d'effrayants résultats de décomposition. Elle avait des monstres de toute sorte à nous exhiber dans des bocaux ou dans des livres de formats variés. Elle avait plongé au fond de tout ; elle savait le fin mot et le dernier mot de toutes les turpitudes. Il importe qu'elle borne là ses conquêtes... Qu'aurions-nous à gagner à une science encore plus complète ? Écrivains, mes confrères, laissez reposer votre scalpel, et revenez bien vite à la bonne plume d'oie de nos pères et de nos grands-pères.

» N'hésitons pas non plus à nous débarrasser de ce mauvais esprit qui avait fini par gâter les meilleurs sentiments ; esprit gouailleur et funeste, sans grâce, sans retenue, sans pitié, et qui a contribué plus qu'on ne saurait croire à notre déconsidération ; esprit contourné jusqu'à l'absurde et cependant à la portée du premier venu. O la queue démesurée et misérable de Beaumarchais ! O les Rivarol du ruisseau !

» Lorsqu'on aura renoncé à cet esprit-là et à cette ardeur de curiosité, à tout ce que j'appellerai l'outrance, cette maladie de notre époque, il restera encore assez de force vitale pour reconstituer une littérature. Grâce au ciel, la France est la terre classique du talent : c'est une vérité reconnue et saluée du monde entier. Nous sommes une nation d'écrivains. Désespérons de tout, mais ne désespérons pas de notre cerveau. Seulement il sera nécessaire que le génie se résigne à subir une direction, à obéir à un parti pris. Son indépendance n'en souffrira pas autant qu'il pourrait le redouter ; on ne lui demande aucun sacrifice pénible : on veut le tourner vers le bien, voilà tout.

» Si j'avais un programme à formuler, voici comment j'essaierais de déterminer les conditions s'appliquant aux deux expressions les plus mondaines de la littérature : le roman et le théâtre :

» Replacer le roman dans le milieu d'observation et de style
où l'avaient laissé le Balzac d'*Eugénie Grandet*, et le Frédéric
Soulié du *Lion amoureux* : rompre avec les récits interminables
et les aventures sans vraisemblance ; ne plus faire l'injure au
peuple de le regarder comme un enfant qu'on doive sans
cesse bercer avec des contes de la lune ; ne le mystifier ni le
pervertir ; en finir surtout avec le roman judiciaire, cette
lèpre récente ; renvoyer Cartouche à sa roue et Dumollard à sa
guillotine ; en un mot, élever le niveau de l'intérêt. Ce n'est
certes point un idéal irréalisable ; et les romanciers accep-
teront avec joie de ne plus être les courtisans du lecteur,
mais ses inspirateurs. De la sorte, les rôles ne seront plus
intervertis comme ils l'ont été si longtemps.

» Faire la même chose pour le théâtre : assainir... Mettre
un terme à cette fièvre qui pousse la plupart des auteurs à
réhabiliter les gredins et les gredines... Je ne réclame pas un
théâtre spartiate. Je ne prétends pas ramener les générations
naissantes à la tragédie. J'appréhende même un répertoire
patriotique, car, à de rares exceptions près, les pièces destinées à « enflammer les esprits » et à « former » des héros sont
ordinairement assommantes. Loin de moi, sous prétexte de
moralité, de plaider la cause de l'ennui, un mot antifrançais.

» Dans ces conditions, dont je n'énumère qu'une partie,
bien entendu, on peut espérer une renaissance littéraire.
Alors, la critique, dont le rôle avait été forcément effacé et
rabaissé, la critique aura sa raison d'être et reprendra son
rang. Au lieu de s'acharner dans les revues après de lourdes
traductions de l'étranger, et dans les journaux après des
compositions de boudoir, elle rentrera dans des discus-
sions d'un ordre plus palpitant. Elle reviendra ce qu'elle
était jadis : la sentinelle du monde civilisé. »

Ces lignes, pleines de conviction et de noblesse, ne pou-
vaient avoir aucune influence sur l'avenir ; la littérature nou-

velle qui s'était manifestée dès longtemps avant 1870 allait affirmer sa toute-puissance au lendemain de cette sombre épopée politique.

Saluons l'avènement du *naturalisme*.

Mais Monselet, qui avait prédit et souhaité cette troisième révolution, ne devait la comprendre qu'à demi : — le but lui semblait dépassé. Il n'en fut pas moins un des premiers, en 1871, à ramener les esprits vers la littérature, et à chanter, en des strophes hardies, la renaissance artistique de la France :

> France, crois à ton étoile !
> L'ombre voile
> Pour un instant le chemin...
> Mais demain !
>
> Reine de l'intelligence,
> Ta vengeance
> Est d'emplir les nations
> De rayons !
>
> Tes livres sont tes armées
> Enflammées
> Et tu conquiers l'univers
> Par tes vers !
>
> Aveugle ou fou qui te nie !
> Ton génie
> Couvre l'espace, pareil
> Au soleil !

L'année terrible avait été terrible également pour les gens de lettres.

Charles Monselet s'était retranché derrière le *Monde illustré* ; le 20 août 1870, au début de la guerre, il commençait dans ce journal un roman intitulé : *Chanvallon — Mémoires d'un passant sous le Consulat et l'Empire*. Durant l'hiver de 1870-71, le *Monde illustré* est en outre rempli de ses feuilletons, de ses comptes rendus de théâtres — tant que les théâtres, au milieu de la fusillade, peuvent ou osent représenter quelque spectacle nouveau — de variétés de tous genres, de poésies.

Après la Commune, Monselet publie encore un nouveau
roman au *Moniteur universel* (26 juillet 1871) : *les Marges du
Code* (*La Belle Olympe*).

Charles Monselet se résigna alors une première fois, vers
cette époque, à se séparer d'une partie de ses livres, qu'il avait
mis tant de plaisir et d'ardeur à réunir : la séparation fut
cruelle. L'homme de lettres se cacha à demi sous le voile de
l'anonyme et dressa de sa bibliothèque un catalogue, des plus
détaillés, aussi recherché aujourd'hui des bibliophiles qu'un
de ses propres volumes.

« Ainsi que l'indique la couverture du catalogue, écrivit
Monselet dans une courte préface, la plupart de ces livres
proviennent de chez un écrivain bien connu — bien connu
par son amour de lettres, par son érudition spéciale, par ses
travaux bibliographiques justement estimés ; bien connu
aussi par son enjouement et par sa belle santé. — Car notre
écrivain est vivant et très vivant, Dieu merci ! C'est une vente
avant décès que nous faisons. Vous l'avez rencontré vingt fois
sur les quais, le long des parapets, bouquinant avec délices.
Pourquoi faut-il que ce flâneur souriant, que ce gourmet de la
littérature ait quelquefois maille à partir avec la destinée?
Demandez à La Fontaine et à Nodier ? Bien que cette collection
ne représente qu'une faible partie de sa bibliothèque, il ne lui
en a pas moins fallu des circonstances exceptionnelles pour
le déterminer à s'en séparer. Passe pour les petits romans
couleur de rose, qui ne conviennent plus peut-être à sa
maturité. Mais les livres d'amis, de camarades, de confrères !
Ce n'est pas sans un vif regret, et sans les avoir reparcourus
plus d'une fois que notre écrivain a pu se décider à leur dire
adieu. Nous n'avons pas à répondre pour lui à la question de
convenance qu'on pourrait soulever à propos de cette vente ;
tous ces ouvrages-là, il en a rendu compte, lors de leur apparition, dans les journaux où il écrit ; il peut à bon droit se

regarder comme quitte envers leurs auteurs. Les seuls qui
pourraient s'aviser de réclamer seraient ceux dont il con-
serve pieusement les productions... pour leur épargner l'humiliation de se voir délaisser aux enchères.

» Ce catalogue n'est-il pas d'ailleurs lui-même un nouvel
et dernier article ? On y trouvera des appréciations, des biographies en trois lignes, des portraits microscopiques, mais
fidèles. L'anecdote y fleurit, toujours inédite et piquante.
Il y a là une ressource pour les Mémoires du temps. Dans
cinquante ans, cet essai aura sa valeur exacte... »

Après quoi Monselet rentre dans le rang, c'est-à-dire recommence à s'escrimer vaillamment de la plume dans les petits
journaux qui l'accueillent à bras ouverts : — on le retrouve en
effet à la *Chronique illustrée* et au *Musée des Deux Mondes*, de
Bachelin-Deflorenne, au *Paris à l'eau-forte*, de Richard Lesclide, à la *Revue musicale et dramatique* d'Armand Gouzien, etc...

Le 26 février 1872, il adresse la lettre suivante à M. Millaud,
directeur du *Petit Journal* (nᵒ du 26 février 1872) :

A Monsieur le directeur du *Petit Journal*,

Il y a quelques années, à une époque où j'écrivais plus fréquemment
qu'aujourd'hui dans le *Petit Journal*, vous me disiez souvent: « Ne
vous y trompez pas; notre carré de papier, si petit, si modeste qu'il
soit, a des lecteurs à tous les étages de la société; il pénètre aussi
bien à l'Institut que dans les loges de concierge, et si je vous mon-
trais nos registres, vous verriez que nous avons les mêmes abonnés
que la *Revue des Deux Mondes*. »

Vous disiez vrai, mon cher ami.

Un beau jour, comme pour justifier vos paroles, M. Sainte-Beuve,
en quête de découverte et en veine de bienveillance, s'avisa de signaler
dans ses *Lundis* les courtes chroniques que je donnais alors au *Petit
Journal*, feuillets légers de l'histoire contemporaine, tableaux parisiens, croquis de la rue, anecdotes au crayon.

L'illustre critique s'était baissé, et comme un autre Vincent de Paul,
il avait daigné recueillir dans son manteau ces enfants perdus de la
littérature à un sou.

Je ne vous rappellerai pas ma surprise et ma joie : vous en avez été le témoin. Il y a de ces récompenses inattendues et inespérées dont on est touché profondément.

J'étais comme un pauvre à qui l'on a mis une pièce d'or dans la main.

Cet article des *Lundis* devint le point de départ de charmantes relations entre M. Sainte-Beuve et votre humble rédacteur.

L'aimable homme et le vif esprit! Que de grâce, de finesse, d'ardeur juvénile!

Quelles heures exquises, quelles soirées enchantées j'ai passées en causeries fécondes dans cette maison de la rue du Mont-Parnasse, dont la mort devait trop tôt franchir le seuil!

Il me reste au moins, du premier de nos critiques, des billets précieux, curieux, de spirituels griffonnages où sa malice se donnait libre carrière, comme celui-ci à propos de Gustave Planche, que j'avais essayé de défendre contre ce que j'appelais ses rancunes.

« Hélas! mon cher confrère, me répondit Sainte-Beuve, je crains bien que la clef de mes rancunes ne soit, au fond, dans mon odorat. Vous avez beau dire, je ne croirai jamais qu'un homme aussi malpropre ait été un homme de goût. Le goût, après tout, n'est que le plus subtil des sens. Excusez ma frivolité et mon excès de délicatesse. »

N'est-ce pas là tout un article en six lignes?

Aujourd'hui Sainte-Beuve n'est plus, mais son souvenir vit toujours en moi, pieusement entretenu par la reconnaissance.

Depuis cette approbation, ou plutôt cet encouragement, tombé de si haut, je me suis toujours promis, à travers les hasards de la vie littéraire, de revenir à la publicité du *Petit Journal*, à cette publicité qui m'a été si heureuse, et dont vous êtes le dispensateur, mon cher ami.

Ce sont mes chroniques d'autrefois que j'ai le désir de reprendre chez vous, mais plus assidûment et d'une façon plus régulière.

Permettez-moi de les placer sous le patronage de mon inventeur et de leur donner le titre de : *Mes Petits Lundis.*

Les « Grands Lundis » touchaient à tout, mes « Petits Lundis » se contenteront de tout effleurer.

Je n'ai d'autre ambition que de peindre quelques côtés de la vie physique et intellectuelle de Paris.

Lorsque les individus me manqueront, je me tournerai vers les livres. Je descendrai aussi dans la rue, comme jadis, et même, lorsqu'il fera beau, je pousserai jusqu'à la campagne.

A lundi prochain, mon cher directeur, accueillez cette lettre d'un revenant qui, de loin comme de près, vous garde sa meilleure amitié...

Les chroniques de Monselet, dès cette époque, revêtent un caractère tout autre : la gaîté d'autrefois y est remplacée par une inaltérable bonne humeur à laquelle vient se mêler une pointe d'un sentiment exquis; le ton en est plus élevé. l'érudition s'y glisse parfois, le souvenir y a sa large part.

Ah ! le souvenir !

Charles Monselet avait passé la première partie de sa carrière à se souvenir du xviii° siècle ; il devait passer la seconde partie à se souvenir de ses propres débuts, des hommes et des événements de cette époque.

Le souvenir! l'écrivain a beau le chasser, le souvenir le poursuit, l'obsède : prend-il la plume pour écrire quelque conte nouveau, repousse-t-il le livre pour ne pas céder à la tentation de lui emprunter quelques lignes, sa mémoire est la plus forte et sa pensée conduit sa plume. Mais la part d'originalité de l'homme de lettres est assez considérable pour que ses mémoires, loin d'amoindrir son œuvre, y ajoutent au contraire un mérite réel. Ces aimables causeries, rassemblées en hâte dans les dernières années de l'auteur, ont fourni la matière de deux volumes[1], qui seront plus tard très souvent consultés et auxquels, moi-même, j'ai emprunté force passages.

Quoi qu'il en soit, Charles Monselet se rendait compte cependant que le souvenir, auquel il cédait trop aisément, paralysait ses efforts et nuisait à la production d'ouvrages plus puissants.

Voici ce qu'il écrivait, à ce propos, dès 1866, dans le *Nouvel Illustré* (n° du 14 novembre) :

---

[1] *Petits Mémoires littéraires.* Paris, 1885. Charpentier. — *Mes Souvenirs littéraires.* Paris, 1889, Decaux.

« Je ne veux plus du souvenir. Le souvenir, c'est la vieillesse du cœur ; c'est l'impuissance de l'esprit. Un premier souvenir équivaut à une première ride.

» Quoi ! la moitié de notre vie, nous l'employons à gravir une haute montagne, et, dès que nous sommes parvenus au faîte, — nous nous surprenons à nous retourner et à regarder derrière nous ! Nous regrettons de ne plus avoir à recommencer le voyage. Le sommet ne nous console pas du sentier.

» Je ne veux plus du souvenir ! cela est entendu. Sourire, rêver, larmoyer, tendre les bras vers les figures et les choses disparues, voilà en vérité une belle occupation ! Si je m'étais moins souvenu, j'aurais plus souhaité.

» C'est le souvenir qui m'a perdu et qui me perd encore. C'est lui qui, lorsque l'action me réclame impérieusement, lorsque le devoir me dit : « Lève-toi et marche ! » c'est lui, le souvenir, l'ennemi qui arrive traîtreusement, et qui, posant la main sur mon épaule, me force à me rasseoir.

» — Où vas-tu ? me demande-t-il ; que vas-tu faire ? Agir, courir ? Intrigue et folie ! Tu ne retrouveras jamais de sensations pareilles à celles de jadis. Reste, crois-moi, et laisse-toi bercer par mes récits. Rappelle-toi...

» Et, à ces mots : « Rappelle-toi, » je m'accoude machinalement, l'oreille tendue, les yeux grands ouverts.

» Les visions commencent.

» Voici la maison paternelle, pleine de volumes le long des murs, pleine de jouets sur le plancher ; enfant, je vais des livres aux jouets, des auteurs aux polichinelles.

» Voici une allée de tilleuls, sombre et parfumée ; adolescent, je m'y promène, le cœur battant à éclater, relisant une lettre, — et attendant.

» Voici une mansarde dominant tout un côté de Paris ; jeune homme, j'y noircis d'encre un papier innocent ; je cherche le renom littéraire ; je crois à la conscience dans la production et à l'art pour l'art.

» Puis, ce sont encore des fêtes, des éclats de rire, mille folies, des croisées de restaurant illuminées, des voyages recommencés, des places et des quartiers réapparus, les orchestres des villes d'eaux, les couchers de soleil dans l'océan.

» Ainsi fait le souvenir, ce montreur de vieilles lanternes magiques. Que de temps perdu à ce stérile spectacle, aux heures où les autres hommes s'agitent, se hâtent, s'efforcent, s'illustrent ou s'enrichissent !

» Je ne veux plus du souvenir, je ne veux plus de la duperie. A la mer, à la mer, le passé ! Blême troupeau d'illusions, à la mer !

» Laissez-moi me tourner vers l'avenir, et ne regarder que lui. L'avenir, cet horizon des croyants et des forts. L'avenir aux magies infinies, aux perspectives éblouissantes ! L'avenir fait de hasards et de prodiges !

» Il doit y avoir en moi, comme en tout le monde, un second homme dont la seconde existence est proche, je le sens. Il faut qu'elle me trouve préparé pour les tâches nouvelles.

» Je ne veux plus du souvenir ! »

Revenu au journalisme, Monselet poursuit la série de ses *Petits Lundis* jusqu'à la fin de mars 1873 : — à cette époque, le *Petit Journal* traverse une crise, et notre chroniqueur quitte la maison si hospitalière des Millaud au moment où M. Émile de Girardin y fait son entrée.

Peu de temps après (28 juillet 1873), le journal l'*Événement*, dont M. Edmond Magnier venait de prendre la direction et qui devait avoir une si brillante période, charge Monselet de la critique dramatique.

Comme critique ou comme chroniqueur, Charles Monselet devait rester dix ans attaché au journal l'*Événement* et, en même temps qu'un grand nombre d'hommes de lettres —

tels que Aurélien Scholl, Léon Chapron, Arsène Houssaye.
Albert Wolff, etc., — concourir à la fortune de ce journal.

Mais sa collaboration à l'*Événement* n'empêche pas notre
écrivain de publier en 1874, dans le *Moniteur universel*, la
biographie des *Quarante académiciens français*. Après quatorze
de ces portraits, consacrés surtout aux littérateurs, et très
serrés d'exécution, l'auteur s'arrête devant la difficulté d'apprécier particulièrement les hommes politiques de la docte
assemblée — et abandonne alors la partie.

Cette fois — Charles Monselet se retourna vers le théâtre !
— le théâtre, ses débuts, son rêve d'avenir; le théâtre, pour
lequel il avait tant préparé de scénarios ; le théâtre, — cette
corde de son arc — qui en a tant.

Le théâtre de Monselet tiendrait aisément en un volume —
mais il est tel qu'on pouvait l'attendre de cet auteur pimpant
et souriant. C'est d'abord — en collaboration de M. Alphonse
Lemonnier — un vaudeville en trois actes : *les Femmes qui
font des scènes*, tiré en partie d'un de ses meilleurs recueils de
fantaisie, et représenté aux Folies Dramatiques le 21 juin 1872 ;
— puis une revue — la *Revue sans titre* — jouée aux Variétés
le 8 décembre 1876.

« J'ai voulu faire une revue — a écrit l'auteur dans une
courte préface — j'ai pensé qu'un genre où se sont essayés
Fatouville et, plus tard, Le Sage et Piron, n'était pas indigne
d'un lettré. Un auteur qui eût mérité d'être un des fournis-
seurs de la foire Saint-Laurent ou de la foire Saint-Germain,
M. Alphonse Lemonnier, a bien voulu m'aider de son expérience et de ses conseils...

» Ne me restât-il de cette tentative théâtrale que l'honneur
d'avoir fait réciter des vers de Corneille au théâtre des
Variétés, je serais content d'avoir écrit la *Revue sans titre*... »

Enfin le théâtre de l'Athénée a donné encore, le 14 mai 1880,

une comédie en trois actes — *les Dindons de la farce* — de
MM. Charles Monselet et Alphonse Lemonnier.

Charles Monselet a été également accueilli à la Comédie-
Française — en compagnie d'un écrivain délicat et poète
exquis que le Destin s'était plu à placer sur sa route, — j'ai
nommé M. Paul Arène, dont le talent sympathisa, dès la
première heure, avec celui de Monselet, — sympathie littéraire qui se changea en une amitié profonde.

Le résultat de cette collaboration fut un petit acte en vers,
l'Ilote, représenté le 17 juin 1875 — où les dons de chacun
des deux auteurs s'unissent et s'harmonisent si heureusement.

Mais la collaboration la plus précieuse de Monselet est
encore celle que lui proposa le compositeur Ferdinand Poise,
qui partageait les mêmes goûts et le même amour pour le
xviie et le xviiie siècle que l'auteur des *Oubliés et Dédaignés*.
Ce musicien, de talent si fin, si distingué, d'esprit si français,
s'accorda à merveille avec Monselet : les collaborateurs qu'il
lui présenta étaient en plus des gens d'une telle valeur ! Le
premier, en effet, s'appelait Marivaux — le Marivaux de *la
Surprise de l'amour*, que Monselet traduisit en un gracieux
livret d'opéra-comique. Le second s'appelait... Molière. —
Bah ! Molière ? — Oui, Molière, le Molière de *l'Amour médecin*
— et *l'Amour médecin*, sous la plume de Monselet, devint de
même un livret d'opéra-comique sur lequel Poise brodait ses
plus délicieux accords.

Ah ! les collaborateurs merveilleux que les auteurs en
compagnie desquels Monselet se présentait ainsi au public,
et comme notre écrivain savait se retrancher discrètement
derrière leur célébrité, tout en se glorifiant de leur voisinage.

> Messieurs, mesdames, nous voilà
> Avec Molière, en escapade.
> Dans les verts sentiers qu'il foula,
> Messieurs, mesdames, nous voilà !

> Faut-il s'étonner de cela ?...
> Le génie est bon camarade.
> Messieurs, mesdames, nous voilà
> Avec Molière, en escapade.
>
> . . . .
>
> . . . .
>
> C'est lui qu'ici nous vous rendons....
> Ou que nous cherchons à vous rendre.
> Avec ses danses, ses fredons,
> C'est lui qu'ici nous vous rendons.
> Avons-nous besoin de pardons
> Dans ce joli pays du Tendre ?
> C'est lui qu'ici nous vous rendons
> Ou que nous cherchons à vous rendre.

Après Molière, Poise amena encore à Monselet l'abbé d'Allainval. Un abbé ! cette fois, l'écrivain réalisait un de ses rêves. Collaborer avec un abbé du siècle dernier. Hélas ! Soulas d'Allainval n'était pas un petit abbé frisé et pomponné, abbé de ruelles, — c'était un malheureux auteur dramatique qui mourut de misère à l'Hôtel-Dieu. Il avait signé, entre autres ouvrages, *l'Embarras des richesses* dont Monselet s'inspira pour écrire *Joli Gilles*.

Tout le xviiie siècle y aurait passé de cette façon, quand l'incendie vint détruire l'Opéra-Comique de la rue Favart et séparer brusquement les deux collaborateurs, en même temps qu'il rendait à la retraite un directeur sans rival, un maître de la scène, M. Carvalho — à qui revient tout l'honneur d'avoir su mettre en lumière le talent exquis du musicien et la finesse charmante du poète, qui se mariaient si bien aux feux de la rampe, dans l'accord discret des violons.

Entre-temps, Poise présenta une dernière fois Monselet à La Fontaine et Champmeslé, le fabuliste et le comédien qui avaient en un jour de collaboration écrit *la Coupe enchantée*. Leur troisième collaborateur n'eut pas de peine à transformer en opéra-comique un poème qui semblait appeler la musique.

Cependant le compositeur avait mis toute sa gloire en une œuvre plus importante : — *Carmosine*, l'héroïne d'Alfred de Musset, avait inspiré le musicien, et Monselet, d'une main délicate, mena à bonne fin cette dernière adaptation.

Hélas ! Monselet n'est plus et Poise est depuis longtemps cloué sur son lit de souffrances : — *Carmosine* et *la Coupe enchantée* sont encore à représenter. Hélas, trois fois hélas !

O xviii⁰ siècle ! — siècle de clinquant, de rubans couleur de roses, de fanfreluches, de falbalas, siècle en pâte tendre, siècle Pompadour, — que viennent faire les guirlandes et les dentelles à notre époque de réalités et de matérialités !

Pour que la liste des ouvrages dramatiques de Monselet soit complète, il faut compter encore un petit acte — *Venez, je m'ennuie* — représenté le 24 août 1873 au théâtre de la Renaissance... Du Louis XV d'étagère !

Charles Monselet faillit aussi devenir directeur de théâtre : c'est là un souvenir qu'il s'est plu à raconter en ces termes :

« Une fois dans ma vie, j'ai été saisi du désir de devenir directeur de théâtre. Pourquoi cela ? Je n'avais pas cependant trop à me plaindre de la littérature ; mais que dirai-je ? L'envie de changer de profession, le besoin de réaliser quelques théories personnelles, un certain amour du paillon... Toutefois est-il que je me sentis hanté pendant quelque temps par les fantômes de Shakespeare, de Molière, de Harel, de Fournier et autres directeurs de théâtres renommés. Ce n'est pas la seule hantise à laquelle j'aie été sujet ; je pourrai raconter un jour comment j'ai voulu être peintre, libraire, monologuiste et rôtisseur... mais je n'étais né que cuisinier seulement.

» Ce fut vers l'an 1873 que cette fantaisie dramatique naquit dans mon cerveau. À cette époque, au milieu de l'été, je fis répandre à profusion dans les rues et sur les boulevards un prospectus qui était alors une curiosité et qui est aujourd'hui une rareté... »

Notre directeur voulait en somme ressusciter *l'Illustre Théâtre* du xviie siècle — et remettre en honneur certaines œuvres des maîtres anciens, les plus caractéristiques et les moins vulgarisées, telles que *le Sicilien* et *la Comtesse d'Escarbagnas*, de Molière, puis aller du Molière délaissé au La Fontaine inconnu, enfin ressusciter Dancourt et ses verdeurs joyeuses, Poinsinet, Collé, etc... — tout en laissant le champ libre aux auteurs nouveaux.

Mais l'écrivain avait compté, pour la réussite de son projet, sur les souscripteurs, et les souscripteurs ne vinrent pas : Charles Monselet fut ainsi renvoyé encore une fois à ses livres et à ses journaux..., j'allais écrire — à ses fourneaux !

C'est qu'en effet le gourmet semble reparaître après un long jeûne. En même temps qu'il publie *Gastronomie* (1874), notre chroniqueur commence dans l'*Événement* une série de *Lettres gourmandes* — qui relèvent autant de la littérature que de la cuisine, et où le parfum de l'ambre se mêle agréablement et discrètement à l'odeur de l'ail.

A cette époque, Monselet, toujours et depuis si longtemps déjà sur la brèche, a reconquis une nouvelle célébrité : — aux yeux de la génération actuelle, il est le type de l'homme de lettres répandu, touchant à la fois au théâtre, au livre, au journal, et à qui ses nombreux écrits ont valu une réputation méritée. C'est un des aînés de la littérature dont on reconnaît et apprécie l'érudition, c'est un homme aimable et accueillant, dont la renommée de bonté marche de pair avec celle qu'il s'est acquise d'un épicurien sensuel, amant de la bonne chère et des plaisirs.

Tel paraît Monselet à la surface, — tel le voilà étiqueté pour la postérité.

Philosophe avant tout — ayant fait depuis longtemps provision de philosophie — notre écrivain s'accommode d'ailleurs de l'existence ainsi faite, et l'existence, à son tour, semble un instant lui sourire : ses livres se succèdent et sont favorablement accueillis : *Panier fleuri* (1873); *Scènes de la vie cruelle; les Années de gaieté* (1875); *le Petit Paris* (1879) dénotent un véritable talent d'observation et d'analyse.

C'est alors que, sur ces entrefaites, — MM. Saint-René-Taillandier et Sylvestre de Sacy venant de mourir successivement. — Charles Monselet crut pouvoir se présenter à l'Académie française, non pas qu'il eût la prétention d'être admis du premier coup, mais espérant toutefois être engagé... à repasser un peu plus tard.

La lettre qu'il adressa à M. Camille Doucet, secrétaire perpétuel, mérite d'être reproduite en sa teneur :

Paris, 26 mai 1879.

Monsieur,

J'ai l'honneur de solliciter les suffrages de Messieurs de l'Académie française. Le fauteuil auquel j'aspire est celui de M. de Sacy.

Il y a plus de modestie à vous énumérer quelques-uns de mes titres littéraires qu'à vous les cacher. Les ouvrages où j'ai tâché de mettre le plus de moi-même sont :

Oubliés et Dédaignés, figures littéraires de la fin du XVIIIᵉ siècle ; *les Ressuscités; la Lorgnette littéraire; les Souliers de Sterne; Fréron; les Années de gaieté; les Scènes de la vie cruelle; le Panier fleuri*, etc., etc...

J'ajouterai que le souci de la langue française a toujours été ma principale préoccupation, même dans cette forme de publicité, le journalisme, à laquelle j'aurais voulu faire une part plus restreinte dans mon existence.

Peut-être l'Académie française excusera-t-elle ce que quelques-uns de mes livres ont de frivolité à leur surface, en se souvenant que le sourire est une des expressions particulières au caractère français.

Veuillez agréer, etc...

CHARLES MONSELET.

Les journaux applaudirent pour la plupart à cette démarche d'un de leurs confrères.

Voici ce qu'écrivit à ce sujet M. Pierre Véron, dans le *Charivari* du 7 mars 1879 :

« Charles Monselet, un des vétérans du journalisme fantaisiste; Charles Monselet, un des maîtres de l'art du bien dire; Charles Monselet, l'humoriste délicat, l'historien raffiné des *Oubliés et Dédaignés*, le critique ingénieux, pose sa candidature à l'Académie française.

» La chose est absolument certaine.

» Monselet, dès son retour de Nice, où il est en villégiature momentanée, commencera sa solennelle tournée de visites.

» Ici, je vois certains austères froncer leur majestueux sourcil, et, du haut de leur dédain olympien, grommeler :

» — Peuh ! voyez-vous cela !... un *petit journaliste* à l'Académie !

» (Prononcer *petit journaliste* en pinçant les lèvres, et *Académie* en enflant le son.)

» Et pourquoi non, s. v. p. ?...

» Où avez-vous pris d'ailleurs vos classifications ?

» Que signifie *petit* journalisme ?...

» C'est une des gloires de la France, que ce bataillon de francs-tireurs, toujours en campagne, qui a trouvé moyen de plus dépenser d'esprit que les soi-disant sérieux ne dépensaient d'ennui et de nullité.

» Le petit journalisme ! Presque tous ceux qui valent quelque chose en littérature ont passé dans ses rangs.

» A l'heure qu'il est, il a fait sa trouée dans les colonnes les plus solennelles.

» On ne peut plus se passer de lui.

» Allons, mon cher Monselet, portez ferme le drapeau.

» Oui, c'est comme petit journaliste, que vous devez être élu... si l'Académie tient à représenter vraiment sous toutes ses faces l'esprit français. »

Monselet se présenta donc aux suffrages de l'Académie

— après avoir, il est bon de l'ajouter, fait seulement quelques
visites. Notre candidat n'obtint qu'une voix, voix qu'on attribua
à son illustre ami Victor Hugo, mais qui revient, en toute responsabilité, à M. Xavier Marmier, à ce charmant vieillard,
à cet esprit si distingué.

A la mort de mon père, M. Alfred Barbou a tenu à fixer ce
détail et écrivit dans le *Journal illustré* du 29 juillet 1888, les
lignes suivantes :

« Pauvre et cher Monselet !

» Il eut une fois en sa vie le désir d'entrer à l'Académie française et, avant que sa mémoire soit oubliée du public, je veux
rétablir sur ce petit fait littéraire la vérité que je connais seul.

» C'était il y a sept ans environ. L'élection devait être fort
disputée. Monselet, que je rencontrai, m'entretint de ses
chances en souriant comme toujours sous ses lunettes.

» — Voulez-vous que je m'en informe ? lui dis-je.

» — Oui.

» Et je courus chez M. Xavier Marmier, chez qui la bonté,
l'affabilité, la bonne grâce égalent le savoir et le talent.

» M. Marmier, qui daigne m'honorer de sa bienveillante
amitié, me répondit :

» — Vous savez que je mets au premier rang la valeur littéraire de M. Monselet qui a autant d'esprit que d'érudition.
Vous me demandez la vérité, eh bien ! en ce moment, il n'aura
pas une voix, pas une seule !

» Et, comme je me récriais :

» — Voulez-vous qu'il en ait une ? poursuivit le charmant
conteur ; je lui donnerai la mienne, au premier tour de scrutin.

» — Merci, répondis-je, et, par un billet, je mis Monselet au
courant de la situation.

» A mon billet, il répondit par celui-ci que j'ai gardé :

Ah ! mon cher ami, cette voix fidèle sauverait mon honneur
littéraire !
Vous l'avez compris, ce procédé m'a touché profondément.

Guidez-moi en tout cela ; vous êtes assuré de me trouver chez moi demain mardi, de dix heures à midi.

Quoi qu'il arrive, grand merci à vous, mon cher Barbou.

CHARLES MONSELET.

» Je rappelle cet incident parce que, dernièrement, dans un journal littéraire, on a affirmé que cette voix donnée à Monselet était celle de Victor Hugo, fait tout à fait erroné, car Hugo n'avait rien promis, étant déjà engagé pour M. Leconte de Lisle. L'honneur de ce vote appartient à M. Marmier ; je le lui restitue. »

M. Alfred Barbou est dans le vrai ; — voici d'ailleurs, comme preuve à l'appui, le billet que Victor Hugo adressa à Charles Monselet, bien avant le vote de l'Académie :

8 mars 1879.

Vous connaissez, cher confrère, ceux pour qui je suis engagé avant vous, mais peut-être aucun ne se présentera-t-il. Dans ce cas-là, je serai heureux de voter pour vous. J'aurai la satisfaction d'être juste et la joie d'être ami.

VICTOR HUGO.

Ajoutons, pour terminer, qu'après cette tentative, Charles Monselet ne se représenta plus ; — mais il se rappela à temps qu'il y avait chez Arsène Houssaye un quarante et unième fauteuil et il alla frapper à la porte de son ami. Justement Théophile Gautier n'était pas encore remplacé : Monselet fut prié de s'asseoir.

XV

« Il y a, messieurs, dans l'œuvre de Charles Monselet, une toute petite page, fine et légère comme toutes celles qu'il nous laisse ; peu connue cependant, peu prisée peut-être des purs lettrés qui recueilleront ses écrits, — et c'est de cette page-là que je viens vous parler.

» Anacréon, une fois en sa vie, a fait de la politique. Il trouvait les lettres bien plus belles, et il avait raison : mais il a pensé, dans sa droiture native, qu'il fallait cependant bien vibrer quelquefois aux émotions de tout le peuple et quitter les jolies Muses pour les laides constitutions.

» Ainsi a-t-il fait, messieurs, car il avait beaucoup de libéralisme dans l'âme et son scepticisme n'était que de surface : de même qu'il avait fait simplement son devoir aux jours d'angoisse patriotique, il a, au moment du Seize-Mai, fiché la baïonnette au bout de sa plume, et il est allé de l'avant.

» Il y est allé avec ardeur, avec courage, avec talent, cela va sans dire. Et, comme l'indignation qu'il ressentait ne lui avait point fait perdre toute mesure, il put voir grossir le nombre de ses amis littéraires, en dépit des coups qu'il portait à ses adversaires politiques. Ce fut pour lui tout bénéfice, car il n'avait perdu la sympathie de personne, et il avait fait son devoir.

. . . .

» Certes, messieurs, sa politique ne fut ni pédante ni encombrante ; il en eut une cependant, et c'est par là, qu'auteur sans date, il se rattache vraiment à un temps où le scepticisme est

30

injuste, où l'indifférence est coupable, où l'abandon moral
serait criminel.

» D'autres vous ont parlé plus longuement de son œuvre,
messieurs ; je n'ai voulu, moi, que marquer d'un sinet une
page de sa vie... »

C'est un des journalistes les plus distingués de la presse
parisienne, M. Charles Laurent, qui s'est exprimé en ces
termes délicats sur la tombe de Charles Monselet — rendant
ainsi hommage à un écrivain qui, tout indépendant qu'il
s'était montré, avait su néanmoins, au moment du danger,
mettre tout l'esprit qu'on voulait bien lui reconnaître au
service d'une cause qu'il croyait juste.

On a parfois querellé Monselet au sujet de ses opinions
politiques, — mais il s'est expliqué nettement sur ce chapitre,
comme sur tous les autres.

Dame ! c'est que Monselet, né sous la seconde restauration,
témoin plus tard de 1848, arrêté comme journaliste sous
l'empire, et, finalement, assistant en 1870 à l'établissement
définitif de la république, — a traversé en somme une époque
assez tourmentée où il eût fallu l'*œs triplex* dont parle Horace
pour ne pas varier un seul instant.

Notre écrivain trouva son excuse dans ce proverbe :
« L'homme absurde est celui qui ne change jamais, » — et, à
son tour, il essaya de justifier ce proverbe.

Mais le xviiie siècle, qui avait déteint sur le littérateur, lui
avait prêté également ses tendances révolutionnaires, — et
Monselet, qui, en politique comme en gastronomie, avait
pu s'accommoder de différentes sauces, fut bien vite conquis
au nouveau régime.

Sa réponse au journal le *Pays*, — en décembre 1878 — est
nette et digne :

« ... Le *Pays* veut que je lui explique comment je suis
devenu républicain.

» Je pourrais envoyer promener le *Pays*, comme c'est mon droit; mais pourquoi? J'aurais l'air d'éviter un débat, sous prétexte que j'y ai été provoqué avec grossièreté.

» Je suis devenu républicain avec toute la France et comme toute la France, après le suicide de l'empire, après la morne reddition de l'épée napoléonienne.

» Cela ne paraît pas une raison suffisante au *Pays*, il est bien difficile.

» J'en ajouterai donc quelques autres.

» Je suis devenu républicain en m'apercevant que les plus grands écrivains de notre temps étaient républicains : Michelet, Victor Hugo, Edgar Quinet, Louis Blanc, Eugène Pelletan, George Sand, Ernest Renan, Henri Martin, Jules Favre, Auguste Vacquerie, Paul Meurice...

» Les noms et les plumes les plus illustres de notre époque !

» Et lorsqu'à ces génies, à ces talents, à ces convictions, à ces noms, j'ai voulu opposer les convictions, les talents, les génies, les noms des partis réactionnaires... Qu'ai-je trouvé ? Qu'ai-je rencontré?

» Laissez-moi me taire, n'est-ce pas ?

» Enfin, je suis devenu républicain en lisant surtout le *Pays*.

» Cela peut sembler surprenant, et cela n'est qu'exact.

» C'est en face de ces brutales polémiques, de ces invectives sans frein, de ce torrent d'insultes, de cette marée d'outrages, que je me suis senti pris d'une immense sympathie pour la république et les républicains.

» Je suis le produit direct du *Pays*.

» Et je continuerai à le lui prouver, tant que cela pourra l'amuser ou l'instruire. »

A vrai dire toutefois, et comme l'a justement fait remarquer M. Gustave Isambert dans le *Temps* (n° du 21 mai 1888), « Monselet n'a jamais eu de rôle politique. A ses débuts, il avait été assez imbu d'idées contre-révolutionnaires; l'expé-

rience de la vie avait fort modifié ses idées. Lors du 16 Mai,
scandalisé dans son libéralisme, il se jeta assez vivement dans
la campagne. Ce fut à peu près sa seule campagne de journaliste politique. On peut la retrouver dans un volume dont le
titre pourrait donner le change : *Une troupe de comédiens.* »

Si, désertant la politique, nous revenons à la littérature,
nous découvrons, à partir de 1879, un Monselet moins connu,
auteur d'un grand nombre de préfaces ou notices (il faut en
compter vingt-quatre) qui complètent son œuvre déjà considérable.

De ce Monselet-là, il a été moins question ; les lettrés et les
bibliophiles seuls le connaissent : certaines de ces préfaces
peuvent compter cependant au nombre des meilleures pages
de l'écrivain.

Par ses travaux, en effet, Charles Monselet a contribué pour
une large part à ce mouvement de résurrection littéraire qui
caractérise un instant notre époque pour se noyer bientôt
dans la production envahissante des modernes.

Les libraires, à leur tour, demandèrent à Monselet de vouloir bien présenter au public quelques-uns de leurs *ressuscités :*
c'est ainsi que Népomucène Lemercier, Marmontel, Cailhava,
Legay, Brillat-Savarin lui doivent un nouveau regain de
célébrité.

« Marmontel — écrit-il — a été poète au moins une fois
dans sa vie; c'est le jour où il a composé ce joli poème de
la Neuvaine de Cythère[1], qui tranche d'une façon si inattendue
sur le ton général de ses œuvres. Que nous voilà loin de *Béli-
saire* et des *Incas !* Comme l'Académie est oubliée, et bien des
choses avec elle ! On savait Marmontel un ingénieux écrivain
en vers et en prose; tel de ses *Contes moraux* est d'un tour
aimable; ses livrets d'opéras-comiques pour Grétry ne sont

[1] *La Neuvaine de Cythère.* Paris, Barraud, 1879.

pas dépourvus de grâce; mais on ne le connaissait pas artiste
au point de ciseler ce brillant joyau de *la Neuvaine de Cythère*.

» On aurait pu s'en douter cependant. A feuilleter les Mémoires du temps, et même les siens, on acquiert facilement la
conviction que c'était un gaillard, pour nous servir d'une
expression consacrée. Son encolure de montagnard, le milieu
où il se trouva jeté dès son arrivée à Paris par ses succès
précoces le prédisposaient aux aventures. A vingt-quatre
ans, il avait une tragédie jouée et applaudie à la Comédie-
Française... »

La biographie de Marmontel, simple esquisse, entraîne
Charles Monselet chez le financier La Popelinière, l'auteur du
Tableau des mœurs du temps, — et les mœurs de ce temps-là,
Monselet les décrit avec une grâce parfaite, et avec la même
scrupuleuse exactitude qu'on apporte à un ressouvenir —
retraçant les aventures de Marmontel avec la comédienne
Clairon ou avec Mlle Navarre et Mlle Verrière, qui étaient les
maîtresses du maréchal de Saxe... Encore une fois, je renvoie
le lecteur au volume.

Il m'est impossible, par exemple, de passer sous silence les
lignes que Charles Monselet a consacrées à Brillat-Savarin, en
tête de la remarquable édition de la *Physiologie du goût* qu'on
doit au libraire Jouaust :

« Depuis longtemps, j'avais un mot à dire de Brillat-Savarin. Cette figure, souriante plutôt que riante, ce demi-ventre,
cet esprit et cet estomac de bon ton, me tentait. L'occasion ne
saurait être meilleure et j'en profite.

» Anthelme Brillat-Savarin ou Brillat de Savarin (car il a
signé ainsi son *Essai sur le Duel*) naquit à Belley, dans l'Ain, le
1er avril 1755, et mourut à Paris le 2 février 1826. C'est donc
une carrière de soixante et onze ans qu'il a parcourue. Il a eu
le temps de manger.

» La nature l'avait d'ailleurs prédestiné à cette importante fonction ; elle lui avait donné une haute taille, une santé robuste et un fond précieux de bonne humeur. Sans ambition, enclin à l'étude, suffisamment riche, il semblait devoir mener l'existence paisible et heureuse d'un avocat de province qui a son couvert mis dans toutes les bonnes maisons. Jusqu'à trente-quatre ans, en effet, on le voit aller et venir dans ce fertile pays du Bugey, tantôt s'attablant aux grasses hôtelleries où les volailles rôtissent par chapelets, tantôt faisant vis-à-vis à quelque jovial curé, d'autres fois tenant tête à de bruyants chasseurs. Déjà s'amassaient dans sa mémoire ces précieuses recettes qu'il devait léguer à la postérité : la *fondue*, l'*omelette au thon*, le *faisan étoffé*, etc.

» La Révolution vint couper court à ces joyeuses parties. Ses concitoyens, qui avaient su apprécier en lui d'honnêtes qualités, l'envoyèrent à l'Assemblée constituante. Brillat-Savarin n'y fit pas plus mauvaise figure qu'un autre ; mais il n'y parut pas préparé pour l'œuvre considérable qui s'apprêtait. De retour dans son département, il fut nommé président du tribunal civil. On voulait à toute force lui faire jouer un rôle. Qu'attendait-on de lui ? Je ne sais. L'année 1793 le trouva maire de Belley. Il jugea l'emploi trop lourd pour ses épaules, et, comme la Suisse n'était qu'à deux pas, il alla y chercher un refuge contre un mouvement qu'il se sentait impuissant à diriger ou à modérer. Brillat-Savarin passa aux États-Unis, où le repos qu'il goûta pendant deux années profita à ses chères études.

» Lorsqu'il revint en France, le directoire menait grand train. Lancé dans la voie d'aventures, Brillat-Savarin, qui avait été dépouillé de ses propriétés dans le Bugey, accepta un poste de secrétaire dans l'état-major des armées de la république en Allemagne ; puis il fut envoyé en qualité de commissaire du gouvernement dans le département de Seine-et-Oise. Enfin, après le 18 Brumaire, auquel il avait assisté avec

une résignation que je n'ai pas à apprécier, le Sénat le casa
définitivement, en faisant de lui un conseiller à la cour de
cassation.

» C'est dans ce port qu'il a passé les vingt-cinq dernières
années de sa vie, à peine troublé par le bouleversement des
Cent-Jours, maintenu par tous les gouvernements, acceptés
d'ailleurs philosophiquement par lui. C'est sur ce siège ma-
gistral qu'il a élaboré sa *Physiologie du goût*, œuvre et résumé
de sa vie.

» Nous nous trouvons ici en présence d'un livre adopté sur
lequel il n'y a à revenir que pour l'éloge, d'un livre saine-
ment pensé, spirituellement déduit, écrit dans le style le plus
naturel du monde, ce qui n'en exclut pas les agréments et
les originalités particulières au tempérament de son auteur.
Je n'y relève un peu d'apprêt çà et là que dans l'ordonnance,
ce qui est encore une marque de révérence envers le lecteur,
la preuve qu'on cherche à lui plaire en lui coupant les morceaux par bouchées petites et coquettes. Où Brillat-Savarin
excelle surtout, c'est dans l'anecdote; — il en possède le
véritable secret, le tour et le ton.

» Il a conquis et il conquiert tous les jours beaucoup de gens
à la gastronomie, justement par la parfaite sagesse de ses
préceptes, par son bon sens si bien équilibré. Venu après
Grimod de La Reynière, il a réuni en corps de doctrine les
enseignements et les renseignements épars de celui-ci ; il les
a fixés pour toujours. Il y a entre Grimod de La Reynière et
Brillat-Savarin la différence qu'il y a entre un gros mangeur
et un mangeur délicat. Grimod de La Reynière est un rabelai-
sien, un affamé perpétuel (avec bien des préférences cependant), un homme qui ne peut pas s'empêcher de jeter un
regard attendri sur les ripailles des noces de Gamache. Son
enthousiasme, qui ne connaît aucun frein, le pousse à s'écrier
quelque part : « On mangerait son propre père à cette sauce ! »
Et il l'eût fait comme il le disait. Brillat-Savarin s'arrête à

cette ligne : il n'aurait mangé personne, à quelque sauce que
ce fût.

» Le principal mérite de Grimod de La Reynière, et celui qui
lui constitue des titres souverains à notre reconnaissance, est
d'avoir été le journaliste de la cuisine. Ses huit années de
l'*Almanach des Gourmands* représentent huit années de luttes.
Il a du journaliste la plupart des défauts inévitables, les
complaisances, les injustices, les jugements improvisés ;
mais on ne saurait lui dénier l'ardeur, le dévouement et cette
foi qui soulève les pâtés. On peut dire de lui qu'il a fait
marcher les fourneaux après les avoir sauvés peut-être du
grand naufrage de la Révolution. Dans tous les cas, il a été
le chaînon qui relie le passé à l'avenir.

» L'autre, Brillat-Savarin, est plus particulièrement le légis-
lateur. Il y a du Boileau en lui. Il s'échauffe pourtant quelquefois. Son « Et vous verrez merveilles! » est demeuré célèbre. La
Physiologie du goût a eu de nombreuses éditions, mais non pré-
cipitées : son succès s'est fait lentement et sûrement. Aujour-
d'hui, c'est ce qu'on appelle un ouvrage de bibliothèque. »

Ce que Monselet fit pour les ressuscités d'une époque disparue, il ne pouvait s'empêcher de le faire pour les oubliés
de notre époque. — Il mit en lumière Claude Tillier, l'auteur
de *Mon Oncle Benjamin* [1], Claude Tillier, enfant du peuple,
journaliste à Nevers.

« ... Ce fut une existence à la Rousseau et à la Goldsmith
que l'existence de Claude Tillier. Né à Clamecy en 1801, d'un
père serrurier ; boursier au lycée impérial de Bourges, soldat
pendant six ans, professeur dans une pension, instituteur
communal, il ne commença à écrire que vers 1830. Il rédigea
un journal d'opposition à Clamecy, puis un autre à Nevers ;
et, lorsque ce dernier eut cessé de paraître, il fit des brochures.

____

[1] *Mon Oncle Benjamin*. Paris, 1881, Conquet.

— brochures politiques, brochures sur les questions et sur les hommes de son époque, sur la réforme électorale, sur les banqueroutes, etc.

» Ces brochures eurent un grand retentissement dans leur zone départementale ; quelques-unes forcèrent l'octroi de Paris et se virent reproduites dans le *National*. Timon (Cormenin) écrivait à Claude Tillier pour le féliciter et l'encourager.

» C'est que depuis longtemps on avait écrit d'un tel style à Nevers. Le menuisier maître Adam était joliment dépassé. Vigueur, esprit, bon sens, ingéniosité, raillerie, mesure, Claude Tillier a tout, et, par-dessus tout, ce rayonnement d'une loyauté sans tache...

» ... La manie de comparaison que l'on a en France a fait quelquefois comparer Claude Tillier à Paul-Louis Courier. Est-ce que tous les pamphlétaires ne se ressemblent pas par certains points ? Claude Tillier eut la verve comme Paul-Louis ; c'était bien le moins ; mais on chercherait en vain chez ce dernier ces confidences intimes qui abondent chez Tillier, ces retours familiers et trop souvent douloureux sur le passé...

» ... D'essence démocratique, sans ostentation, ferme et doux, déiste, il avait accepté tous les inconvénients de son état. Marié, père de deux enfants, pauvre jusqu'au pain noir, il ne broncha jamais dans sa voie...

» ... *Mon Oncle Benjamin* est un récit humoristique qui appelait plusieurs pendants. Les raffinés de critique y retrouveront la veine de Diderot dans *Jacques le Fataliste,* avec un amour plus large du genre humain...

» ... Usé, miné par une maladie de poitrine qu'il avait contractée depuis longtemps, Claude Tillier est mort avant l'âge, le 12 octobre 1844.

» Ses amis lui ont élevé un buste sur sa tombe, dans le cimetière de Nevers. Une rue de Clamecy porte son nom.

» ... Claude Tillier se survivra. Il y a des justices... »

Charles Monselet a enfin — comme tout homme de lettres
en renom — sacrifié aux modernes en consacrant quelques
lignes de préface à plusieurs écrivains ou poètes de son entou-
rage dont on retrouvera les noms au catalogue qui termine
ce volume.

Mais déjà l'homme de lettres est visiblement préoccupé de
rassembler ses œuvres dont il est le premier à déplorer l'éparpillement : — depuis quelque temps, ses chroniques abondent
en souvenirs, qui sont autant de points de repère dans son
existence si remplie ; on dirait que l'écrivain tient à mettre de
l'ordre dans ses papiers. Bientôt le libraire Dentu édite ses
Poésies complètes (1881), édition qui attire à son auteur un
remarquable éloge de Barbey d'Aurevilly.

Sainte-Beuve ! Barbey d'Aurevilly ! deux maîtres qui ont
sacré Monselet poète au seuil du Parnasse et devant le jugement desquels on peut s'incliner.

Voici quelques fragments de l'article consacré à Monselet par
Barbey d'Aurevilly dans *les Œuvres et les Hommes* (les Poètes) :
« .... Monselet, ce gai, ce rieur, ce convive digne de Trimal-
cion, avait, au milieu de tout cela, dans un pli de son âme,
comme une rose morte qui parfume plus étant morte que quand
elle vivait, cette fleur coupée, la Mélancolie. Elle a parfumé
non pas tous, mais quelques-uns de ses vers, et ces vers-là sont
ses vrais vers parmi tous les autres, et ce sont ceux-là qui en
charmeront le lecteur d'un recueil qu'il publia sur le tard,
comme pour ajouter la tristesse de la vie écoulée à leur tristesse. Quelques vers, tout le passé d'un homme... tout le
passé dont il veuille se souvenir... Hélas ! c'est la faute de
la vie s'il n'y en a pas davantage. Le pouce cruel de la Réalité
appuie souvent sur la gorge du pauvre rouge-gorge qui ne
demandait jusqu'à chanter, et empêche le son de sortir. Cet
homme aimable, que tout le monde appelait Monselet tout

court dans une chaleureuse et flatteuse sympathie et parce
qu'il plaisait à tout le monde, ce nonchalant de mœurs, fait,
à ce qu'il semblait, pour se chauffer, lazzarone d'esprit, au
soleil de tous les printemps et au feu de toutes les cuisines,
cette gloire de tout festin et que toute la terre qui sait dîner
eût voulu avoir à sa table, hospitalité intéressée ! n'a pas
toujours été de près ce qu'il paraissait à distance, à travers
ses livres faciles et légers. Il était comme nous tous. Les
attitudes naturelles de son esprit faisaient illusion sur sa vie.
Cet homme de joie et de plaisir était, comme nous tous, un
forçat de littérature, un homme de travail et de peine. Obligé
au labeur de chaque jour, puisqu'il était journaliste, un de
ces engoulevents de journalistes qui trouvent que le vent n'est
pas un souper suffisant si l'on n'y ajoute quelque chose, il fut
l'esclave et la victime de cette publicité qui dévore le temps
et ne permet pas de l'employer comme nous le voudrions,
dans nos rêves et nos caprices ! Bénédictin du journalisme,
car le journalisme a ses bénédictins, qui font des in-folio
dont le public ne se doute pas, et qui ont sur les in-folio la
supériorité de ne se trouver jamais dans aucune bibliothèque,
emportés qu'ils sont par la circonstance et bientôt oubliés
comme elle, ce bénédictin trompeur, à airs de chanoine, n'a
pas eu toujours le temps d'être poète largement, longuement,
à pleine coupe, à bouche que veux-tu ! Il ne l'a été que par
veines rares ; il ne l'a été que par gouttes et par gouttelettes,
retrouvées au fond de ce verre étroit qu'il a appelé ses *Poésies
complètes*. Complètes, une mélancolie encore, comme s'il avait
su ne devoir plus jamais, jamais nous en donner...

» ... Ainsi un poète, un poète de plus parmi les vrais poètes,
voilà ce qu'apprend ce recueil des *Poésies complètes*, réunis-
sant tous les rayons éparpillés de son talent et nous faisant
choisir entre tous celui-là qui plaît davantage, le plus pénétrant et le plus pur... Certes ! on savait bien, longtemps avant
ce recueil, que Monselet était un chanteur plein de verve et

de fantaisie dont on citait et répétait les chansons, mais le poète d'âme, on le savait moins, et lui-même se méconnaissait :

> Entre les noms dont se contente
> Avec grand'peine maint rimeur,
> Il n'en est qu'un seul qui me tente :
> Poète de la bonne humeur.

» Il était plus que cela, et ce dernier recueil le met à sa place parmi les touchants... »

XVI

Beaucoup ont raconté Charles Monselet intime qui l'avaient
en réalité peu connu.

C'est que cet homme, accueillant et souriant au dehors,
s'isolait chez lui au point de barricader sa porte, défendant
énergiquement son *home* contre l'envahisseur. — Montrez
patte blanche, ou je n'ouvrirai pas ! La raison en était dans la
façon de travailler de l'écrivain.

Il est peu d'hommes de lettres qui n'aient leurs manies, ou
plutôt leurs procédés particuliers pour s'exciter au travail.
Monselet, lui, qui le croirait à voir cette fécondité, avait le
travail lent et pénible, avec cela très irrégulier : il ne connaissait ni jour ni nuit, lisant, écrivant, se couchant et se
levant par intervalles, sans aucune règle.

Aussi adorait-il la solitude qui lui rendait son libre arbitre.

Se contentant de peu pour lui-même, n'accordant nulle
importance au confort qui a pris une telle place dans nos
mœurs, pas plus qu'au mobilier d'ailleurs ni aux choses
d'art : cet adroit fureteur n'était pas un amateur de bibelots,
non par manque de goût, mais la passion des livres l'avait
absorbé en entier. Même sa bibliothèque comportait très peu
de belles reliures et d'éditions de luxe.

Quand Mme Charles Monselet essaya, avec les qualités
inhérentes à la femme, d'apporter de l'ordre, du goût, de
la méthode dans cette existence à la diable, ce fut toute une
histoire, Monselet étant le désordre même : la première
bonne qui se présenta au seuil de son cabinet de travail,

armée d'un plumeau et d'un balai, innocente Bellone, se vit
chassée rudement avec ses propres armes.

Charles Monselet ressemblait encore par là aux hommes
de lettres du siècle dernier, voire du grand siècle, et se serait
fort accommodé, à l'exemple de La Fontaine, d'un logement
chez Mme de la Sablière, ou, à son défaut, chez M. d'Her-
vart.

Monselet vécut de la sorte assez isolé au milieu de ses contemporains, ses goûts ni son train de maison ne comportant
dîners et réceptions ; mais les quelques intimes qui furent
admis à sa table se sont rappelés l'homme aimable et enjoué
qu'il était au milieu des siens : c'est alors que sa verve étin-
celait, que son érudition perçait sans recherche, que les
anecdotes se suivaient sans relâche.

Après quelques années de mariage, Monselet en vint à
transporter son cabinet de travail quai Voltaire, où il put s'enfermer et travailler à sa guise, loin du bruit que faisait autour
de lui une jeunesse tapageuse ; cette existence n'empêcha
pas notre écrivain de se montrer toute sa vie un mari excellent, un père incomparable. L'heure de la table le ramenait
le soir, délivré ou à peu près des soucis de la vie matérielle ;
il se livrait alors sans contrainte, et nulle table ne fut plus
joyeuse que cette table de famille présidée par un si gai et si
charmant convive.

Certes, c'était un gros mangeur, mais de goûts simples.
Ajoutons qu'il ne déjeunait pas la plupart du temps, ce qui
expliquait son remarquable appétit à l'heure du dîner.

A cette heure-là, c'était une détente, une explosion de
gaîté, du bruit, du charme, du sans-gêne, de la vie en un mot :
Monselet, dont la mémoire était prodigieuse, avait toujours
quelque couplet de vaudeville pour chaque circonstance et
toute la vie familiale se ressentait de cette gaîté perpétuelle

Paul Arène, devant qui les portes du logis s'ouvrirent à

deux battants, a écrit ceci à la mort de mon père (*Illustré moderne*, 26 mai 1888) :

«... Personne ne l'a dit assez : Monselet travailla beaucoup, et travailla surtout pour sa famille. Il eut jusqu'à la fin toutes les vertus patriarcales et bourgeoises, ce joyeux M. de Cupidon, que la légende représente fourchette en main et couronné de roses. »

Et Carjat, ami intime et fidèle, a célébré en vers le père de famille (*Artiste et Citoyen*, Paris, 1886) :

> ... Lorsqu'il passe comme un bourgeois.
> Les jours où le ciel est en fête,
> Ses chers gamins au bout des doigts,
> On aime à voir ce groupe honnête.
>
> Papa sourit aux moindres mots
> De la cohorte babillarde,
> Et mouche au besoin les marmots :
> Tant pis si Buloz le regarde !
>
> Il encourage l'appétit
> D'André qui croque une brioche,
> Et pousse Étienne, plus petit,
> A mettre un baba dans sa poche.
>
> A Louise, blond feu-follet,
> Il achèterait des culottes,
> Pour Clotilde, s'il le fallait,
> Ses gros doigts feraient des cocottes...

Ce n'est que vers la fin de sa vie que Monselet revint complètement prendre place au milieu des siens : il y trouva les soins et le dévouement que l'état de sa santé réclamait.

Mais alors sa gaîté commença à s'évanouir, son appétit vint à disparaître ; la serviette glissa un jour à ses pieds, et papa s'endormit à table. Ce jour-là, nous échangeâmes un regard navré, comprenant que c'était la fin. Hélas ! le martyre devait être de longue durée.

En dehors de chez lui, il faut rechercher également Monselet dans l'intimité de quelques esprits élevés de notre

époque : on le retrouve, brillant causeur, spirituel convive,
à la table de Sainte-Beuve, de Paul Lacroix,   à la bibliothèque de l'Arsenal, — de Victor Hugo et de Mme Blanc, de
Monaco, cette femme d'esprit qui sut être aussi une femme de
bien ; — encore aux dîners des *Spartiates*, présidés par Arsène
Houssaye, de la *Pomme* et de la *Cigale*, etc...

« Oui, Charles Monselet aimait la table, ainsi que l'a écrit
M. L.-P. Laforêt (*Événement*, 21 mai 1888), mais point comme
on se l'imaginait :

« Ce qu'il aimait surtout, c'était la disposition d'esprit que
des convives choisis apportent toujours au dîner ou au souper
qui les réunissent. On est là, prêt à se dégager des soucis, des
banalités, des misères de ce bas monde ; on fait trêve aux
amertumes, aux mécomptes, aux mauvais sentiments qui,
dans les luttes de la vie, vous obsèdent et vous énervent.
Monselet, qui était doux et bon, qui avait l'épanouissement
facile, prenait grand plaisir à voir sous cet aspect ses
confrères et ses camarades, leur journée faite. »

Voici des vers adressés à Jules Vallès, rencontré à Londres
quelques années après la Commune, qui attestent de la
simplicité de goût de leur auteur :

A UN COMPATRIOTE

Il ne sera pas dit, âme douce et chagrine,
Par une autre âme sœur retrouvée en passant,
Que je ne t'aurai pas, au nom de la cuisine,
Saluée en mes vers d'un mot reconnaissant.

Grâce à toi, j'ai dîné dans ce Londres maussade,
De mon premier dîner absolument humain.
Encore un jour de plus, j'allais tomber malade :
Sur le bord d'un rosbif tu m'as tendu la main.

Frère, tu m'as rendu l'honnête soupe grasse.
L'antique pot-au-feu, ce mets national,
Agrémenté pour moi de ce qui fait la grâce :
Du poireau verdoyant et du chou triomphal.

> Tu l'avais bien compris, l'objet de mes tristesses,
> Et, pour mettre le comble à ton menu vainqueur.
> Tu sus y joindre, ami, dans tes délicatesses,
> Le canard aux navets, ce chemin de mon cœur !

... Nul, mieux que Monselet enfin, ne fut reçu de façon plus cordiale ni plus intime dans la maison de Victor Hugo dont il était un des hôtes assidus : lui-même, d'ailleurs, a pris soin de conter cette longue et affectueuse liaison avec le maître.

« ... Mes relations avec Victor Hugo, écrit-il, ont été tardives ; elles datent d'après la guerre, alors qu'il demeurait rue Pigalle ; elles ne se sont plus interrompues qu'à sa mort. J'avais écrit sur lui à diverses reprises ; il me répondit, comme il faisait toujours, avec son imperturbable politesse. J'en pris texte pour aller le voir, il me retint. De là, ces petits billets que je reçus pendant dix ans, ces petites boutades en quelques lignes, qui font penser à Voltaire écrivant à Bernard.

» ... On ne se doute pas des trésors d'affectuosité que renfermait ce grand esprit lorsqu'il consentait à se livrer... Il s'abandonnait alors à une causerie familière. Le rire était plus facile qu'on n'aurait cru. Sans avoir la plaisanterie grasse (la suprême distinction de sa nature s'y opposait), il aimait le badinage, à la façon des lettrés du xviiie siècle. Dirai-je qu'il trouvait en moi un modeste partenaire ! Je n'aurai pas cette prétention ; mais je ne saurais oublier quelle complaisance il apportait à me le laisser croire, et avec quelle bonne grâce il me renvoyait le volant sur une raquette ayant évidemment appartenu à Diderot ou à Collé.

» ... Puis l'intimité se forme, les billets ne sont plus cérémonieusement signés en toutes lettres :

Vendredi 26 juin 1874.

La table des jeudis vous a espéré hier. Vous absent, le rayon manque.

Je vous aime tout de même et nous vous espérons jeudi prochain.

Tuus.
V. H.

32

» Quelque temps après, Victor Hugo transportait ses pé-
nates de la rue Pigalle à la rue de Clichy : les invitations
deviennent alors plus pressantes, les billets se suivent, très
rapprochés :

2 mars 1877.

Quelle page charmante je viens de lire! J'ai bien envie de vous
serrer la main. Voulez-vous venir dîner avec vos amis de la rue de
Clichy, jeudi, 8 mars. Vous savez que vous nous ferez tous heureux
et charmés.

Tuus ex imo.

V. H.

17 mai 1877.

Vous comprenez, n'est-ce pas, que j'ai besoin de serrer la main qui
a écrit sur moi cette belle, noble et cordiale page? Soyez assez bon,
ô le plus charmant des confrères, pour venir dîner lundi prochain
24 avec vos amis de la rue de Clichy.

M. Georges vous salue, Mlle Jeanne vous embrasse et moi je vous
aime.

V. H.

Enfin, après un temps d'arrêt :

7 octobre 1879.

Vous écrivez à mon sujet de si charmantes choses que j'ai bonne
envie de vous gronder. Pourquoi ne plus me voir? que vous ai-je
fait? ce que vous imprimez de moi, je le dis de vous. Donc, venez
dîner avec moi samedi prochain 11 octobre. Ce sera la paix faite.

Tuus.

VICTOR HUGO.

» ... L'excellent homme! on va le voir maintenant insister
en vers :

Que chez nous désormais chaque jeudi t'amène !
Et je m'adresse à Dieu lui-même et je lui dis :
Fais-nous la semaine
Des quatre jeudis.

V. H.

» Je saurais difficilement rendre l'épanouissement qui se
fit en moi, ajoute Monselet, à la réception de ce quatrain.

J'avais inspiré des vers à Victor Hugo, moi, moi ! Il m'adressait des vers, comme si j'étais Louis Boulanger ou Théophile Gautier. Tout ce que j'avais rêvé dans ma jeunesse ! »

Comme tous les poètes, Monselet avait une religion secrète et croyait en Dieu à la façon de son illustre ami : son éducation religieuse avait été celle d'un Breton et il s'en fallut de peu qu'il entrât dans les ordres. Mais le clergé du xixe siècle ne ressemble en rien au clergé du xviiie : — Mgr Dupanloup diffère du cardinal Dubois — et Monselet, en abbé, eût poussé trop loin la comédie. Il faut plutôt voir en M. de Cupidon un fataliste : — avec Gérard de Nerval, il croyait également à la métempsycose.

Philosophe, Charles Monselet a supporté sans le moindre murmure une existence remplie d'épreuves : lui-même a rimé le quatrain suivant :

> ... J'aurais pu souffrir davantage,
> Mais, de bonne heure, plein d'orgueil,
> J'eus toujours le rare courage
> De cacher les pleurs de mon œil...

De caractère doux et patient, Monselet joignait en outre à toutes ses qualités un cœur d'or : — pour le mieux prouver, je transcris ici ces vers adressés à Mme veuve Monselet, mère de l'écrivain, — et datés de 1875, quelques années après la mort de M. Monselet père, survenue le 28 janvier 1871 :

ÉCRIT SUR UN LIVRE D'HEURES

23 mai 1875.

> Vieil enfant négligent, mais prompt au repentir,
> A ma mère adorée
> J'offre aujourd'hui ce livre où l'on voit resplendir
> La parole sacrée.

> Que ce livre lui dise, aux heures de tristesse,
>   Aux longs et sombres jours,
> De quel amour profond, à travers ma paresse,
>   Mon cœur l'aima toujours.
> Qu'il lui dise mon âme à bien peu révélée,
>   Qu'il plaide pour mes torts ;
> Et Dieu voudra peut-être, ô ma mère isolée,
>   Adoucir mes remords !
> Dans ce livre où tout est espérance et lumière,
>   J'ai cru voir, ce matin,
> En écrivant ceci, l'image de mon père
>   M'envoyant un baiser lointain.

CHARLES MONSELET.

Qu'il me soit permis, à mon tour, de prononcer l'éloge de mon père, de dire quels trésors d'indulgence et d'affection il eut pour ses enfants : quelques lignes de lui, adressées à moi, montreront son cœur à nu, — et ces lignes, bien que d'un caractère tout à fait privé, je ne peux m'empêcher de les livrer à la publicité, pour indiquer quelle âme délicate et subtile se cachait sous une enveloppe légère, à la surface :

Monaco, 11 mai 1876.

Mon cher enfant,

J'ai reçu ta lettre. Tu es guéri, je ne le suis pas. Je souffre, mais comme d'un mal prévu. La goutte me guettait depuis longtemps. Après les premiers moments de surprise, j'en ai pris mon parti. La tête baissée, criant et me tordant, j'ai continué à faire mes articles pour vous donner le pain et le logement...

J'écris par le même courrier à ta mère. Dis-lui qu'elle peut aller lundi toucher une trentaine de francs au *Monde illustré*.

J'ai écrit aussi à maman Monselet. Tu me rendrais bien heureux en prenant un dimanche matin l'omnibus qui va au Père-Lachaise et en allant mettre une couronne sur la tombe de mon pauvre père.

Il t'a bien aimé. Et l'on ne sait pas si les âmes de ces pauvres morts ne voltigent pas encore autour de nous. Les savants et les philosophes n'osent en rien dire. Le meilleur est d'écouter les battements de cœur qui sont en nous.

Lorsque je m'éteindrai, une de mes consolations sera de savoir que quelquefois vous viendrez me dire bonjour sur ma tombe. C'est peut-être bête, mais crois-moi, mon cher André, c'est ce qu'il y a de plus respectable. Des ossements nous rappellent une âme. Une âme nous rappelle tout un passé. Et pour toi, ce passé, ce sera nos voyages à Bordeaux, à Arcachon, à Dunkerque, à Bade, à Hombourg, à Cologne, sur les bords du Rhin, à Bruxelles, trois fois au Croisic. Quels bons souvenirs! J'ai la conscience d'avoir été un bon père, et quelque chose me dit que tu garderas un souvenir attendri de moi.

Aussi, sois un honnête garçon ; travaille pour être une intelligence élevée, comme j'ai tâché de l'être ; que la loyauté soit ton but. Marcher la tête haute, tout est là. Veille sur tes sœurs et sur ton frère quand je ne serai plus.

Je te parle comme si mes souffrances actuelles m'inspiraient quelque inquiétude. Rassure-toi. Cependant elles ne sont point étrangères à ces conseils. Espérons que je pourrai te les renouveler de vive voix pendant quelques années encore. Car j'aime la vie, pour t'aimer, pour aimer ta mère, pour aimer ton frère et tes sœurs.

Il me semble même que quelque chose en moi s'agrandit à mesure que j'avance en âge.

Montre cette lettre à ma mère, mon cher André, quand tu la verras. Tout ce qui est de son fils doit lui être cher. Tu sauras ces choses-là plus tard.

Et maintenant, continuez à boire à ma santé...

.   .   .   .

A toi de tout cœur.

CHARLES MONSELET.

P.-S. — Ne m'écris pas. Je suis sur mon retour d'âge... et de Monaco.

Quand je reçus cette lettre au collège, je fondis en larmes, et aujourd'hui encore je ne peux relire ces lignes sans pleurer...

Avec cet esprit porté vers le passé, il est permis de croire que Monselet s'accommodait fort peu de notre modernité : cela est si vrai qu'il vécut toujours en dehors du mouvement et de la civilisation, l'esprit occupé ailleurs. Voyageait-il, son guide datait pour le moins d'un demi-siècle, au point que.

s'il allait en Allemagne, il s'attendait encore à y rencontrer Voltaire.

Chaque coup de pioche donné aux vieux quartiers retentissait dans son cœur, — aussi s'était-il empressé, dès son arrivée, de visiter et de décrire le Paris ancien, sentant la fin prochaine de cette ville que le progrès allait transformer. Son esprit se reportant sans cesse en arrière, il me montrait, dans nos promenades, du bout de sa canne, soit la demeure de Ninon de Lenclos, sur le boulevard du Temple, soit l'ancien hôtel de Sophie Arnould, sur le quai de Billy, soit l'ancienne résidence de Grimod de La Reynière, au coin de l'avenue Gabriel, avec la conviction d'avoir été un des hôtes de ces illustres demeures.

Mais Charles Monselet n'avait pas été sans pressentir, avec nos mœurs actuelles, la fin terrible de l'homme de lettres travaillant au jour le jour ; depuis longtemps il visait à un poste de bibliothécaire et fit des démarches officielles dans ce sens. Ainsi il brigua la succession de Louis Bouilhet, à Rouen, à la mort de celui-ci, et s'était adressé à Gustave Flaubert, qui lui fit cette réponse :

20 juillet 1869.

Ce que je redoutais arrive, mon cher ami : on vient de nommer à la place de mon pauvre Bouilhet un ancien libraire âgé de cinquante-huit ans, un idiot que je soupçonne (entre nous) d'être un drôle.

Cette nomination, non encore officielle, mais certaine, est due à l'influence de l'archevêque.

Notre ami était à peine enterré qu'il avait une promesse formelle. Je suis presque aussi contrarié que vous, et peut-être plus.

Je vous serre les mains très fort.

GUSTAVE FLAUBERT.

Croisset, près Rouen. Jeudi.

Monsieur Charles MONSELET, Chaussée Clignancourt, 64.

Monselet sollicita encore du gouvernement une place à la bibliothèque Mazarine, puis dans n'importe quelle

bibliothèque : on lui fit entrevoir vers la fin la bibliothèque
de la préfecture de police et celle du ministère de l'intérieur
— où s'étaient succédé Alfred de Musset, Prosper Blanchemain et Édouard Fournier. Hélas ! comme a dit M. Emmanuel
Arène, il se produisait bien de temps à autre quelque vacance,
mais il y avait toujours quelque danseur à caser.

Il ne faut donc pas reprocher à Monselet son imprévoyance
— pas plus qu'il ne lui faut reprocher — comme on l'a fait —
de ne laisser aucune œuvre après lui : son bagage est assez
considérable pour qu'il soit possible d'y faire un choix — et le
temps n'est pas éloigné où la Société des amis des livres jettera
les yeux sur M. de Cupidon.

Enfin on a comparé maintes fois Charles Monselet à Chaulieu, à Rivarol ou à Chamfort, égarés dans notre siècle.
Il est déjà flatteur d'être égalé à ces petits-maîtres de
l'esprit du siècle dernier, — mais Chaulieu, à qui l'Académie refusa ses portes — était un de ces petits abbés,
coureurs de ruelles et faiseurs de mots, n'ayant ainsi de
l'esprit que le libertinage et ne laissant après eux qu'un
bagage d'épigrammes. Il en est de même de Chamfort — et
aussi de Rivarol, qui ne fut, à vrai dire, qu'un homme de
lettres dans la peau d'un aventurier. Pour moi, si besoin est de
comparaison, j'évoquerais plutôt le souvenir de Champcenetz
— le collaborateur de Rivarol — c'est à cette collaboration
qu'on doit le *Petit Almanach de nos grands hommes*, — mais d'un
Champcenetz après correction, du chevalier de Champcenetz,
« gros garçon joufflu et pansu », qui avait pour compagnon
de plaisir — quelques-uns disent de débauche — un descendant réel de Louvois, le grand ministre de Louis XIV ; de ce
Champcenetz enfin qui a rimé entre autres ce joli couplet :

> De Louvois suivant les leçons,
> Je fais des chansons et des dettes :
> Les premières sont sans façons,
> Mais les secondes sont bien faites.

> C'est pour échapper à l'ennui
> Qu'un homme prudent se dérange.
> Quel bien est solide aujourd'hui ?
> Le plus sûr est celui qu'on mange.

Mais, à proprement parler, Charles Monselet ne ressemble qu'à lui-même : il est une originalité dans les lettres de notre époque et son œuvre est assez important pour lui assurer un bon rang parmi les littérateurs de ce temps-ci.

XVII

« Je ne sais rien de plus attristant — a écrit M. Maurice
Peyrot — (*Observateur français*, 24 mai 1888) que la lente agonie
de l'homme de lettres, acclamé à son heure, et dont le public
se détache peu à peu quand la vieillesse, survenant avec son
cortège de maux implacables, frappe de stérilité le cerveau
jadis fécond et fait s'écrouler à jamais tous les rêves de gloire
si longuement et si tendrement caressés ! De quelles désillu-
sions, de quelles révoltes contre le destin s'emplit alors le
cœur de l'écrivain qui sent son imagination, devenue rebelle,
se dérober aux efforts de sa volonté, et qui suit d'un œil morne
et désespéré les défaillances chaque jour plus nombreuses de
sa pensée !

« N'est-ce pas mourir deux fois que d'assister ainsi, témoin
désolé mais impuissant, à la destruction irréparable de son
talent, et de se survivre en quelque sorte à soi-même !... »

C'est ce qui devait arriver à Charles Monselet, que la maladie frappa à plusieurs reprises, semblant ménager ses coups
avec quelque cruauté.

Ce fut vers la fin de l'année 1883 que ce charmant écrivain
— dont la vie n'avait été qu'un perpétuel sourire — ressentit
les premières atteintes du mal qui devait l'emporter. Une
congestion pulmonaire provoqua plusieurs crises foudroyantes
dont la robuste constitution de Monselet triompha cependant,
— mais si le mal n'emporta pas le malade, il le marqua de
son sceau fatal.

Pauvre père ! dont le rêve eût été de mourir la fourchette à la main — de mourir à table. La table. ce champ d'honneur des gastronomes !

Charles Monselet disait de Campistron :

— Tragique médiocre, mais mort d'indigestion !

L'indigestion pour lui était un titre. Dans son *Calendrier des Gourmands* ou *Panthéon gastronomique*, on lit ces citations à l'ordre du jour :

— Crébillon fils, qui avalait cent douzaines d'huîtres ;

— La Mettrie, mort d'indigestion ;

— De Samblançay, archevêque de Bourges, qui mangeait sans interruption ;

— Mlle Clairon, un des estomacs les plus célèbres ;

— Hippocrate ; il remplaçait la purgation par l'indigestion.

Ah ! l'indigestion, le beau rêve !...

La première alerte passée, le sourire revint cependant, la bonne humeur reprit le dessus et Monselet ramassa la plume un instant tombée de ses doigts : — c'était au commencement de 1884. Un journal qu'Aurélien Scholl venait de fonder — *l'Écho de Paris* — s'enorgueillit encore de la collaboration de Monselet, et notre écrivain, pour prouver que son esprit n'avait rien perdu de sa finesse, de son éclat, de sa netteté, et pouvait encore se plier à tous les genres — hors le genre ennuyeux — écrivit une série de contes gais, intitulés : *l'Écho, le Flagrant Délit, le Rideau vert, la Lettre de recommandation, le Poêle* [1], etc., etc., de forme légère et brillante, de style châtié. Ce fut encore un succès.

En même temps il publiait chez Dentu un nouveau volume qu'il nomma avec une pointe d'ironie : *Mon dernier-né*, comme s'il devait être le dernier livre de son auteur.

Cependant, l'année suivante (1885), paraissaient à la fois les *Petits mémoires littéraires* — un des volumes les plus consultés

---

[1] *Sous le Manteau.* Paris, Lemerre, 1889.

de l'auteur, et *Encore un !* c'est-à-dire encore un livre de nouvelles fantaisies — riens charmants que l'écrivain excelle à
conter.

On voit enfin Monselet au *Figaro* où il donne un *Souvenir
par semaine,* et au *Livre,* cette belle publication d'Octave
Uzanne.

Avec quel courage le pauvre homme triomphait du mal et
savait taire, même aux siens, les souffrances qu'il endurait.

Oh! comme ils reviennent en cet instant à la mémoire, ces
vers :

> J'aurais pu souffrir davantage,
> Mais, de bonne heure, plein d'orgueil,
> J'eus toujours le rare courage
> De cacher les pleurs de mon œil !

Il les cacha si bien que ses contemporains ne les auront
pas aperçus !

Pour la seconde fois, Monselet dut se séparer de ses livres,
de ses chers bouquins : il déserta en même temps son
cabinet de travail du quai Voltaire, devenu vide, et vint chercher entre sa femme et ses enfants la tranquillité dont il
avait besoin.

Mais l'anémie s'était déjà emparée du cerveau et la maladie
de cœur qui s'était déclarée faisait de rapides progrès : ce fut
désormais, jusqu'à la fin, un duel terrible entre l'homme et
le mal.

Monselet travaillait encore à travers les crises : de cette
époque douloureuse datent quelques chroniques au *National*
et un dernier roman — *Jean de la Réole* — qui parut dans le
Matin au cours de l'hiver de 1887-1888.

Ce fut le dernier effort de l'écrivain ; mais il fallut, pour
l'arracher à sa table de travail, que la plume vint à tomber
littéralement de ses doigts et que le cerveau refusât toute
raison.

Alors seulement les larmes jaillirent des yeux de notre père :

il pleurait, non sur lui-même, mais sur ceux qu'il abandonnait.

Je n'insiste pas...

Le 15 mai, Charles Monselet ne se leva plus, refusa
toute nourriture et bientôt ne reconnut plus les siens : — le
docteur Piogey, cet ami dévoué qui depuis plusieurs années
s'efforçait à prolonger une existence qui nous était si chère,
— accourut en hâte, mais ne put que constater l'inutilité de
ses soins.

Le 19 mai 1888, à onze heures du matin, Charles Monselet
expirait après une longue et cruelle agonie...

Les marques de sympathie devaient se manifester nombreuses autour du cercueil de l'écrivain : la Presse tint à
honneur de rendre hommage à l'un de ses aînés, à l'un de
ses plus vaillants.

Il y eut foule au convoi de Charles Monselet.

Mais il était dit que le xviiie siècle pèserait jusqu'à la fin
sur le nom de son historiographe : — l'enterrement de Charles
Monselet fut marqué par un léger incident à l'église —
l'Église qui traita les dépouilles de M. de Cupidon comme
d'un petit-neveu de Voltaire.

Au cimetière du Père-Lachaise, où repose à présent Charles
Monselet dans un caveau de famille, quatre discours furent
prononcés, par MM. André Theuriet, au nom de la Société des
gens de lettres; Henri de Bornier, au nom de la Société
des artistes dramatiques; Charles Laurent, au nom de l'Association des journalistes républicains; Dupuy, au nom de la
presse bordelaise.

Voici en quels termes M. André Theuriet s'est exprimé :

Messieurs,

Au nom de la Société des gens de lettres je viens rendre un dernier
hommage à l'excellent écrivain qui, pendant plus de quarante années

tint à honneur de consacrer son talent à des œuvres purement
littéraires.

Charles Monselet fut un lettré dans la meilleure acception du mot ;
— un lettré délicat, érudit et spirituel. Fils d'un libraire, il eut, dès
l'enfance, le goût des livres et l'amour des lettres. Comme il l'a dit
dans une des jolies pièces de vers dont son œuvre est semée :

> Le principal étant de vivre,
> Fidèle au « Tel père, tel fils »,
> Ma ressource devint le livre :
> Mon père en vendait, — moi, j'en lis.

Il en a fait beaucoup ; abordant successivement tous les genres :
critique, histoire littéraire, bibliographie, théâtre, poésie, chronique
et roman, — et dans tous les genres il a montré les qualités d'un
écrivain de pure race française : franchise et netteté du style, esprit
pétillant, finesse et bonne grâce, bon sens et bonne humeur. Nourri
de la lecture des auteurs du XVIIIᵉ siècle, dès ses débuts à l'*Artiste*, et plus tard à la *Revue de Paris*, il nous a introduits parmi
les groupes les moins connus de cette société de beaux esprits. Le
premier, il a évoqué et remis en lumière les curieuses physionomies
des *Oubliés et Dédaignés* du siècle dernier. Il a été l'historiographe
de Fréron et de Rétif de La Bretonne, des abbés galants de la régence
et des figures originales ou excentriques qui eurent un moment de
célébrité à la veille de la révolution de 1789.

A son tour le XVIIIᵉ siècle a déteint sur Monselet ; il lui a
donné cet esprit sagace, cette gaieté pimpante, cette sève malicieuse
qu'il nous a fait goûter ensuite dans les exquises fantaisies dissémi-
nées au jour le jour au *Figaro* et à l'*Événement*. Charles Monselet a
excellé dans ces petits tableaux parisiens dont il a formé plus tard
une aimable galerie : *les Tréteaux*, le *Théâtre du Figaro*, *les Femmes
qui font des scènes*, etc. On retrouve là le faire spirituel du portraitiste
des *Originaux* du siècle dernier, mais avec une couleur toute moderne,
une observation rapide et exacte. On y trouve aussi un poète, car
Monselet fut un vrai poète à la note finement sensualiste. « Il est dans
la veine française, » écrivait Sainte-Beuve à propos de son charmant
recueil *le Plaisir et l'Amour*.

Il avait le don des vers francs, pleins d'une verve capiteuse et
savamment contenue. Il appliquait à des sujets contemporains, avec
une grande habileté de facture, l'art raffiné et galant du XVIIIᵉ siècle.
Il était en poésie un gourmet et un délicat.

Hélas ! comme l'a dit La Fontaine : « Les délicats sont malheureux. »
Ils le sont doublement quand ils ont le malheur d'être des lettrés ou
des artistes. D'abord, les rudesses et les vulgarités de la vie de tous
les jours froissent péniblement leur goût des choses fines, distinguées
et rares, puis ils ont l'amer crève-cœur de voir les gros succès, de
vogue et d'argent, aller à des productions plus tapageuses, tandis que
leur œuvre, discrètement et artistement élaborée, n'est appréciée que
par une élite forcément peu nombreuse.

Monselet a connu cette tristesse d'autant plus aiguë qu'on est
obligé de l'enfermer dans soi. Sous son apparente gaieté, on sentait
parfois qu'il souffrait de cette injuste répartition du succès, et c'est à
cette souffrance concentrée que nous devons un de ses meilleurs livres :
les Scènes de la vie cruelle.

La vie cruelle, messieurs, Monselet n'en a que trop senti le poignant
aiguillon dans les dernières années de sa carrière littéraire, alors
qu'une maladie mortelle lui enlevait la force nécessaire pour continuer
son labeur quotidien et ne lui laissait que de douloureuses appréhen-
sions pour l'avenir d'une famille qu'il aimait.

Après une longue et anxieuse agonie, il s'est éteint, du moins
entouré des soins dévoués de ceux qui lui étaient chers, et il s'en va
dans la mort, suivi de l'unanime et affectueux regret de ses confrères.
Tous ceux qui aiment les lettres pour elles-mêmes ont rendu justice
au fécond travailleur et à l'artiste excellent. La postérité, qui fait le
tri des réputations et des livres, recueillera et mettra en bonne place
les petits chefs-d'œuvre qui foisonnent dans les ouvrages de Charles
Monselet. C'est la consolante espérance que nous emporterons de cette
tombe, où descend le fin lettré, le délicat écrivain auquel nous sommes
venus dire un suprême adieu.

Après M. André Theuriet, MM. de Bornier et Charles Laurent se sont plu également à rendre justice à l'auteur dramatique et au journaliste ; enfin M. Albert Dupuy a adressé ce
dernier adieu à l'écrivain au nom de la presse de Bordeaux :

Messieurs,

La presse bordelaise, dans laquelle celui que nous pleurons fit ses
premières armes, au *Courrier de la Gironde*, eût manqué à son devoir
si elle ne fut venue lui dire un dernier adieu.

Certains critiques ont paru craindre que rien ne restât des travaux

littéraires de Monselet ; lui-même s'irritait, se désolait de ce que le
labeur incessant, accaparant du journalisme, l'eût empêché de faire
ce que le bourgeois appelle « une œuvre ». Eh bien, non ! je crois que,
à l'encontre de bien des livres pédants, lourds, indigestes, entraînés
par leur propre poids au gouffre de l'oubli, les anecdotes, les poésies de Monselet, lestes, alertes, pétillantes comme le champagne,
qu'il aimait tant, lui survivront... telles ont survécu les envolées de
François Villon et les saillies de Rabelais.

Un jour, notre ami disait, à propos d'un oublié qui venait de
s'éteindre : « Pour nous autres gens de lettres, la mort est une
dernière farce que nous faisons à nos contemporains. En mourant,
nous leur crions : — « Coucou ! le revoilà ! » Il n'en a pas été, il n'en
sera point ainsi de lui. La mort, qui le terrasse en pleine renommée,
en plein talent, a touché le public entier comme un deuil de famille.

Dors en paix, maître, tu ne seras jamais un *oublié*, à peine seras-tu
un *disparu*, et quand, dans de lointaines années, ton fils, entrant
dans un milieu où il sera inconnu, prononcera son nom, toutes les
lèvres lui souriront, toutes les mains se tendront vers lui, car ce seul
mot : « Monselet » évoquera devant tous un gai moment passé à lire
quelqu'un de tes joyeux sonnets ; il leur rappellera une minute arrachée
par ton esprit aux ennuis, aux chagrins de l'existence.

Au nom des journalistes bordelais, dont je suis le représentant,
adieu, Monselet ! ils furent les premiers à t'accueillir dans leurs rangs,
ils veulent être les derniers à te dire une suprême parole de regret...

Adieu, Monselet, maître du rire, qui, pour la première fois, nous fais
verser des larmes

XVIII

J'ai jugé utile — pour rendre plus complet ce travail — de reproduire ici quelques-uns des jugements prononcés sur Charles Monselet par ses contemporains ainsi que différents extraits des articles nécrologiques consacrés à la mémoire de l'homme de lettres ; ils le montreront, sous ses différentes physionomies, goûté et apprécié par toute la presse littéraire.

C'est en quelque sorte le livre d'or de l'écrivain.

Charles Monselet a eu de nombreux biographes : j'ai cité, au courant de cet ouvrage : Sainte-Beuve (*Nouveaux Lundis*), Veuillot (*les Odeurs de Paris*), Ernest Prarond (*De quelques Ecrivains nouveaux*), Barbey d'Aurevilly (*les Œuvres et les Hommes : les Poètes*), Eugène de Mirecourt, Charles Asselineau, Charles Bataille... Il faut encore ajouter à ceux-là : Arsène Houssaye (*Confessions*), Armand de Pontmartin (*Nouveaux Samedis*), Jean Dolent (*Une Volée de merles*), A. Carel (*Histoires anecdotiques des contemporains*), Gustave Claudin (*Mes Souvenirs*), Paul Féval (*les Plumes d'or*), Philibert Audebrand, etc.

Les poètes — accordant leurs lyres — ont apporté l'appoint de leurs rimes d'or à ce concert d'éloges : Théodore de Banville, Albert Glatigny, Prosper Blanchemain, Louis Ratisbonne, Ernest d'Hervilly, Léon Supersac, d'autres encore — ont célébré Monselet en maints couplets.

Voici quelques fragments d'une jolie pièce que Théodore de Banville a intitulée *Églogue*, dans ses *Occidentales :*

. . . .

ROSE

. . . .
Rosette, mon cher cœur, parlons de Monselet.

ROSETTE

Monselet est joli. Comme une vague aurore
Son visage est vermeil et de fleurs se décore.
Je vois sa lèvre en feu dans le vin que je bois.
Quand il était petit, les roses dans le bois
Cachaient, en le voyant, leur aiguillon farouche,
Et les abeilles d'or voltigeaient sur sa bouche...

ROSE

Watteau, peintre du beau, que son temps violait,
Eût fait de lui sans doute un abbé violet
Épris de Colombine, et dans la nuit avare,
Éveillant doucement l'âme d'une guitare.

ROSETTE

Les Grâces le font vivre et l'ont accrédité.
Dans sa prose on le voit, cachant leur nudité
Et leurs bras blancs pareils à des anses d'amphores,
Sous des bouquets riants de fraîches métaphores !...

ROSE

Mais à présent il est cygne parmi les cygnes.

ROSETTE

A présent il sait faire un chef-d'œuvre en cent lignes.

ROSE

Que j'en ai vu mourir, non pas mille, mais cent
Mille, mais deux cent mille, avec Villemessant,
De ces ténors ! Mais seul, Monselet a l'*ut* dièze...

ROSETTE

Qui mieux que lui, ma sœur, chante un petit couplet ?

ROSE

Monsieur de Cupidon, roué qui nous défie,
C'était là de la bonne autobiographie ;
C'est l'auteur qui, jetant sa tunique de lin,
Exécute ce rôle en habit zinzolin !

ROSETTE

Lorsque l'Amour, perçant les cœurs par ribambelles,
Bat les forêts de Cypre et fait la chasse aux belles,
C'est lui qui, sur son cor, vient sonner l'hallali.

. . . .

Mars 1862.

Il faut retenir encore ces vers d'Albert Glatigny, le merveilleux poète :

. . . .

. . . .

... Le vrai Monselet aux curieux se mure,
Et, dans son cabinet solitaire, où murmure
Sa céleste chanson, l'âme des vieux bouquins,
Oubliant les ennuis et les soucis mesquins.
Il se transforme, il dit à la Muse éternelle :
— Sans craindre de ternir la blancheur de ton aile,
O Muse ! reprenons nos calmes entretiens,
Car je t'aime, et tu sais que je suis un des tiens !

O Charles ! nous avons, pour que la galerie
Indifférente, aux yeux ennuyés, nous sourie,
Tour à tour sur nos traits mis un masque imposteur.
Qui pourrait te blâmer, dur athlète, lutteur
Énergique, d'avoir pour cacher les blessures
Que nous font les destins aux flèches toujours sûres,
Placé sur ton visage, un printemps, à Meudon,
Le masque rose et clair de monsieur Cupidon ?

ALBERT GLATIGNY.

(*Le Masque.* — Numéro du 11 avril 1867.)

A son tour, Prosper Blanchemain — ce bibliophile distingué, éditeur de Ronsard, a rimé le rondeau suivant :

CHARLES MONSELET

Connu chez la brune et la blonde,
Monselet a la panse ronde,
Gourmand comme trois sénateurs,
C'est le Cupidon des auteurs :

Toujours il mange, il aime, il fronde,
Quoiqu'il soit plus trompeur que l'onde,
Qu'il soit le fléau des traiteurs,
Il fait florès dans tout le monde
            Connu.

Car son esprit toujours abonde,
Et, quand il décoche à la ronde
Ces mots piquants et séducteurs,
Qui font pâmer ses auditeurs,
Il ne craint pas qu'on lui réponde :
            « Connu ! »

Léon Supersac, dans la *Galerie contemporaine*, a tracé en vers
la biographie de Charles Monselet :

..... Car c'est le maître fantaisiste
Avec sa pleine liberté,
Riant au nez du monde triste
Dans sa forte et franche gaité.
De bonne humeur, content de vivre.
Épanoui comme un œillet,
Paris l'amuse ainsi qu'un livre
Où chacun écrit son feuillet.

. . . .

A présent, calme comme un sage.
Grave et correct, de près rasé,
Il a tout l'air, à son passage,
D'un prélat frais et reposé ;
Au doigt on cherche l'améthyste
Et l'on croit voir sur le mollet,
Sous le pantalon noir et triste.
Les mailles du bas violet.

. . . .

Les journaux , à présent, dont la collection est assez
importante, et qui rendent tous justice au consciencieux écrivain :

« ... Notre collaborateur de tant d'années, notre ami Charles
Monselet, vient de succomber après une longue et cruelle
agonie.

» ... Nous lui garderons au cœur un sincère souvenir; et,
pour les lettrés, pour le public aussi, la plupart de ses œuvres resteront.

» Ce nom de Monselet donnait aux Parisiens une souriante
impression ; c'était la gaîté, la bonne humeur de notre littérature légère. C'était aussi l'érudition aimable, aisée, point
pédante, qui mêlait un parfum discret, subtil, délicat, à sa
modernité de style, aussi hardie qu'aucune autre. En même
temps nul mieux que lui ne savait poétiser la matière. Ce qu'il
faut connaître de la vie de Monselet, c'est le travail assidu et
si actif sous une forme calme, tempérée, en ses ravissantes
élégances. Il avait le goût, au suprême degré ; et cette qualité,
précieuse entre toutes, lui permettait de tout écrire délicieusement. Son œuvre fera dire que c'est déjà du goût que de
lire Monselet.

» Rien de fade jamais dans ses charmantes études...

» Un choix sera fait dans ces divers ouvrages, dont une
bonne part survivra certainement à l'écrivain raffiné que
nous venons de perdre. »

« L.-P. LAFORÊT. »

(*Événement*, 21 mai 1888.)

« La Muse libertine du XVIIIᵉ siècle vient de perdre le
dernier de ses amants. Le bon Monselet, replet et rose, qui
n'était qu'un galant et spirituel abbé de cour déguisé sous le
frac moderne, est mort, comme on l'a annoncé lundi matin.
Il était né vers 1825, à Nantes, dans la boutique de son père,
au milieu des livres ; il en vendit d'abord, puis en fit, mais il
les aima, et c'est surtout ce qui lui sera compté. Il fureta
dans le fonds inexploré de l'autre siècle et n'y trouva point
de chef-d'œuvre ; car le chef-d'œuvre ignoré est une légende
colportée à l'intention des envieux inconnus...

» Aux *oubliés* et aux *dédaignés*, il donna la main et les
présenta avec une bonne grâce adorable à un siècle qui se sent

attiré vers ces résurrections. On fit à ses protégés un fort bon accueil. On les vengea d'un trop long oubli et d'un trop injuste dédain, on les habilla, à nouveau, dans de coquettes rééditions qui ne les dépaysaient pas trop ; on feignit de prendre pour un soupçon de poudre le doigt de poussière qui les couvrait. Ils firent les délices des lettrés pour tout de bon, qui les traitèrent avec une hautaine bienveillance, et des lettrés de Panurge, qui font la fortune des éditions qu'il est de bon goût de relier sans relire. Lorsque l'on voudra connaître, en leur élégance surannée et dans toute l'ampleur de leur petit esprit vieillot, les charmeurs qui amusèrent l'agonie de la vieille France, il faudra s'adresser à Charles Monselet.

» Personne mieux que lui ne pouvait s'atteler à cette tâche. Un historien se fût perdu dans des considérations trop sévères : un pédant eût surchargé de notes les livrets qui devaient toute leur grâce à leur légèreté, tous défauts dont il se garda. Puis Charles Monselet se sentait attiré vers eux, comme vers ses aînés, ses modèles : n'étaient-ce point des diseurs de rien, en petits vers faciles, coulants ? Épicuriens sans fiel, le ventre à table, le dos au lit, n'avaient-ils point eux et lui, la même très douce philosophie nonchalante, se hâtant de rire de tout, quoique bien certains de ne jamais pleurer de rien ?

« Il voulait si bien leur ressembler en tout ce qu'ils avaient de sensuel qu'il leur emprunta jusqu'à leur culte de la gastronomie et qu'il se fit gloire d'être, après Grimod de La Reynière et Brillat-Savarin, le premier gourmet de France.

» CARIBERT. »

(*Paris*, n° du 21 mai 1888.)

« ... Monselet est un des premiers hommes de lettres que j'aie connus à mon arrivée à Paris. C'était en 1858 ; je venais d'entrer au *Figaro* et j'y apportais la figure hétéroclite d'un

provincial qui ne savait rien des choses parisiennes et qui se
trouvait tout à coup jeté en plein parisianisme, dans le tour-
billon du *Figaro*.

» Parmi ceux dont j'allais devenir le collaborateur, deux
hommes me séduisirent tout de suite, Villemot et Monselet.
et je me pris pour eux d'une sorte de passion mêlée de respect. Le mot de respect fera sourire sans doute, s'appliquant à Monselet ; mais c'est la vérité qu'en ce temps-là
j'avais comme une admiration craintive des hommes qui
s'étaient fait un nom dans le *Figaro*, où j'allais écrire. Je leur
trouvais tant d'esprit et je m'en sentais si dénué !

» Villemot était étourdissant de gaieté ; jamais je n'ai vu
chez personne jaillissement plus spontané d'anecdotes plai-
samment contées, de mots bon enfant et drolatiques. Je
préférais de beaucoup Monselet, qui avait l'esprit plus fin et
qui écrivait une excellente langue, la meilleure langue
du xviiie siècle. C'est un mérite auquel j'ai toujours été très
sensible. On m'avait accueilli au *Figaro* comme un chien
dans un jeu de quilles, ou plutôt comme un chien qui
vient manger sa part du gâteau, et comme j'avais l'air d'un
ahuri, on en avait profité pour me blaguer dans les
grands prix.

» Villemot et Monselet furent les seuls qui me firent bonne
mine. J'étais plus à mon aise avec Monselet, parce qu'il savait
à fond le xviiie siècle et qu'il l'adorait ; je me trouvais sur ce
point en communion d'idées avec lui.

» Et puis, je lui trouvais tant de talent ! Il avait le visage d'un
abbé du xviiie siècle ; il en avait aussi les allures, les goûts et le
tour d'esprit. Il était fait pour écrire à tête reposée, quand le
cœur lui en disait, quelques jolies bagatelles, d'un style
achevé, que les salons se seraient disputées. Il eût brillé dans
ces mêmes salons par la bonne grâce et le piquant de sa
conversation, et fût entré à son tour à l'Académie, où il
se fût assis entre un duc et pair et un évêque. Il leur aurait

conté à l'oreille des gaudrioles, et il eût vécu honoré, souriant, heureux.

» FRANCISQUE SARCEY. »

(*XIXe Siècle*, 22 mai 1888.)

« . . Il débuta très jeune, à Bordeaux, comme poète naturellement et aussi un peu comme chroniqueur. Il était à peine majeur quand il prit, à ce qu'il prétend, pour la capitale un passeport de paresseux. C'est un titre qu'il se donnait volontiers, non sans une ironie voilée, et qui a fait le thème d'une des plus jolies pièces de vers qu'il laisse. Ce paresseux a, quarante-six ans de suite, produit sans relâche et avec une fécondité extraordinaire, si l'on tient compte du souci de la forme, dont il n'a jamais pu se départir. Il écrit en vers et, s'il n'a jamais donné les grands coups d'ailes des lyriques, s'il n'a pas eu l'envolée, comme on dit aujourd'hui et comme il n'aurait pas dit volontiers, il retrouvait, dans des sujets tout contemporains et en obéissant aux exigences de la technique moderne, l'art galant et leste des anacréontiques du siècle passé...

» GUSTAVE ISAMBERT. »

(*Le Temps*, 21 mai 1888.)

« ... Monselet laisse des volumes qui, plus tard, seront recherchés, quelques-uns du moins. Il en est plusieurs qui sont épuisés, et où se trouvent le plus clair de son esprit et la plus fine essence de son observation.

» ... Sans la moindre aigreur, on ne saurait trop le dire, contre l'injustice du sort et contre l'injustice des hommes, il fut, jusqu'au bout, une sorte de sage, à sa manière, qui regardait tout cela sans irritation, même sans envie; malgré la conscience de sa valeur, de marque trop délicate pour être appréciée par le gros du public, celui qui fait la fortune des écrivains et, sans doute, hélas! leur réputation. Que de livres de renommée bruyante, cependant, seront ensevelis pour jamais,

dans les ténèbres de l'oubli, lorsque des lettrés des jours
futurs savoureront des pages de l'artiste et du poète qui vient
de mourir, et qui, à défaut de grande fortune littéraire, eut
énormément de talent et tout autant d'esprit.

« CHARLES CANIVET. »

(*Le Soleil*, 23 mai 1888.)

« S'il ne fallait redouter le ton solennel pour parler de
l'homme le moins solennel qui fût jamais, je dirais que les
lettres viennent de faire une perte cruelle.

» Charles Monselet a excellé dans tous les genres qu'il a
successivement abordés. Poète, critique, historien, humoriste, romancier, il a été tout cela et toujours avec un art
exquis.

» Il restera parmi ce qu'on pourrait appeler les petits-
maîtres...

» ... C'est une bien curieuse et bien intéressante figure qui
disparaît.

« Je crois revoir encore ce fin visage d'abbé galant, d'épicurien malicieux, non méchant. Il avait soigné sa réputation de
gourmand et n'était point fâché de passer pour l'héritier
direct de M. Grimod de La Reynière ; mais c'était surtout un
lettré très soucieux du respect des lettres.

« Pourquoi il n'était point de l'Académie ? Un académicien
en donnait simplement la raison, l'autre jour, en cherchant à
justifier l'exclusion de Théophile Gautier, à qui la docte compagnie reprochait de manquer de tenue. A Gautier on préféra
Joseph Autran, dont la muse avait du linge !

» Charles Monselet aura manqué à l'Académie : elle ne
lui manquait pas. Il aura honoré le quarante et unième
fauteuil.

» Le titre d'académicien ne pouvait rien ajouter à l'estime
des gens de goût pour cet écrivain accompli, en qui s'alliaient

les grâces légères du xviiie siècle et le spirituel scepticisme de
notre temps.

» Il faudra jeter des roses sur cette tombe.

» H. MAGEN. »

(*Voltaire*, 21 mai 1888.)

« ... Monselet meurt à soixante-trois ans, et c'est à vingt ans
qu'il a écrit son premier article. Il avait donc derrière lui
plus de quarante années de ce métier si attrayant et si déce-
vant, mais toujours si absorbant, des lettres, quarante années
de dépense intellectuelle, de ce journalisme qui paraît à tant
de gens la terre promise et qui est la terre, en tout cas, où l'on
ne se repose jamais.

« Les biographes auront quelque peine, je le crois, à retrouver
tous les journaux où il a écrit. Il n'en est pas un, de 1860 à
1870, qui n'ait donné quelque chronique de lui.

» EMMANUEL ARÈNE. »

(*République française*, 20 mai 1888.)

« ... J'aimais en lui un type de lettré, que les petits défauts
qu'il pouvait avoir rapprochaient, pour ainsi dire, des
lettrés du xviiie siècle, qu'il connaissait si bien et que nous
aimions tous les deux...

» Je comprends combien on a raison d'avoir vu en lui un
homme de lettres du siècle dernier et même un abbé d'autre
fois, égaré dans notre temps. Je ne dis pas qu'il n'ait parfois
mis un peu de coquetterie à entrer dans la peau du personnage qu'on le disait être : même les plus simples se laissent
aller volontiers à jouer leur bout de rôle sur la scène de
Paris, quand ils ont l'attention et le sourire encourageant
de la galerie. Mais le fonds y était. C'est très sincèrement
que Monselet aimait la galanterie un peu libertine plus que la
passion, les petits vers, l'érudition, les dîners joyeux, fussent-

ils conquis sur les Philistins, la belle langue et les mots
d'esprit, valant des volumes.

» ... Pour que la vie d'un tel homme ait été heureuse, il eût
fallu pouvoir lui faire retrouver le milieu disparu pour lequel
il était fait. Il lui a manqué d'être le boute-en-train, à la fois,
et le savant, le commensal et le bibliothécaire d'une de ces
cours qu'avaient les grands seigneurs, et où certains lettrés
de second plan vivaient délicieusement, payant largement
leur pension avec des bons mots, se faisant célèbres avec
quelques jolies fantaisies rimées et, pour peu qu'ils aient eu
quelque érudition, en passe d'entrer à l'Académie par un
chemin tout aplani.

» Henri Fouquier. »

(*Gil Blas*, 23 mai 1888.)

« ... D'aucuns ont enfermé le délicat mérite de Charles Monselet dans de parfaites œuvres de courte haleine : sonnets,
chroniques, ballades, fantaisies mignonnes, articles ciselés
comme une pièce d'orfèvrerie d'un artiste de Venise ou de
Florence. Le fait est que Monselet excellait dans ces « chefs-
d'œuvre de Lilliput » où l'on peut donner toute la grâce et
toute la mesure d'un grand talent. La valeur de la toile ne
saurait se toiser à l'exiguïté du cadre. Mais cette spécialité de
gourmet littéraire, dans laquelle se complaisait Monselet,
était loin de le contenir tout entier ; il débordait parfois, par
son esprit caustique, sa vive imagination et son grand savoir,
de ce vase étroit et charmant qu'on pourrait comparer à ces
gobelets mignons en porcelaine de Sèvres.

»D'un jugement très sûr et d'un tact très subtil, Monselet
était un critique de théâtre fort remarquable. Est-ce que pendant vingt ans il n'a pas écrit la chronique dramatique avec
un réel succès dans le *Monde illustré*? Dalloz disait un jour :
« Si je perds Monselet, il aura un successeur, mais je ne le
« remplacerai jamais. »

« Comme érudit, Monselet laisse de curieuses et très
exactes études sur le xviiie siècle. Dans ce genre, où il est
l'égal des de Goncourt, les *Oubliés et Dédaignés* sont un véritable chef-d'œuvre de couleur locale et de style vraiment
français.

                                        » HENRI GIRARD. »
            (*La France*, 21 mai 1888.)

« … C'est une grande douleur pour ses amis, une grande
perte pour le public, car c'est plus qu'un homme de lettres,
c'est un honnête homme qui s'en va, un homme pur, un
homme simple, un homme de beaucoup de talent.

« Un mot le peindra mieux que tous nos regrets. Sur la
brèche, pendant quarante années, Charles Monselet a traversé
la rédaction de tous les journaux. Il n'y a blessé personne.
Il n'y sera oublié d'aucun.

                                        » ALBERT DUBRUJEAUD. »
            (*Écho de Paris*, 23 mai 1888.)

« Cet écrivain, homme d'esprit, pouvait d'autant plus passer
pour un épicurien qu'il l'était en réalité, mais dans le bon
sens seulement, en athénien et en raffiné… Comme raffiné, il
tenait du xviiie siècle. Il gardait la ressemblance, physique
et morale, des heureux esprits de ce temps-là ; il en avait
la bonne humeur, le tour facile, le caractère badin et en
même temps l'estomac, car il faut se souvenir que nos pères,
au xviiie siècle, étaient des *fourchettes* hors ligne.

« … Imbu du xviiie siècle comme il l'était, Monselet avait
mis l'esprit au-dessus de toutes les formules. Bien qu'il se
soit accommodé, autant que qui que ce soit, de son époque,
il faisait un peu l'effet, au physique comme au moral, d'un de
ces abbés de l'ancien régime qui étaient devenus les colpor-
teurs de bons mots de salon à salon, de ruelle à ruelle. Seulement, les abbés en question colportaient les mots des autres,
tandis que Monselet pouvait très bien se contenter de son

propre fonds. Et ce qu'il y a de singulier dans un homme
remontant aussi haut pour ses affinités, c'est qu'il est resté
toute sa vie aussi jeune que les plus jeunes d'entre nous.

» P. DE MOLÈNES. »

(*La Liberté*, 22 mai 1888.)

« ... Je n'ai pas à étudier ici l'œuvre de ce polygraphe charmant, qui a touché à tout, et toujours d'une main fine et légère.
Son bagage littéraire est énorme. Outre ses ouvrages personnels, il a collaboré à des publications nombreuses, à des réim-
pressions annotées, commentées avec une érudition aimable,
sans ombre de pédantisme. J'ai sous les yeux le catalogue de
toutes ces publications : il comprend soixante-quatorze numéros ! Monselet avait, comme on le voit, la paresse féconde.

» Il était un des derniers et rares survivants de l'époque où
la presse n'avait pas encore été envahie par les barbares.
L'injure ignominieuse n'était pas la monnaie courante des
polémiques ; elle ne remplaçait point l'esprit absent et ne
tenait pas lieu de grâce et d'ingéniosité. J'ai plus d'une fois
causé avec lui de l'abaissement des lettres ; il en ressentait
une profonde humiliation, car nul plus que lui n'avait le sentiment de la dignité littéraire. Et en notant ce fait indéniable,
je n'oublie point ses petites œuvres très légères ignorées du
grand public. Là même, dans ces écarts d'une poésie clan-
destine, on retrouvait le sceau du lettré délicat.

» En tout temps, comme l'écrivait en 1774 l'abbé Galiani à
Mme d'Épinay, il y eut un art de tout dire et de tout écrire
sans aller en prison : « Si vous ouvrez la porte à la liberté
» du langage, ajoutait-il, au lieu de chefs-d'œuvre d'élo-
» quence tels que les remontrances des parlements, voici
» les remontrances qu'un parlement fera : « Sire, vous êtes
» un s....-j...-f.....! »

» Cet homme voyait de loin... »

(*Républicain orléanais*, 23 mai 1888.)

« Monselet laisse surtout le souvenir d'un joyeux, d'une
âme heureuse et souriante qui n'avait point de fiel, point
d'amertume. Il continuait, en notre spleenétique XIXᵉ siècle,
la tradition des épicuriens de l'ancienne France à la façon de
Saint-Évremond et de l'abbé Galiani. Il y avait de l'abbé de
cour en lui, de l'abbé sensuel et friand qui prenait le menton
de Lisette en allant souper chez Mᵐᵉ du Deffant ou chez
Mᵐᵉ Joffrin.

» La grande amertume de la vie de Monselet a justement été
de ne se voir jamais pris au sérieux. Essayez donc d'aller
contre la réputation qui vous a été faite. La foule n'accepte
que des formules et des jugements tout d'une pièce, sans
croire à la variété de l'esprit humain, sans admettre que le
même homme puisse être tour à tour un bouffon et un rêveur.
Personne n'a eu un talent plus souple et plus varié que Monselet, quoiqu'un seul aspect de son talent soit resté connu. Il
avait fait de la critique, de l'histoire, de la bibliographie, du
théâtre, de la poésie, de la chronique et du roman, toujours,
ainsi que l'a dit André Theuriet sur sa tombe, avec la même
franchise, la même netteté d'esprit, cette « veine française »
que reconnaissait en lui Sainte-Beuve. Il a été un érudit et un
curieux ; il a, un des premiers, été l'historiographe des oubliés
du XVIIIᵉ siècle, depuis la Régence jusqu'à la Révolution. Il a
été surtout un observateur des mœurs contemporaines, un
peintre minutieux et malicieux de la vie à Paris qu'il a mise
pour ainsi dire en tableaux...

» G. CLAUDAT. »

(*Gironde littéraire*, 27 mai 1888.)

« C'est avec un véritable chagrin que nous avons appris la
mort de Charles Monselet, de ce charmant lettré qui avait
toutes les grâces piquantes, toute la légèreté et tout l'esprit
des écrivains du XVIIIᵉ siècle et à qui Victor Hugo disait un
jour : « Quand je vous écris quai Voltaire, où vous demeurez,

j'ai toujours envie de mettre cette adresse : « Monsieur Charles
» Voltaire, quai Monselet. » Nous n'apprendrons rien à personne en rappelant que Sainte-Beuve lui a consacré une de
ses meilleures causeries du Lundi. Charles Monselet ne cou-
rait pas après la popularité ; il n'a jamais écrit que pour une
petite élite de délicats et de bibliophiles dont il a fait la joie.
Car ils ont tous dans leur bibliothèque ces petits livres aujour-
d'hui rarissimes qui s'appellent la *Lorgnette*, les *Tréteaux*,
Portraits après décès, les *Oubliés et Dédaignés*, le *Théâtre du
Figaro*, *Gastronomie*, etc.

» ... La mort de Charles Monselet est un vrai deuil pour les
lettres. Il laisse des pages exquises, des livres qui sont d'un
rare régal, où circule un esprit des plus fins, où voltige une
ironie on ne peut plus française. Son souvenir vivra parmi
tous les gourmets littéraires.

» Ici il comptait de nombreux et solides amis, qui ont été
douloureusement surpris en apprenant que la maladie avait
eu raison de l'aimable et spirituel écrivain. Il aimait lui-même
Marseille jusqu'à l'adoration et se faisait un plaisir de rechercher tout ce qui se publiait sur la Provence. Sa mort sera
donc aussi vivement ressentie dans notre région qu'à Paris.

» HORACE BERTIN. »

(*Sémaphore*, 22 mai 1888.)

« Il eut, en effet, tout l'esprit galant du xviiᵉ siècle, avec
un excès que nous devons réprouver dans la note gaillarde et
friponne ; mais que de verve, de malice spontanée, d'esprit
décoché sans méchanceté ! Certes, il s'était trompé de siècle
et, venu trop tard, il s'en consolait en vivant par la pensée
avec ses vrais frères, les petits conteurs du temps défunt,
qu'il essaya même de faire revivre en de fines études.

» C'est dans ce commerce avec eux qu'il prit son goût des
éditions luxueuses et rares pour les livres des autres et aussi
pour les siens, car chacun de ses ouvrages est une curiosité

de bibliophile, à commencer par ses *Vignes du Seigneur*, imprimé en caractères rouges, lie de vin, sur papier de Chine. Il apporta le même soin à tous ses livres, car lui, qui se donnait comme un paresseux, était un travailleur acharné qui laisse plus de vingt volumes où coule intarissable, en prose et en vers, cette veine d'esprit toute gauloise.

» Du reste, dans la vie comme dans l'art, c'était un esprit de prime-saut, alerte, jovial, jamais en défaut de saisir les choses sous un angle spécial et de trouver sur tout le mot juste ou pittoresque.

» L'avenir retiendra de son œuvre quelques contes et fantaisies d'une gaillardise spirituelle et gourmande qui lui donneront dans les lettres françaises la place des Jan Steen ou des Van Ostade dans l'école flamande de peinture.

» C'est en littérature un charmant petit-maître. »

(Journal de Bruxelles, 28 mai 1888.)

Ne doit-on pas encore considérer comme de flatteuses appréciations ces deux lettres, signées de noms éminents, et qui, dans leur brièveté, renferment le plus bel éloge qu'on puisse faire de l'écrivain ?

25 mai 1859.

Monsieur,

Laissez-moi vous remercier d'un mot par un mot. Dans un des derniers numéros du *Figaro*, vous avez eu la bonté de citer mon nom avec un accent qui m'a touché. Donc, merci.

J'ai ce que je veux ! Que tous les Vapereau m'oublient, mais que les Monselet se souviennent de moi.

Moi, monsieur, je ne l'oublierai point, et je suis à vous.

JULES BARBEY D'AUREVILLY.

15 novembre 1868.

Mon cher Monselet.

Vous avez dit de moi cette semaine quelques mots qui m'ont rendu très heureux.

Vous êtes un des trois ou quatre auxquels il m'arrive de songer en écrivant : Je me dis : « Seront-ils contents ? » et je n'ai pas de plus grande joie que d'apprendre qu'ils le sont.

Merci, et tout à vous.

ALPHONSE DAUDET.

Enfin, pour terminer, voici — à titre de curiosité — un jugement de Monselet sur lui-même, daté du 17 mai 1866, (*Nouvel Illustré*) et qui répond à un reproche qu'on lui a souvent adressé : il montrera que le digne homme se connaissait encore mieux qu'on ne le connaissait :

« ... Tenez-le dans tous les cas, cet auteur — écrit-il en parlant de lui — pour un homme dévoué à son art, fidèle à son point de départ, convaincu de la suprématie de l'idée et de l'importance de la forme, — ce qu'on appelle un *fervent*. Il n'aurait pu être autre chose que ce qu'il est, cet auteur, dont le principal tort est d'avoir cédé à des aptitudes diverses au lieu de se concentrer en une seule. »

Paris, 20 décembre 1883.

Mon cher ami, vous ne doutez pas de
l'extrême désir que j'aurais de vous être agréable ; vous savez aussi jusqu'à quel point je
prise vos sonnets. Eh bien ! cette préface, je ne la
vois pas, je ne la sens pas ; je l'ai cherchée tout
ce matin. C'est là comme un cas de constipation
qui pourrait solliciter votre lyre. Vous êtes l'inventeur d'un nouveau genre en poésie ; que cette
gloire vous suffise. Vous me demandez de vous
répondre par retour du courrier ; je le fais,
et ne puis me défendre d'un sentiment de tristesse,
car ils sont charmants, vos vers que je viens de
relire et qui mériteraient en effet d'être fixés pour
la postérité.

Je vous serre cordialement la
main —

Charles Monselet

1. — MARIE ET FERDINAND. — Poème dédié à la Famille Royale.

> *Bordeaux*, 1842. Ch. Lawalle, éditeur, Allées de Tourny, 52.
> Imprimerie de Cruzel, rue des Ayres, 13. Une brochure gr.
> in-8° de 24 pages. Prix : 1 fr.

Début littéraire de l'auteur :

« ... Ce n'est pas sans une certaine appréhension que j'ai rouvert ce poème composé à l'âge de dix-sept ans et qui a pour sujet la mort de la princesse Marie et du duc d'Orléans. J'ai souri à quelques passages ; en somme, pourtant, cela se tient, comme on dit... Ainsi donc, il ne serait pas impossible. du moins par la date, de rattacher l'auteur de *Marie et Ferdinand* à l'école romantique. Qui l'aurait dit !...

» CHARLES MONSELET. »

2. — VICTOR HUGO. — Analyse en vers des *Burgraves*. (Sans nom d'auteur.)

> *Bordeaux*, 1843. (Extrait du *Courrier de la Gironde* du 21 mars
> 1843.) Imprimerie de P. Faye, Fossés de l'Intendance, 15.
> Une brochure gr. in-8°.

« ... En reproduisant cette analyse ou plutôt cette parodie des *Burgraves*, il est loin de notre pensée de nous mettre à la suite des détracteurs de M. Victor Hugo. C'est évidemment un homme d'esprit, qui a fait ce compte rendu des *Burgraves*, que nous empruntons au *Courrier de la Gironde*, et quelle que soit notre admiration pour M. Victor Hugo, lorsque la critique revêt des formes aussi spirituellement adoucies, nous ne nous trouvons nullement blessés dans notre conscience littéraire en les reproduisant... » (Feuilleton du journal *la Guienne* du 25 mars 1843.)

3. — Lucrèce ou *la Femme Sauvage*. — Parodie en un acte, en vers, de la *Lucrèce*, de Ponsard, par MM. Gabriel Richard et Charles Monselet, représentée pour la première fois à Bordeaux, sur le théâtre des Variétés, le 7 octobre 1843.

> *Bordeaux*, 1843. Mme veuve Duviella, éditeur, 66, rue Porte-Dijeaux. Imprimerie de Cruzel, rue des Ayres, 13. Une brochure gr. in-8°. Prix : 50 cent.

4. — Un Carreau brisé. — Comédie-vaudeville en un acte, par Charles Monselet, représentée pour la première fois sur le théâtre des Variétés, à Bordeaux, le 2 juillet 1844.

> *Bordeaux*, 1844. Chaumas-Gayet, éditeur, rue du Chapeau-Rouge, 34. Imprimerie de Cruzel. Une brochure gr. in-8°.

5. — Ariel. — Drame fantastique en trois actes et un prologue, avec chœurs, par MM. Gabriel Richard et *Charles Duvergier* (Ch. Monselet).

> *Bordeaux*, 1845. Imprimerie de Lazard-Lévy, Fossés des Carmes, 9, près le Collège. Une brochure gr. in-18.

6. — Une journée au camp de Saint-Médard. — A-propos en un acte, par MM. Gabriel Richard et Charles Monselet, représenté pour la première fois sur le théâtre des Variétés, à Bordeaux, le 17 août 1845.
> (Une brochure manuscrite.)

7. Le Monde Bordelais. — Revue de la Semaine.

> *Bordeaux*, 1845. Charles Lawalle, éditeur, 52, Allées de Tourny. Bureau de la direction, 16, rue de l'Intendance.

La collection de ce journal, dont Charles Monselet était le directeur-rédacteur en chef, ne comprend que neuf numéros : Octobre 1845 à Janvier 1846. La *Revue Bordelaise* succéda au *Monde Bordelais*.

8. — Les Trois Gendarmes. — Parodie en un acte, en vers, des *Mousquetaires*, d'Alexandre Dumas et Auguste Maquet, par MM. Gabriel Richard et Charles Monselet, représentée pour la première fois sur le théâtre des Variétés, à Bordeaux, le 18 avril 1846.

> *Bordeaux*, 1846. Imprimerie de Causserouge. Prix : 50 cent. Une brochure gr. in-8°.

« ..... De mes rares essais dramatiques, celui-ci est le meilleur, le plus gai. Il pourrait certainement supporter la réimpression. L'acteur Kime y était fort amusant. ... » Ch. Monselet.

9. — Les Mésaventures du Prince Rodolphe. — Parodie en cinq actes, en prose, des *Mystères de Paris*, d'Eugène Sue, par M. Charles Monselet, représentée pour la première fois sur le théâtre des Variétés, à Bordeaux, le 25 mai 1846.
> (Une brochure manuscrite.)

10. — Frédéric Soulié. — Notice nécrologique par MM. Victor Hugo. Alexandre Dumas, Jules Janin, Paul Lacroix, Antony Béraud, Charles de Matharel et Charles Monselet.

> *Paris*, 1847. Imp. par Plon frères, 36. rue de Vaugirard. Extrait du *Nécrologe universel du xix⋅ siècle* Un vol. in-8, br.

11. — De Chateaubriand. — *Mémoires d'Outre-Tombe* : Introduction par Charles Monselet. Extrait du journal *la Presse*, numéros des 17. 18, 19 et 20 octobre 1848.

> « ... Arrivé à Saint-Malo, sans naufrage, par l'impériale de la diligence de Rennes, je descendis à l'hôtel de France, le seul où j'eusse le désir de descendre, car c'est le lieu de naissance de Chateaubriand.
> » De quelque modestie que je cherche à m'envelopper, je ne pus m'empêcher de me rappeler, à l'heure où je mis le pied dans cet hôtel, que le directeur de la *Presse*, M. Émile de Girardin, m'avait chargé, en 1848, moi jeune homme, moi inconnu, d'écrire en son journal la préface des *Mémoires d'Outre-Tombe* ; et, sous l'escalier qui conduisait à ma mansarde, je courbai la tête instinctivement, comme sous la main invisible du génie... » Charles Monselet (*De Montmartre à Séville*).

12. — Le Camice Rosse. — Prima versione Italiana di Giusetti Galanti, *Firenze*, 1849. Carlo Soldi in Condotta. Tipografia di Luigi Nicolai. 4 tomes en 2 vol. gr. in-8°.

> « ... Traduction italienne des *Chemises Rouges*, de l'auteur, ornée de figures en couleur assez grossières, mais dont quelques-unes représentent d'une façon naïve des scènes et des personnages de la Révolution française... » Charles Monselet.

13. — Les Chemises Rouges. — Roman.

> Cet ouvrage a paru en feuilletons dans le journal *la Patrie*, 1849.
> *Bruxelles*, 1850. Alph. Lebègue, rue Jardin-d'Idalie. 1. (4 vol. in-18, br.)
> *Bruxelles*, 1856. Collection Méline. Cans et Cⁱᵉ. (3 vol. in-18, br.)
> *Paris*, 1857. De Potter. rue Saint-Jacques, 38. Impr. Worms et Cⁱᵉ, Argenteuil. 8 vol. gr. in-8°, br. *Les Folies d'un grand Seigneur.*) Prix : 60 francs.

Le libraire Michel Lévy l'a scindé en trois volumes in-8' : *Monsieur le Duc s'amuse, François Soleil, la Fin de l'Orgie.*

> *Paris*, 1866. Librairie Nouvelle, rue Vivienne. 2 bis. Boulevard des Italiens, 15. Prix : 3 fr.
> — Rééditions de la librairie Calmann Lévy : Collection à 1 franc le volume.

14. — La Semaine théâtrale. — Revue artistique, littéraire et musicale, paraissant tous les jeudis.

> *Paris*, 1851, 7. rue Vivienne.

La collection de ce journal, dont Charles Monselet était le rédacteur
en chef, ne comprend que neuf numéros : du 6 novembre 1851 au
1er février 1852.

15. — STATUES ET STATUETTES CONTEMPORAINES. — Portraits.

> *Paris*, 1852. Giraud et Dagneau, 7, rue Vivienne. (Maison du
> Coq d'Or.) Imprimerie d'Arbieu, à Poissy. Un vol. in-18, br.
> Prix : 2 francs.

> La princesse Belgiojoso. — M. de Jouy. — Frédéric Soulié. —
> Lassailly. — Ferdinand Flocon. — Madame Récamier. — Abd-el-Kader.
> — Rossini. — Jean Journet. — Alexandre Dumas. — Chateaubriand. —
> Paul de Kock. — Charles Coran. — Elleviou.

16. — HISTOIRE ANECDOTIQUE DU TRIBUNAL RÉVOLUTIONNAIRE. (17 *août-
29 novembre* 1792.) — Histoire.

> *Paris*, 1852, Giraud et Dagneau, 7, rue Vivienne. Impr. de Napo-
> léon Chaix, Paris. Un vol. in-18, br. Prix : 2 francs.

> Ce volume, qui porte sur la couverture *Première partie*, s'arrête court
> à la page 252.

> — Nouvelle édition (complétée) : *Paris*, 1853. (Même librairie.)

17. — STENDHAL. — *Armance, ou quelques scènes d'un salon de Paris
en 1827*, avec une préface par Charles Monselet.

> *Paris*, 1853. Giraud, 7, rue Vivienne. Impr. de Pillet, fils aîné,
> rue des Grands-Augustins, 5. Un vol. in-18, br. Prix : 2 francs.

> » ... Édition conseillée par moi à l'éditeur, et faite par mes soins...
> » CHARLES MONSELET. »

> — Nouvelle édition : *Paris*, 1856, Adolphe Delahays, 4-6, rue
> Voltaire. Bibliothèque d'un homme de goût. (Collection à
> 1 franc le volume.)

18. — RÉTIF DE LA BRETONNE. — Sa vie et ses amours; documents
inédits; ses malheurs, sa vieillesse et sa mort; ce qui a été écrit sur
lui; ses descendants : Catalogue complet et détaillé de ses ouvrages,
suivi de quelques extraits, avec un beau portrait, gravé par Nargeot
et un fac-similé.

> *Paris*, 1854, Alvarès fils, rue de la Lune, 21. Impr. de Paul
> Dupont, à Paris. Un vol. in-16, br.

> Tiré à 520 exemplaires : 400 sur papier vergé à 6 fr.; 60 sur vélin à
> 9 fr.; 40 sur papier de Hollande à 12 fr., et 20 sur papier rose à
> 15 francs.

> — Nouvelle édition : Paris, Aubry, 1858. (Un vol. in-12, br.)

19. — Les Aveux d'un Pamphlétaire. — Étude.

Paris, 1854. Victor Lecou, 10, rue du Bouloi. Imprimerie de Chaix, Paris. (Un vol. pet. in-16, couv. tirée en rouge, br.) Collection diamant. Prix : 1 franc.

« *Les Aveux d'un Pamphlétaire* avaient paru d'abord sous le titre du *Chevalier de La Morlière*, dont ils sont l'histoire, dans le feuilleton du journal *Paris*, dirigé par M. de Villedeuil.

» C'est la composition du journal qui a servi à faire ce livre publié à *mes frais*. Eh ! mon Dieu ! oui !...
                                      « Charles Monselet. »

20. — Monsieur de Cupidon. — Roman.

Paris, 1854. Victor Lecou, 10, rue du Bouloi. Impr. de Crété, à Corbeil. Un vol. in-18, br. Prix : 3 fr. 50.

Cette première édition comprend à la suite une nouvelle : *Aristide Chamois*, qui a disparu dans les éditions suivantes :

Bruxelles, 1857. Collection Méline, Cans et Cie (2 vol. in-8, br.).

Paris, 1858. Librairie Nouvelle, Jacottet, Bourdilliat et Cie. Un vol. in-18, br. Prix : 1 franc.

— Rééditions de la librairie Calmann Lévy. Collection à 1 franc le volume.

21. — Les Vignes du Seigneur. — Poésies.

Paris, 1854. Victor Lecou, 20, rue du Bouloi. Imprimerie Gounouilhou, 2, place Puy-Paulin, à Bordeaux. Un vol. in-32, br., couv. rose, imprimé en caractères rouges.

« ... J'ai fait imprimer ce volume à Bordeaux pendant un séjour de six mois que j'y fis en 1854. L'extrême chaleur nuisit beaucoup à la netteté de l'impression en couleur rouge...
                                      » Charles Monselet. »

22. — Figurines Parisiennes. — Nouvelles.

Paris, 1854, Jules Dagneau, 23, rue Fontaine-Molière. Impr. d'Arbieu, Poissy. Un vol. in-16, br., couv. glacée. Prix : 50 cent. (Bibliothèque mignonne.)

23. — Grandville. — *Les Métamorphoses du jour*. Texte par MM. Albéric Second, Louis Lurine, Clément Caraguel, Taxile Delord, H. de Beaulieu, Louis Huart, Charles Monselet, Julien Lemer. Notice sur Grandville par M. Charles Blanc.

Paris, 1854, Gustave Havard, 25, rue Guénegaud. Imp. Claye, 7, rue Saint-Benoît. (Un vol. gr. in-8º, br.)

Nouvelle édition : *Paris*, 1869, Garnier frères, rue des Saints-Pères. (Un vol. gr. in-8º, br.)

24. — Les Petits Bordeaux. — Bordeaux-artiste.

> Bordeaux, 1855. Chez Sauvat, libraire-éditeur. Imprimerie de
> Mme veuve N. Duviella, 63, rue Porte-Dijeaux. (Un vol. petit
> in-32 de 64 pages, couvert. illustrée, br.) Sans nom d'auteur.

« ... Petite monographie anonyme, écrite pendant un séjour de six
mois que je fis à Bordeaux, en l'an 1854. L'éditeur-imprimeur, A. Picot
(successeur de Mme Duviella), ayant craint de soulever certaines suscep-
tibilités de clocher, l'édition fut mise au pilon. Il n'en a été sauvé qu'un
petit nombre d'exemplaires, qui n'ont jamais paru dans le commerce.
Bordeaux-artiste devait inaugurer une série de *Petits-Bordeaux : Bor-
deaux-négociant, Bordeaux-grisette, Bordeaux-boursier,* etc. Cette publication est restée à l'état de projet. Ce petit livre abonde en révélations
piquantes sur les célébrités bordelaises de tout genre.

» Charles Monselet. »

25. — La Franc-Maçonnerie des Femmes. — Roman.

> Cet ouvrage a paru en feuilletons dans le journal *la Presse*, oct. 1855.

> Bruxelles, 1856. Collection Méline, Cans et Cie, 4 vol. in-18, br.

> Paris, 1856, de Potter, rue Saint-Jacques, 38. Imprimerie de
> Jacquin, Fontainebleau. 7 vol. gr. in-8°, br. Prix : 52 fr. 50.

> Cette édition comprend deux parties : *Irénée de Trémeleu* et *la Ven-
> geance de Marianna.*

> Paris, 1861. Librairie Nouvelle. Impr. Bourdilliat, 15, rue Breda.
> Un vol. gr. in-8°. br. Prix : 3 fr.

> Paris, 1870. Librairie de Charlieu frères et Huillery, 10, rue
> Git-le-Cœur. Une brochure in-4° à 2 colonnes, avec vignettes.

> Le libraire Michel Lévy a scindé ce roman en deux volumes : *la
> Franc-Maçonnerie des Femmes* et *les Mystères du Boulevard des Inva-
> lides.*

> Paris, 1874. Impr. de F. Aureau, Lagny. Prix : 1 fr. 25.
> — Rééditions de la librairie Calmann-Lévy. (Collection à
> 1 franc le volume.)

**26. — Les Oubliés et les Dédaignés. — Figures littéraires de la fin
du XVIIIe siècle.**

> Paris, 1857. Poulet-Malassis et de Broise, 4, rue de Buci. Impr.
> de Poulet-Malassis. Alençon. 2 vol. in-12, br. Prix : 5 francs.

> Vingt exemplaires ont été tirés sur papier vergé au prix de 12 francs.

> Nouvelle édition : Paris. 1861. (Même librairie.) Un volume gr.
> in-8°, br.

La librairie Michel Lévy a réédité cet ouvrage sous le titre de : *Les
Originaux du siècle dernier.*

Paris, 1863. Librairie Nouvelle. (Bibliothèque contemporaine.)
Un vol. in-18, br. Prix : 3 francs.

Nouvelle édition définitive : *Paris*, 1876, Charpentier, 13, rue
de Grenelle. Un vol. in-18, br. Prix : 3 fr. 50.

27. — La Lorgnette littéraire. — Dictionnaire des grands et des
petits auteurs de mon temps.

Paris, 1857. Poulet-Malassis et de Broise, rue de Buci, 4. Impr.
Poulet-Malassis, Alençon. Un vol. in-16, br. Prix : 2 fr. 50.
Exemplaires sur papier de Hollande.

Nouvelle édition : *Paris*, 1859. Poulet-Malassis et de Broise. Un
vol. in-16, br. Prix : 1 franc.

— *La Lorgnette littéraire.* (Complément.)
Paris, 1870. René Pincebourde, rue de Beaune, 14. Un vol.
in-16, br.

« ... Il y a un de mes ouvrages que je n'ose plus rouvrir qu'avec
effroi. C'est la *Lorgnette littéraire*.
» Dix-sept ans se sont écoulés depuis cette publication ; et, pendant
ces dix-sept ans, j'ai vu mourir près de la moitié de ces auteurs, petits
et grands, mes amis pour la plupart. D'abord je traçais une croix à côté
de chaque nom disparu, mais au bout de quelque temps mon livre
ressemblait à un cimetière. Je renonçai à cette besogne de fossoyeur.
» On m'a demandé plusieurs fois de réimprimer la *Lorgnette littéraire*. Il est trop tard aujourd'hui. De quel effet seraient mes plaisanteries sur toutes ces tombes ? Une épigramme perd les trois quarts de
sa valeur devant un *ci-gît*...
» CHARLES MONSELET (*De A à Z*). »

28. — Les Ruines de Paris. — Roman.

Cet ouvrage a paru en feuilleton dans le journal *la Presse*, 1857.

Bruxelles, 1857. Collection Hetzel. Impr. de E. Guyot, succ. de
Stapleaux, rue de Schaerbeck, 12. 2 vol. in-32, br.

Paris, 1858, de Potter, rue Saint-Jacques, 38. 4 vol. gr. in-8°,
br. Prix : 30 francs.

Le libraire Michel Lévy a édité ce roman sous le titre de : *l'Argent
maudit*.

Paris, 1863. Librairie Nouvelle. (Bibliothèque contemporaine.)
Impr. de Pillet fils aîné. Un vol. in-8°, br. Prix : 3 francs.

— Rééditions de la librairie Calmann Lévy : Collection à 1 franc
le volume.

Nouvelle édition : *Paris*, 1890. Marpon et Flammarion, 26,
rue Racine. Un vol. in-32, br. Collection des auteurs célèbres.
Prix : 60 cent.

29. — LE GOURMET. — Journal des *Intérêts Gastronomiques*, paraissant tous les dimanches. Rédacteur en chef : CHARLES MONSELET.
> *Paris*, 1858. Rue Coq-Héron, 5.

La collection de ce journal comprend vingt-quatre numéros : 21 février au 1ᵉʳ août 1858.

30. — ÉDOUARD OURLIAC. — *Les Garnaches*. — *Brigitte*. — *Le Souverain de Kazacaba*, avec une notice sur Édouard Ourliac, par Charles Monselet.
> *Paris*, 1858. Librairie Nouvelle. Un vol. in-18, br. Prix : 3 francs.

31. — LA CUISINIÈRE POÉTIQUE, par Charles Monselet, avec le concours de MM. Méry, Alexandre Dumas, Théodore de Banville, Théophile Gautier, Émile Deschamps, Clément Caraguel, Armand Barthet,... etc...
> *Paris*, 1859. Collection Hetzel et Lévy. Michel Lévy frères, édit.. 2, rue Vivienne. Un vol. in-24, br. Prix : 1 franc.

32. — LE MUSÉE SECRET DE PARIS. — Nouvelles.
> *Paris*, 1859. Collection Hetzel et Lévy. Michel Lévy frères, édit., 2, rue Vivienne. Un vol. in-24, br. Prix : 1 franc.

33. — LES TRÉTEAUX DE CHARLES MONSELET. — Nouvelles.
> *Paris*, 1859. Poulet-Malassis et de Broise, 9, rue des Beaux-Arts. Impr. à Alençon. Un vol. gr. in-12, br., avec un frontispice dessiné et gravé par Bracquemond. Prix : 2 francs.

Exemplaires sur papier de Hollande avec le frontispice en trois couleurs (noir, bistre et sanguine).

34. — THÉÂTRE DU FIGARO. — Nouvelles.
> *Paris*, 1861. Ferd. Sartorius, 6, rue Jacob. Impr. de S. Raçon et Cⁱᵉ. Un vol. in-18 broché. avec un rideau dessiné par Voillemot. Prix : 3 francs.

35. — ALMANACH DES GOURMANDS, par Charles Monselet, avec le concours de Léon Gozlan, Fernand Desnoyers, Armand Barthet. Edmond Fournier, Bernard Lopez, Pierre Véron, Amédée Rolland, Jules de Goncourt, etc...
> *Paris*. Eugène Pick, 1862. Un vol. in-16, br. Prix : 50 cent.

« ... Sur le titre, une vignette représentant M. Charles Monselet à table avec quelques-uns de ses collaborateurs. Cette tentative culinaire n'eut de suite que plus tard, et peut être considérée aujourd'hui comme une curiosité bibliographique...
>> « CHARLES MONSELET. »

Le même Almanach (2º édition) pour l'année 1863. *Paris,* Eugène Pick. (Un vol. in-18, br.)

Le Double Almanach Gourmand pour 1866. — *Paris.* Librairie du *Petit Journal,* 1866, in-16, br. Couv. illust. Titre rouge. Prix : 1 franc.

Le Triple Almanach Gourmand pour 1867. — *Paris.* Librairie du *Petit Journal,* 1867, in-16, br. Prix : 1 franc.

L'Almanach Gourmand pour 1868. — *Paris.* Librairie du *Petit Journal,* 1868, in-16, br. Prix : 1 franc.

L'Almanach Gourmand pour 1869. — *Paris.* Librairie du *Petit Journal,* 1869, in-16, br. Prix : 1 franc.

L'Almanach Gourmand pour 1870. — *Paris.* Pagnerre, 1870, in-16, br. Prix : 1 franc.

La collection complète des *Almanachs Gourmands* (1866 à 1870) : Ensemble cinq années en un volume.

Paris, Librairie de la Publication, rue de Maubeuge, 17. Un vol. in-16 carré, br. Prix : 2 francs.

36. — Les Galanteries du xviii° siècle. — Études.

Paris, 1862, Michel Lévy frères. (Librairie Nouvelle), 2 *bis,* rue Vivienne. Impr. de Wittersheim, Paris. Un vol. in-18, br. Prix : 3 francs. Bibliothèque contemporaine.

Le libraire Michel Lévy a réédité cet ouvrage sous le titre de : *les Amours du Temps passé.*
Ce même ouvrage a été annoncé pendant quelque temps sur le catalogue de cet éditeur, sous le titre de : *les Amours de ce temps-là.*

Paris, 1874. Un vol. in-18, br. Prix : 1 fr. 25.

— Rééditions de la librairie Calmann Lévy. (Collection à 1 franc le volume.)

37. — Le Parnasse satyrique du xix° Siècle. — Recueil de pièces facétieuses, scatologiques, piquantes, pantagruéliques, gaillardes et satyriques, des meilleurs auteurs contemporains, poètes, romanciers, journalistes, etc..., suivi du *Nouveau Parnasse satyrique.* *Bruxelles,* 1863. Poulet-Malassis (3 vol. in-18, br.).

« ... On trouve dans ce recueil plusieurs pièces de vers de M. Charles Monselet qui n'ont pas été publiées ailleurs.

» Ch. Monselet. »

Nouvelle édition. *Bruxelles,* 1881. Kistemackers. Un vol. gr. in-8°.

38. — Adrien Marx. — *Histoires d'une minute.* Physionomies pari-

siennes, illustrées par Gustave Doré, avec une préface de Charles
Monselet.

> *Paris*, 1864. Dentu. Palais-Royal, Galerie d'Orléans, 17 et 19.
> Impr. Vallée, 15, rue Bréda. (Un vol. in-18, br.) Couv. illust.
> Prix : 3 francs.

39. — FRÉRON OU L'ILLUSTRE CRITIQUE. — Sa vie, ses écrits, sa correspondance, sa famille, etc...

> *Paris*, 1864. René Pincebourde, 78, rue Richelieu. (Un vol. in-18,
> br., orné d'un frontispice à l'eau-forte par Edmond Morin,
> couvert. papier à escargots vieux style.) Biblioth. originale.

Quinze exemplaires sur papier teinté et sur papier de Chine avec le
frontispice en trois couleurs.

« ... Fréron, c'est l'avènement du journalisme moderne, avec sa grandeur, sa persévérance et ses misères. Une étude était due à cet homme.
qui sut résister à Voltaire; qui, pendant plus de trente années, put main-
tenir une feuille critique en un temps où l'amour-propre blessé était plus
dangereux qu'aujourd'hui.

> » CHARLES MONSELET. »

40. — LES FEMMES QUI FONT DES SCÈNES. — Nouvelles.

> *Paris*, 1864. Michel Lévy frères (Librairie Nouvelle). Impr. de
> Loignon, à Asnières. (Un vol. in-18, br.)
>
> Nouvelles éditions : 1865 et 1869. Même librairie. Bibliothèque
> contemporaine. Prix : 3 francs.
>
> — Rééditions de la librairie Calmann Lévy. (Collection à 1 franc
> le volume.)

41. — UNE CHANSONNETTE DES RUES ET DES BOIS. — Poésie.

> *A Chaillot*, 1865. Librairie du *Petit Journal*, 21, boulevard
> Montmartre. Impr. Alcan-Lévy, boulevard Pigalle, 50. (Un
> vol. in-32 br. sur papier chamois, couverture rose.)
>
> Sans nom d'auteur.

« ... Parodie des *Chansons des rues et des bois*, de Victor Hugo. Il y
a eu, en très peu de temps, trois éditions de cette facétie.
» Je n'ai pas signé ce badinage, mais je n'ai pas démenti ceux qui
m'en ont déclaré l'auteur. Les éditions suivantes de la *Chansonnette*
contiennent trois strophes à la page au lieu de deux...

> » CHARLES MONSELET. »

42. — LE PLAISIR ET L'AMOUR. — Poésies. Épigraphe : « *Des volumes de
poésies, avec le portrait de l'auteur en lunettes? Mais. ça ne s'achète
pas ces choses là !* » HENRY MURGER (*Scènes de la Vie de Bohème*).

> *Paris*, 1865, Sartorius, 27. rue de Seine. Un vol. in-18, couvert.

blanche; portrait par Leguay, d'après une photographie d'Étienne
Carjat. Impr. Claye, 7, rue Saint-Benoît. Prix : 3 francs.

« Ce volume a été annoncé pendant quelque temps sur les catalogues
de l'éditeur, sous le titre de *la Prétentaine.* Je finis par préférer *le
Plaisir et l'Amour*, qui me parut être plus en harmonie avec le caractère
de *Monsieur de Cupidon.*

                     » CHARLES MONSELET. »

Exemplaires sur papier vergé.

43. — DE MONTMARTRE à SÉVILLE. — Voyages.

    Paris, 1865. Achille Faure, 23, boulevard Saint-Martin. Impr.
    Poupart-Davyl, 30, rue du Bac. Un vol. in-18, br. Prix :
    3 francs.

Le libraire Michel Lévy a réédité cet ouvrage sous le titre de : *les
Souliers de Sterne.*

    Paris, 1874. Un vol. in-18, br. Prix : 3 fr. 50.
    — Rééditions de la librairie Calmann Lévy. (Collection à
    1 franc le volume.)

44. — ALMANACH DES RUES ET DES BOIS, citadin, champêtre et poétique,
pour 1866, indispensable à tous les gens de bien.

    Paris, 1866. Librairie du *Petit Journal*, 21, boulevard Mont-
    martre. (Un vol. in-32, br., pap. chamois, couv. rose.)

Le même almanach, à l'usage des poètes, pour 1867 (2e année).

    Paris, 1867. Même librairie. (Un vol. in-32, br.)

45. — PORTRAITS APRÈS DÉCÈS. — Portraits.

    Paris, 1866, Achille Faure, 23, boulevard Saint-Martin. Impr.
    Poupart-Davyl, 30, rue du Bac. Un vol. in-18, br. Prix : 3 fr.

Exemplaires sur papier de Hollande :

M. de Jouy. — Frédéric Soulié. — Lassailly. — Chateaubriand. —
Madame Récamier. — Édouard Ourliac. — Anténor Joly. — Gérard de
Nerval. — Henri Mürger. — Jean Journet. — André de Goy.

Le libraire Michel Lévy a réédité cet ouvrage sous le titre de : *les
Ressuscités.* Les portraits d'Anténor Joly et André de Goy ont disparu
dans cette nouvelle édition et ont été remplacés par ceux de Jules
Janin et de Guizot.

    Paris, 1876. Un vol. in-18, br. Prix : 3 fr. 50.

46. — NÉPOMUCÈNE LEMERCIER. — *Les Quatre Métamorphoses.* Poèmes
précédés d'une étude par Charles Monselet, sur l'imprimé de Paris
1799.

    Bruxelles, 1866. Poulet-Malassis. Un vol. in-32, papier vélin
    fin de Hollande, orné d'un frontispice à l'eau-forte de F. Rops.
    Cinq exemplaires, gr. in-8°, papier fin de Hollande avec double
    tirage du frontispice, en noir et en bistre plus un état de ce
    frontispice.

Publication faite à Bruxelles; tentative de résurrection du format
Cazin. L'étude qui précède *les Quatre Métamorphoses* est extraite des
Galanteries du XVIIIe *siècle :* elle avait déjà paru dans l'*Athenæum fran-
çais.*

« ... J'ai poussé vivement à la réimpression d'un poème de Népomucène Lemercier, intitulé *les Quatre Métamorphoses.* Ce poème, ou plutôt ces quatre poèmes, fruits de sa jeunesse et de la fantaisie païenne
du directoire, n'ont rien de l'afféterie particulière à cette période; leur
inspiration remonte à la plus pure, à la plus puissante antiquité. Les
tableaux s'y multiplient, rappelant tour à tour le Corrège et Rubens.
Écartez plutôt ces feuillets, et voyez :

> Silène, au loin couché, dormait sous de vieux chênes.
> Un nectar bu la veille avait enflé ses veines:
> Sa couronne tombait pendante sur son sein;
> L'anse d'un vase usé s'échappait de sa main.

« N'est-ce pas que cela semble attendre le graveur ? — Beaumarchais, à
qui Lemercier avait communiqué son manuscrit, s'en était enthou-
siasmé justement. Il lui conseilla et surveilla même (il était un peu imprimeur) une magistrale édition in-quarto des *Quatre Métamorphoses,*
sur papier carton, caractères de toute beauté...

« CHARLES MONSELET. »

47. — LA POPELINIÈRE. — Tableaux des mœurs du temps dans les
différents âges de la vie. Notice par Charles Monselet.

> *Paris,* 1866. 2 vol. pet. in-12, br., 12 figures sur acier, tirage sur
> papier de Chine.

Cette notice de Charles Monselet est extraite également des *Galanteries du* XVIIIe *siècle.*

48. — LES PREMIÈRES REPRÉSENTATIONS CÉLÈBRES. — Critique dramatique.

> *Paris,* 1867. Achille Faure, 18, rue Dauphine. Impr. de Pou-
> part-Davyl. Un vol. in-18, br. Prix : 3 francs.

> Nouvelle édition : *Paris,* 1883. Degorce-Cadot. Un vol. in-18, br.

49. — PHYSIONOMIES PARISIENNES. — Acteurs et actrices.

> *Paris,* 1867. Le Chevalier, 61, rue de Richelieu. Impr. Jouaust,
> rue Saint-Honoré, 338. Un vol. in-32, br., avec dessins par
> E. Lorsay. Prix : 1 franc.

50. — LES POTAGES FÉVEUX. — Douze sonnets.

> *Paris,* 1868. Impr. Poitevin, rue Damiette, 2 et 4. Une plaquette
> in-64, br., couv. glacée et illustrée.

51. — Les Créanciers. — Œuvre de vengeance, ornée d'une cruelle eau-forte d'Émile Benassit.

> *Paris*, 1870. A la Salle des Pas-Perdus et chez René Pince-bourde, 14, rue de Beaune. Imp. de Claye, 7, rue Saint-Benoît. Un vol. in-18, br.

« ... Nous avons réuni dans cet ouvrage tout ce qu'il y a de relatif aux *Créanciers* (prose et vers), et nous avons cru répondre au désir d'un certain nombre de bibliophiles et de curieux en publiant à un nombre restreint d'exemplaires, dans des conditions toutes spéciales, ces pièces facétieuses : la *Ballade du Créancier*, les *Nouveaux Djinns*, le *Sonnet du Renouvellement, Une mauvaise paye,* etc., etc.

» Cette petite fantaisie n'a été tirée qu'à 225 exemplaires numérotés à la presse, quelques exemplaires tirés sur papier timbré. L'impression en est fort soignée...

» La couverture est de parchemin végétal vert et tirée, ainsi que le titre, en rouge et noir, avec filets d'encadrement.

» Publication faite par souscription et non mise dans le commerce...

» Charles Monselet. »

52. — Angelo de Sorr. — *Jeanne et sa suite*, précédée d'une notice par Charles Monselet.

> *Paris*, 1870. Ferd. Sartorius, 27, rue de Seine. Un vol. in-18, br. avec portrait de l'auteur par Leguay, d'après Étienne Carjat. Prix : 3 francs.

53 — P. Nicole. — *Jean le Victorieux*. Actualité politique, avec une étude de Charles Monselet.

> *Paris,* 1870. Un vol. in-12, br.

54. — Catalogue détaillé, raisonné et anecdotique d'une jolie collection de livres rares et curieux dont la plus grande partie provient de la bibliothèque d'un homme de lettres bien connu (Charles Monselet) et dont la vente a eu lieu, les jeudi 30 novembre, vendredi 1er et samedi 2 décembre 1870, salle Sylvestre, rue des Bons-Enfants, 28.

> *Paris*, 1870. René Pincebourde, 14, rue de Beaune. Impr. Vincent Forest et Émile Grimaud, place du Commerce, 4, Nantes. Un vol. in-8°, br. Prix : 3 francs.

Exemplaires sur papier de Hollande.

« ... Ce catalogue est fort intéressant à consulter pour les notes biographiques et littéraires dont l'a enrichi M. Charles Monselet.

» Charles Monselet. »

La veille de cette vente, M. Delbergue-Cormont, le commissaire-priseur, reçut de M. Salantin, procureur de la République, une lettre l'invitant à ne pas mettre en vente les numéros suivants du catalogue, qui furent en effet retirés :

1re partie. — N° 150.
2e partie. — N°s 1, 14, 15, 16, 20, 31, 39, 43, 72, 73, 74, 76, 80, 111.
4e partie. — N°s 20, 23, 93, 115.

(Extrait du *Conseiller du Bibliophile*, n° 2, 15 avril 1876.)

55. — CHANVALLON. — Histoire d'un souffleur de la Comédie-Française.

Cet ouvrage a paru en feuilletons dans le journal *le Monde illustré*, 1870-1871.

Paris, 1872. Sartorius. Un vol. in-18, br., avec une gravure par Outhwaite, d'après Bertall. Prix : 3 francs.

56. — TRIOLETS A PINCEBOURDE. — Poésie.

A *Paris*, 1872, aux environs du quai Voltaire. Une brochure, in-12.

« ... Tiré à très petit nombre pour les amis seulement.
» CHARLES MONSELET. »
Exemplaires sur grand papier.

57. — LES FEMMES QUI FONT DES SCÈNES. — Pièce en trois actes, mêlée de chant, par MM. Charles Monselet et Alphonse Lemonnier (musique nouvelle de M. Charles Hubans), représentée pour la première fois sur le théâtre des Folies-Dramatiques, le 21 juin 1872. (Direction Hubert.)

Paris, 1872. Dentu, Palais-Royal, Galerie d'Orléans. Un vol. in-18, br. Prix : 1 fr. 50.

58. — LES FRÈRES CHANTEMESSE. — Roman.

Cet ouvrage a paru en feuilletons dans le *Moniteur universel*, 1869 sous le titre de : *le Canif de Damiens*.

Paris, 1873. Dentu, Palais-Royal, Galerie d'Orléans. Deux vol. in-18, br., couvert. illustrée par Ryckebusch. Prix : 6 francs.

59. — Vte PAUL DE CHASTEIGNIER. *Les Vins de Bordeaux*. Préface par Charles Monselet.

Paris, 1873. Bachelin-Deflorenne, 3, quai Malaquais. Un vol. in-16, br., avec un frontispice de Charles Donzel. Prix : 2 francs.

Exemplaires sur papier de luxe.

60. — Venez, je m'ennuie. — Comédie en un acte, représentée pour la première fois sur le théâtre de la Renaissance, le 24 avril 1873. (Direction Hippolyte Hostein.)

> *Paris*, 1873. Tresse, Palais-Royal, Galerie de Chartres, 10 et 11. Un vol. pet. in-18, br. Prix : 1 franc.

61. — Prospectus. — Fondation d'un nouveau théâtre à Paris sous le titre de *Théâtre de la Porte-Montmartre*, rue d'Uzès. Directeur : Charles Monselet.

> *Paris*, 1873. Impr. de Alcan-Lévy, 61, rue de La Fayette.

62. — Les Marges du Code. (La Belle Olympe.) — Roman.

Cet ouvrage a paru en feuilletons dans le *Moniteur universel*, 1871.

> *Paris*, 1873. Dentu, Palais-Royal. Un vol. in-18, br. Prix : 3 francs.

63. — Panier Fleuri. — Prose et vers.

> *Paris*, 1873. Bachelin-Deflorenne, 3, quai Malaquais et 10, boul. des Capucines. Imprimerie de Martinet, rue Mignon, 2. Un vol. in-18, br., couv. rose glacée. Prix : 3 fr. 50.

64. — Gastronomie. — Récits de table.

> *Paris*, 1874. Charpentier, 28, quai du Louvre. Impr. de Simon Raçon et Cⁱᵉ, 1, rue d'Erfurth. Un vol. in-18, br. Prix : 3 fr. 50.

L'absinthe. — Sonnets gastronomiques. — Mémoires du vin. — Ode à l'ivresse. — Le Médoc, poème. — Mon estomac, féerie. — Grimod de La Reynière. — Le café des malades. — Sermon pour les cuisinières. — Choix de recettes sérieuses, plaisantes, extraordinaires. — La Clef du caveau, etc., etc.

Cinquante exemplaires numérotés sur papier de Hollande.

65. — Les Années de Gaîté. — Nouvelles.

> *Paris*, 1873. Michel Lévy frères. (Librairie Nouvelle.) Un vol. in-18, br. Prix : 3 francs. Bibliothèque contemporaine.
>
> — Rééditions de la librairie Calmann Lévy. (Collection à 1 franc le volume.)

66. — L'Ilote. — Comédie en un acte, par MM. Charles Monselet et Paul Arène, représentée pour la première fois à la Comédie-Française, le 17 juin 1875. (Direction E. Perrin.)

> *Paris*, 1875. Tresse, Galerie du Théâtre-Français, 8, 9, 10, 11. Un vol. pet. in-18, br. Prix : 1 fr. 50.

67. — Scènes de la Vie cruelle. — Nouvelles.

> *Paris*, 1875. Michel Lévy frères. (Librairie Nouvelle), 3, rue
> Auber. Un vol. in-18, br. Prix : 3 fr. 50. (Bibliothèque con-
> temporaine.)
> — Rééditions de la librairie Calmann Lévy. (Collection à
> 1 franc le volume.)

68. — La Revue sans Titre. — Revue de l'année 1876, en deux actes
et trois tableaux par MM. Charles Monselet et Alphonse Lemonnier,
représentée, pour la première fois, sur le théâtre des Variétés, le
8 décembre 1876. (Direction Eugène Bertrand.)

> *Paris*, 1877. Bachelin-Deflorenne. Impr. de Alcan-Lévy. Un vol.
> petit in-12, pap. teinté, couv. parchemin avec titre en
> rouge, br.

69. — G.-F. Dubarreau. — *Comment on devient rentier*, avec une préface de M. Charles Monselet.

> *Paris*, 1877. Une br. gr. in-8º.

70. — Lettres Gourmandes. — Manuel de l'homme à table.
> *Paris*, 1877. Dentu, Palais-Royal. Un vol. in-18, br. couv. illustr.
> par Ryckebusch. Prix : 3 francs.

71. — Saynètes et Monologues. — 1re, 4e et 8e séries.
> *Paris*, 1877-1882. Tresse. Galerie du Théâtre-Français, Trois
> vol. in-18, br. Prix : 3 fr. 50.

> « ... Chacun de ces volumes renferme une ou plusieurs pièces de
M. Charles Monselet : *Voyage dans mes poches. — Lettres d'une actrice.
— La Demoiselle qui a des absences. — Le Rhumatisme*.....
> » Charles Monselet. »

72. — La Surprise de l'Amour. — Opéra-comique en deux actes,
d'après Marivaux, par M. Charles Monselet, musique de M. Ferdinand Poise, représentée pour la première fois sur le théâtre de
l'Opéra-Comique (salle Favart), le 31 octobre 1877. (Direction Carvalho.)

> *Paris*, 1877. Tresse, Palais-Royal. Un vol. in-18, br. Prix :
> 1 franc.

73. — Les Mois gastronomiques. — Douze rondeaux de Charles Monselet avec compositions d'Edmond Morin.

> *Paris*, 1877. Société anonyme de publications périodiques. 13.

quai Voltaire. Un vol. in-folio, toile grise, cart., tr. dor.
Prix : 15 francs.

« ... Le chef-d'œuvre d'Edmond Morin, ce grand artiste. Chacune
de ces douze gravures a la valeur d'un tableau...
» CHARLES MONSELET. »

74. — CHARLES JACQUES. — Catalogue d'une collection d'objets d'art et
d'ameublement, avec préface par Charles Monselet.

> *Paris*, 1878. Typ. Pillet et Dumoulin, 51, rue des Grands-Au-
> gustins. Une broch. in-18.

75. — LE PETIT PARIS. — Tableaux et figures de ce temps.

> *Paris*, 1879. Dentu, Palais-Royal. Un vol. in-18, br., couv. illustr.
> par Ryckebusch. Prix : 3 francs.

Exemplaires sur papier de Hollande.

76. — UNE TROUPE DE COMÉDIENS. — Nouvelles.

> *Paris*, 1879. Tresse, Galerie du Théâtre-Français. Un vol. in-18,
> br. Prix : 3 francs.

77. — MARMONTEL. — *La Neuvaine de Cythère*, avec une notice par
Charles Monselet.

> *Paris*, 1879. Barraud, rue de Seine, 23. Impr. de J. Claye,
> A. Quantin et Cᶦᵉ, rue Saint-Benoît. Un vol. in-8° raisin vergé,
> avec un portrait de l'auteur et neuf vignettes dessinées par
> Fesquet. Prix : 20 francs.

Exemplaires sur papier raisin vélin et sur papier raisin chine.

« ... *La Neuvaine de Cythère* fut composée vers 1770, et Marmontel
en fit alors plusieurs lectures qui eurent le plus grand succès. C'est
ce qui a décidé son fils à permettre qu'on publiât un ouvrage où quelques censeurs sévères trouveront peut-être quelques images un peu
trop vives ; l'auteur a su, du moins, donner à son style la décence que
ses pensées n'avaient pas toujours. Le fait est que, dans ce tableau
des Débats de Vénus avec un jeune « Faune », Marmontel a déployé
une richesse d'images qu'on n'aurait pas attendue de lui, et qui n'a été
surpassée que par Lemercier dans ses *Quatre Métamorphoses*.
» CHARLES MONSELET. »

78. — BRILLAT-SAVARIN. — *Physiologie du goût*, avec une préface par
Charles Monselet, eaux-fortes par A. Lalauze.

> *Paris*, 1879. Jouaust, rue Saint-Honoré, 338. Librairie des
> Bibliophiles. 2 vol. in-8°, pap. Hollande, Prix : 45 francs.

Tirage à petit nombre. Exemplaires sur grand papier.

79. — Les Dindons de la Farce. — Comédie en trois actes, par
MM. Charles Monselet et Alphonse Lemonnier, représentée pour la
première fois sur le théâtre de l'Athénée-Comique, le 14 mai 1880.
(Direction Montrouge.)

> *Paris*, 1880. Tresse, Galerie du Théâtre-Français. Un vol. in-18,
> br. Prix : 2 francs.

80. — L'Amour Médecin. — Opéra-comique en trois actes et un prologue, d'après Molière, par M. Charles Monselet, musique de
M. Ferdinand Poise, représenté pour la première fois sur le théâtre
de l'Opéra-Comique (salle Favart), le 20 décembre 1880. (Direction
Carvalho.)

> *Paris*, 1881. Tresse, Galerie du Théâtre-Français. Un vol. pet.
> in-18, br. Prix : 1 franc.

81. — Poésies Complètes.

> *Paris*, 1881. Dentu, Palais-Royal. Galerie d'Orléans. Impr. de
> Georges Jacob, à Orléans. Un vol. gr. in-18. br., papier teinté
> avec un frontispice dessiné par Louis Chevalier et gravé par
> A. Lalauze. Prix : 5 francs.

Exemplaires sur papier de luxe à 10 francs.

> Nouvelle édition (édition définitive augmentée), avec un avant-
> propos.
> *Paris*, Dentu, 1889, 3, Place de Valois. Un vol. gr. in-18, br,
> papier teinté. Prix : 3 fr. 50.

Vingt exemplaires sur Japon à 20 francs et quinze exemplaires sur
papier de Hollande, à 10 francs.

82. — Claude Tillier. — *Mon Oncle Benjamin*.
> Nouvelle édition, illustrée d'un portrait et de quarante-deux
> dessins de Sahib.
> *Paris*, 1881, Conquet, 5, rue Drouot. Impr. de Motteroz. 2 vol.
> in-16, pap. vél. teinté, couv. illustr. Prix : 30 francs.

Exemplaires sur grand papier de luxe.

> Nouvelle édition : *Paris*. 1887, G. Decaux (Librairie Illustrée).
> rue du Croissant. Un vol. in-18, br. Prix : 3 fr. 50.

83. — Abbé de Colibri (Cailhava). — *Les Contes de l'abbé de Colibri*.
Nouvelle édition, avec préface par un homme de lettres fort
connu (Charles Monselet).

Paris, 1880. Belin, quai Voltaire. Un vol. pet. in-8° carré, pap.
de Hollande, br. Prix. : 7 fr. 50.

Cent exemplaires papier Whatman à 12 francs. Dix exemplaires
papier du Japon à 20 francs.

84. — J.-B. LAGLAIZE. — *Fantoches d'opéra*. Préface par Charles
Monselet.

> *Paris*, 1881. Tresse. Palais-Royal. Un vol. in-18, br. couv.
> illustr., dessins de Ludovic. Prix : 3 fr. 50.

85. — LEGAY. — *Eglay* ou *Amour et Plaisir*. Nouvelle édition, augmentée d'une notice par Charles Monselet.

> *Bruxelles*, Gay, 1883. Quatre tomes en 2 vol. in-12, fig., br
> Prix : 10 francs.

86. — Dr GEORGES CAMUSET. — *Les Sonnets du Docteur*, avec une lettre-
préface autographiée de Charles Monselet.

> *Paris*, 1884, chez la plupart des libraires. Un vol. in-8°, fron-
> tispice de G. Clairin. Eau-forte de Fél. Rops. Imprimerie de
> Darantière, à Dijon.

Exemplaires sur papier de luxe.

87. — PAUL EUDEL. — *Les Locutions Nantaises*, avec une préface par
Charles Monselet.

> *Nantes*, 1884. Morel, rue Crébillon, 20. Impr. de Vincent Forest
> et Em. Grimaud, 4, place du Commerce. Un vol. in-16, avec
> un dessin d'Etienne Monselet, d'après Girin. Prix : 6 francs.

Tiré à 361 exemplaires sur papier de luxe

88. — PAUL EUDEL. — *L'Hôtel Drouot et la Curiosité* en 1883, avec
une préface par Charles Monselet. (Troisième année.)

> *Paris*, 1884, Charpentier, 13, rue de Grenelle. Imprimerie de
> veuve P. Larousse et Cie, rue Montparnasse, 19. Un vol. in-18,
> br. Prix : 5 francs.

Exemplaires sur papier de Hollande.

89. — JOLI GILLES. — Opéra-comique en deux actes, d'après d'Allainval, par M. Charles Monselet, musique de M. Ferdinand Poise.
représenté pour la première fois sur le théâtre de l'Opéra-Comique,
le 11 octobre 1884 (Direction Carvalho).

> *Paris*, 1884. Calmann Lévy, 3, rue Auber. Un vol. in-8°, br.
> Prix : 1 franc.

90. — Mon Dernier-Né. — Gaîtés parisiennes.

> *Paris*, 1884. Dentu, Palais-Royal, Galerie d'Orléans. Impr. de Paul Dupont, rue J.-J.-Rousseau, 41. Un vol. in-18, br., couverture illustrée par Ryckebusch. Prix : 3 francs.

91. — Prosper Marius. — *Ronces et Gratte-Culs.* Poésies. Préface par Charles Monselet.

> *Paris*, 1884. Lemonnyer, quai des Grands-Augustins, 53 *bis*. Impr. de Ch. Hérissey, Évreux. Un vol. gr. in-8°, pap. vélin, orné de vingt-cinq gravures en taille-douce, couvert. illust. par Eug. Petit, portrait de l'auteur par Bastien Lepage. Prix : 25 francs.

Tiré à 600 exemplaires sur papier de luxe.

92. — Encore un ! — Nouvelles.

> *Paris*, 1883. Frinzine et Cie, 1, rue Bonaparte. Un vol. in-18, couv. illustrée par L. Chevalier. Prix : 3 fr. 50.

Exemplaires sur papier de Hollande.

93. -- A. Privat d'Anglemont. — *Paris-Anecdote*, avec une préface et des notes par Charles Monselet. Édition illustrée de cinquante dessins à la plume par J. Belon et ornée d'un portrait.

> *Paris*, 1885. Rouquette, Passage Choiseul. 55, 57. Impr. de Jouaust et Sigaux. Un vol. in-8°, br., couvert. illust. Prix : 10 francs.

Cinquante exemplaires numérotés sur papier du Japon.

94. — Petits Mémoires littéraires.

> *Paris*, 1885. Charpentier, 13, rue de Grenelle. Imp. de E. Mazereau, à Tours. Un vol. in-18, br. Prix : 3 fr. 50.

Vingt-cinq exemplaires sur papier de Hollande.

> Nouvelle édition : *Paris*, 1892. Même librairie. (Collection à 1 fr. 25 le volume.)

95. — Catalogue de livres modernes et d'autographes, provenant de la bibliothèque de Charles Monselet, avec une notice et des notes.

> *Paris*, 1885. A. Voisin, 37, rue Mazarine. Impr. de Ch. Noblet, 13, rue Cujas. (Une brochure in-18.)

« ... La principale curiosité de ce catalogue — dit la Notice — c'est la Bibliographie complète de M. Charles Monselet, que nous publions pour la première fois... » — Ce travail ne comprend toutefois que soixante-quatorze numéros. — A. M.

96. — Œuvres de Charles Monselet.

> *Paris*, 1865. Bachelin-Deflorenne et Cie, 10, rue de Valois. Impr.
> générale de Châtillon-sur-Seine. Un vol. gr. in-8°, couvert.
> illust., pap. Hollande, br. Prix : 15 francs.

Le libraire Bachelin-Deflorenne, qui avait entrepris cette publication,
n'a édité que ce seul volume.

97. — Andrè Monselet. — *Mon Petit Premier*, avec préface par
Charles Monselet.

> *Paris*, 1887. Jules Lévy, 4. rue Antoine-Dubois. Impr. de
> Ch. Hérissey, Évreux. Un vol. in-18, br., couvert. illust. par
> Chéret, avec grav. et portrait. Prix : 5 francs.

98. — Jean de la Réole. — Roman.

Cet ouvrage a paru en feuilletons dans le journal *le Matin*, 1887.

> *Paris*, 1888. G. Decaux (Librairie Illustrée). rue du Croissant.
> Un vol. in-18, br. Prix : 3 fr. 50.

> Nouvelle édition : *Paris*, 1890. Ernest Kolb, 8, rue Saint-Joseph.
> Un vol. in-18, jésus, cartonné. Collection à 1 fr. 50 le volume.

99. — Le Monde illustré. — Journal hebdomadaire illustré.
(Voir critique dramatique, feuilletons et articles littéraires, de
1857 à 1887.)

> *Paris*, Mouillot, quai Voltaire, 13.

OUVRAGES POSTHUMES

100. — Mes Souvenirs littéraires. — Mémoires.
> *Paris*. 1888. G. Decaux. (Librairie illustrée.) Un vol. in-18, br.
> Prix : 3 fr. 50

101. — De A a Z. — Portraits.
> *Paris*, 1888. Charpentier, rue de Grenelle, 13. Un vol. in-18,
> br. Prix : 3 fr. 50.

> Nouvelle édition : *Paris*, 1892. Même librairie, collection à
> 1 fr. 25 le volume.

102. — PROMENADES D'UN HOMME DE LETTRES. — Voyages.

> *Paris*, 1889. Calmann Lévy, 3, rue Auber. Un vol. in-18, br.
> Prix : 3 fr. 50.

103 — SOUS LE MANTEAU. — Contes joyeux.

> *Paris*, 1889. Alphonse Lemerre, 23-31. Passage Choiseul. Imp.
> de A. Lemerre, 25, rue des Grands-Augustins. Un vol. in-16,
> br. Prix : 2 francs.

104. — CURIOSITÉS LITTÉRAIRES ET BIBLIOGRAPHIQUES. — Notices bibliographiques.

> *Paris*, 1890. Jouaust (Librairie des Bibliophiles), 7, rue de Lille.
> Un vol. in-16, br. Prix : 6 francs.

Tiré à cinq cents exemplaires, dont dix exemplaires sur papier de
Chine et dix sur papier Whatman, à 12 francs.

POUR PARAITRE

105. — CARMOSINE. — Opéra-comique en trois actes, d'après Alfred
de Musset, par Charles Monselet, musique de M. Ferdinand Poise.

ICONOGRAPHIE

1. — **Portrait au crayon de Charles Monselet**, par M. B. N... fils. — Bordeaux, 1844.

2. — **Portrait au daguerréotype**, par ANDRIEUX. — Paris, 2, place du Carrousel, 1847. — Ch. Monselet y est portraituré, à vingt-deux ans, avec des moustaches.

3. — **Portrait au daguerréotype.** — Paris, 1850. — Visage complètement rasé : physionomie définitive de l'écrivain.

   Ces trois portraits sont reproduits dans ce volume.

4. — **Photographie**, par NADAR. — Paris, 1855.

5. — **Caricature**, par NADAR. Le *Journal pour rire*, 5 janvier 1856. — Ch. Monselet y est représenté en gamin, coiffé d'un bonnet d'âne, avec cette légende au-dessous :

   « Juste châtiment infligé au jeune Monselet par la *Presse* pour n'en avoir pas assez mis à livrer son roman de *la Franc-Maçonnerie des Femmes*. »

   Relative à l'incident survenu entre Émile de Girardin et Ch. Monselet, durant la publication de ce feuilleton.

6. — **Caricature**, par Étienne CARJAT. Journal *le Diogène*, 27 février 1857. — Ch. Monselet y est représenté en petit marquis.

   Reproduit dans ce volume.

7. — **Gravure**, par L. CHAPON.— Paris, 1857. — *Les Collaborateurs du Figaro*. (H. de Villemessant, B. Jouvin, Bourdin, Ch. Monselet, J. Noriac, A. Scholl, Léo Lespès.)

8. — **Caricature**, par NADAR. — *Panthéon Nadar*. - - Paris, 1858.

9. — **Caricature**, par HADOL. — *Album du Gaulois*. — Paris, 1859. — Ch. Monselet y est représenté en Cupidon, dans un bocal.

10. — **Photographie**, par DISDERI. — Paris, 1860. — Ch. Monselet y est portraituré, assis à sa table de travail.

> Reproduit dans ce volume.

> (Une autre épreuve le représente avec Roger de Beauvoir. à la même table et discutant.)

11. — **Photographie**, par Étienne CARJAT. — Paris, 1860.

12. — **Photographie**, par Pierre PETIT. — Paris, 1860.

13. — **Portrait de Charles Monselet**, par Amand GAUTIER. — *Almanach de Jean Raisin* (Gustave Mathieu). — Paris, 1860.

14. — **Caricature**, par Émile BENASSIT. — *Les Tourniquets*. Revue de l'année 1861, par Lemercier de Neuville. Paris, Poulet-Malassis, 1862. — Ch. Monselet y est représenté avec des ailes jetant des victuailles sur Paris.

15. — **Caricature**, par Étienne CARJAT. — Journal *le Boulevard*. 16 mars 1862.

> Reproduit dans ce volume.

> L'original, pastel qui se trouve entre nos mains, porte la date du 4 novembre 1858.

16. — **Dessin**, par MARIANI. — Couverture de l'*Almanach des Gourmands*, Paris, Eugène Pick, 1862 et 1863. — Ch. Monselet y est représenté à table avec quelques-uns de ses collaborateurs.

> Reproduit dans ce volume.

17. — **Photographie**, par Étienne CARJAT, des *Collaborateurs du Figaro*. (H. de Villemessant, Jouvin, Bourdin, Chavette, Th. de Banville, A. Daudet, Siraudin, Ch. Monselet, Colombine.) — Paris, 1863.

18. — **Photographie,** par Étienne CARJAT. — Paris, 1863. — Ch.
Monselet y est portraituré avec toute sa barbe.

> Reproduit dans ce volume.

19. — **Lithographie,** par H. MAILLY. — Paris, 1864. — Ch. Monselet,
couronné de roses, costume d'abbé, broche en verrouil
en guise d'épée, casserole à la main.

> Reproduit dans ce volume.

20. — **Gravure,** par DUMONT. — Paris, 1865. — Portrait des rédacteurs du *Petit Journal* et du *Journal illustré*, 1er janvier 1865.

21. — **Photographie,** par Étienne CARJAT. — Paris, 1865. — Plusieurs
poses : en habit, assis et debout, avec sa canne.

22. — **Portrait,** gravé par LEGUAY. — *Le Plaisir et l'Amour* (Poésies). — Paris, Ach. Faure, 1865.

23. — **Caricature de Charles Monselet,** Étienne CARJAT et Émile
DURANDEAU, par Étienne CARJAT. — Paris, 1866.
(L'original dédié à M. Janvier de la Motte.) Quelques repro-
ductions photographiques.

24. — **Caricature,** par HADOL. — Journal *le Charivari*, 18 décembre
1866. — La Leçon d'anatomie.

25. — **Caricature,** par André GILL. — *Almanach du Hanneton*, année
1867. — Ch. Monselet y est représenté, le cœur traversé
d'une fourchette.
Un sonnet très réussi d'André Gill accompagne cette caricature.

26. — **Caricature,** par Émile DURANDEAU. — Journal *le Masque*,
11 avril 1867.

27. — **Photographie,** par Édouard THIERRY. — Paris. 1865.

> Je pouvais paraître plus laid :
> Le soleil fut plein d'indulgence.
> Car, avec vous, cet astre était,
> Mon cher ami, d'intelligence.
>
> CH. MONSELET.

28. — **Portrait de Charles Monselet.** — *Histoire Contemporaine*, par
Eug. de Mirecourt. — Paris, Ach. Faure, 1867.

29. — **Caricature,** par BERNAY. — Journal *le Hanneton*, 17 octobre
1867.

(La tête de Ch. Monselet dans une casserole.)

30. — **Caricature,** par André GILL, pour un volume de Eug. Vermesch
et A. Gill. — Collection de l'*Éclipse*.

Reproduit dans ce volume.

31. — **Caricature,** par André GILL. — Journal l'*Éclipse*, 24 mai 1868.
— Les *Irréguliers du Figaro* : Ch. Monselet et J. Vallès.

32. — **Caricature,** par A. LEMOT. — *Le Monde pour rire*, 10 septembre 1868. — Paris en Provence.

33. — **Caricature,** par A. LEMOT. — *Le Monde pour rire*, 9 janvier
1869. — Les rédacteurs du journal.

34. — **Médaillon en plâtre de Charles Monselet,** par ROUYER. — Paris,
1871.

35. — **Caricature,** par H. DEMARE. — *La Chronique illustrée*, 22 juillet
1872 (*Les Femmes qui font des scènes*).

> Monselet est un écrivain
> A qui les Femmes font des scènes !
> Sous son rire trempé de vin,
> Monselet cache un écrivain.
> Pourtant il n'en est pas plus vain :
> Ses gaietés sont franches et saines,
> Monselet est un écrivain
> A qui les Femmes font des scènes !

36. — **Portrait de Charles Monselet.** — Journal *la Revue illustrée*
(Le Salon de Victor Hugo). — Paris, 1874.

37. — **Portrait,** dessiné et gravé par GUILLAUMOT fils. — Paris, 1874.
— Publié avec le quatrain suivant, autographié :

> Mon portrait, à moi ? Merci, car
> C'est bien de la bonté de reste :
> Et vous en serez puni par
> Ce quatrain plus que modeste.

CH. MONSELET.

38. — **Caricature**, par André GILL. — Journal *l'Éclipse*, 4 juillet 1875 (*l'Ilote*).

39. — **Composition**, par Félix RÉGAMEY. — *Histoire du Second Empire*, par Taxile Delord. — Paris, 1875. — Arrestation de Ch. Monselet comme journaliste en 1853.

40. — **Photographie**, par DELAHAYE. — Nice, 1876.

41. — **Caricature**, par André GILL. — *Les Hommes d'aujourd'hui*, sixième série, n° 32. — Paris, 1877.

42. — **Dessin**, par CHAM. — Journal *le Monde illustré*, 24 novembre 1877. — Surprise de l'Amour en voyant la tête de notre spirituel ami Monselet sur les épaules de Marivaux.

43. — **Dessin**, de STOP. — Journal *le Charivari*, 2 janvier 1878. — Une surprise de M. de Cupidon.

44. — **Portrait de Charles Monselet**, dessiné par lui-même dans une assiette, à la poterie de Monte-Carlo. (A été exposé à l'Exposition universelle de 1878, pavillon de Monaco.)

Ch. Monselet y avait ajouté le quatrain suivant :

> Tu t'étonnes qu'en ce portrait
> Autant de calme se reflète,
> Je vais t'en dire le secret :
> C'est que je suis dans mon assiette.

45. — **Photographie**, par Étienne CARJAT. — Paris, 1880. — Journal *la Galerie Contemporaine*, Lud. Baschet, édit., n° 159. — Cette publication comprend en outre un croquis de Ch. Monselet par Boëtzel.

46. — **Portrait de Charles Monselet**. — Journal *Paris-Conférence*, 24 octobre 1880.

47. — **Caricature**, par MOLOCH. — Journal *la Silhouette*, 17 janvier 1881.

48. — **Portrait-Frontispice**, par Louis CHEVALIER. — *Poésies complètes*. — Paris, Dentu, 1881.

49. — Caricature, par Henri PILLE. — *Menu du Cercle artistique de
la Seine.* — Paris, 1881.

50. — Portrait et Caricature, par Alfred CAREL. — *Biographies contemporaines.* N° 8. — Paris, 1881.

51. — Photographie, par PANAJOU. — Bordeaux, 1881. — Plusieurs
poses : assis et en buste ; de face et de profil.

52. — Portrait de Charles Monselet. — Journal *le Papillon*, rédacteur en chef : Olympe Audouard. — 4 décembre 1881.

53. — Caricature, par G. LORIN. — *Les Gens.* P. Ollendorff, édit. —
Paris, 1882.

54. — Portraits de Charles Monselet et du libraire Dentu. — *Mon
Dernier-Né.* — Paris, Dentu, 1884. — Couverture illustrée
par E. Ryckebush.

55. — Caricature de Charles Monselet. — *Les Sonnets du Docteur*,
par G. CAMUSET. — Paris, 1884.

Accompagné de ce quatrain de Camuset :

> A mon noble ami Monselet,
> J'inflige cette dédicace,
> Pour m'avoir, le malin qu'il est,
> Paré le coup de la Préface.

Ajoutons que Camuset et Monselet ont, en collaboration,
rimé *le Homard à la Coppée*, sonnet dont l'aimable académicien ne s'est jamais effarouché.

56. — Portrait, gravé à la pointe sèche par Marcellin DESBOUTINS. — -
Paris, 1885. — Ce portrait a été reproduit par la photo-
gravure dans le journal *l'Art français*, 20 juillet 1889.
Reproduit dans ce volume.

57. — Caricature de Charles Monselet. — *Histoire anecdotique des
Contemporains*, par A. CAREL. — Paris, 1885. — Couverture
illustrée par Hanriot.

58. — **Portrait-Frontispice**, dessiné et gravé à l'eau-forte, par Fernand DESMOULIN. — Paris, 1885.

> Reproduit dans ce volume.

59. — **Portrait à la plume**, par Gaston VUILLIER. — Paris, 1886.

> Reproduit dans ce volume.

60. — **Dessin**, par STEINLEIN. — *Toute la Gamme.* — Chansons de
M. Marcel Legay. — Paris, Brandus, 1887.

61. — **Portrait-Frontispice**, par Henri PILLE. — *Mon Petit-Premier.*
par André Monselet. — Paris, 1887.

62. — **Photographie**, par Étienne CARJAT. — Paris, 1887.

> A toi, cher Monselet, cette épreuve nouvelle
> Que je crois, sans orgueil, encor digne de moi :
> Regarde, et tu verras que ton œil étincelle,
> Que ta lèvre sourit, et que c'est toujours toi.
>   E. CARJAT.

63. — **Caricature**, par LUQUE. — Journal *la Caricature.* — Paris, 1888.
— Les Hommes du Jour : L'auteur de *Jean de la Réole.*

64. — **Portrait**, par G. VUILLIER, d'après une photographie d'Étienne
Carjat (1887. — Journal *le Monde illustré*, 26 mai 1888.

65 — **Portrait**, par G. VUILLIER. — Journal *l'Illustré Moderne*, 26 mai
1888.

66. — **Portrait de Charles Monselet**. — Journal *l'Univers illustré.*
26 mai 1888.

67. — **Portrait**, dessiné par G. TAVERNE, d'après P. Petit. — *La Vie
Moderne*, 27 mai 1888.

68. — **Portrait de Charles Monselet**. — Journal *la Vie Populaire.*
27 mai 1888.

69. — **Portrait**, dessiné par Henri MEYER, gravé par Navellier,
d'après une photographie de Panajou (Bordeaux). —
Journal illustré, 3 juin 1888.

70. — Buste en plâtre de Charles Monselet, exposé au Salon de 1889, par Étienne LEROUX. — Reproduit dans le catalogue illustré du Salon.

71. — Portrait, dessiné et gravé à l'eau-forte, par Étienne Monselet. — Paris, 1892.

Reproduit dans ce volume.

TABLE

DES GRAVURES

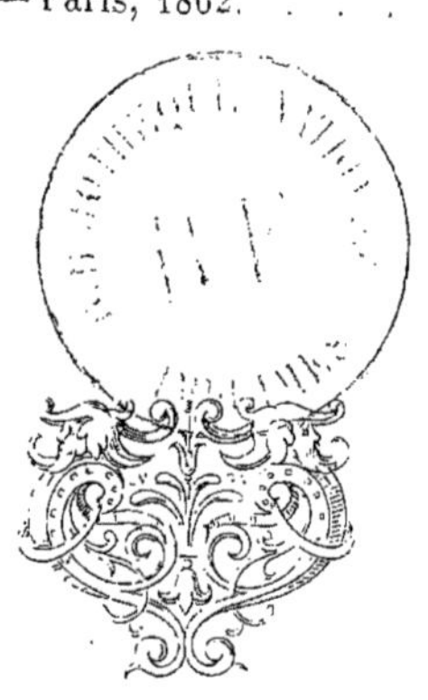

Achevé d'imprimer a Évreux
Par Charles Hérissey
Le douze Avril mil huit cent quatre-vingt-douze

Pour le compte d'Émile Testard
Éditeur a Paris

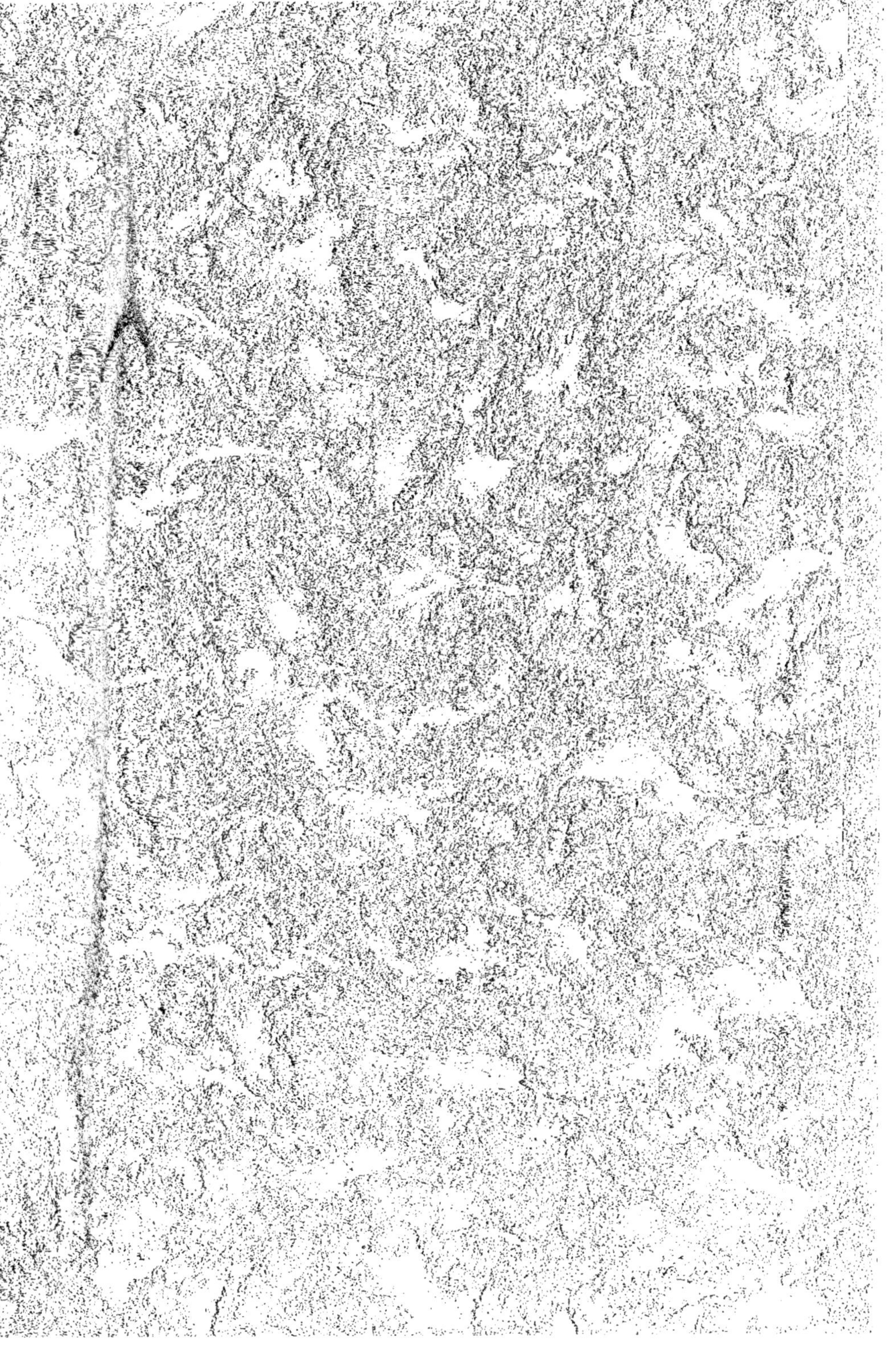

www.ingramcontent.com/pod-product-compliance
Ingram Content Group UK Ltd.
Pitfield, Milton Keynes, MK11 3LW, UK
UKHW021009140726
13695UKWH00001B/149